U0924510

网络、电子商务与数据法

吴伟光◎主编

Internet, E-commerce and Data Law

清华大学出版社
北京

内容简介

本书主要内容包括：信息技术与社会制度变革关系的基本理论和具体表现；网络安全法的立法背景、基本制度和法律实践；与网络经济有关的公平竞争问题，包括反不正当竞争问题和反垄断问题；电子商务中的消费者权益保护问题；电子签名的基本理论和我国《电子签名法》的主要内容和实施概况；以及大数据技术的法律规制和个人数据信息保护方面的理论探讨和实践总结。本书适合从事网络与电子商务管理和法律研究与服务的专业人员阅读，也适合相关的研究人员、律师和法学院学生参考阅读。

图书在版编目 (CIP) 数据

网络、电子商务与数据法 / 吴伟光主编. —北京：清华大学出版社，2020.5
ISBN 978-7-302-55074-7

Ⅰ. ①网…　Ⅱ. ①吴…　Ⅲ. ①计算机网络—科学技术管理法规—研究—中国②电子商务—法规—研究—中国　Ⅳ. ①D922.174②D922.294.4

中国版本图书馆 CIP 数据核字（2020）第 039396 号

责任编辑：刘　晶
封面设计：汉风唐韵
版式设计：方加青
责任校对：宋玉莲
责任印制：杨　艳

出版发行：清华大学出版社
网　　址：http://www.tup.com.cn，http://www.wqbook.com
地　　址：北京清华大学学研大厦 A 座　　**邮　　编**：100084
社 总 机：010-62770175　　**邮　　购**：010-62786544
投稿与读者服务：010-62776969，c-service@tup.tsinghua.edu.cn
质 量 反 馈：010-62772015，zhiliang@tup.tsinghua.edu.cn
印 装 者：三河市龙大印装有限公司
经　　销：全国新华书店
开　　本：170mm×240mm　　**印　　张**：17　　**字　　数**：257 千字
版　　次：2020 年 5 月第 1 版　　**印　　次**：2020 年 5 月第 1 次印刷
定　　价：69.80 元

产品编号：078092-01

作者简介

韩伟：法学博士，中国社会科学院大学副教授，研究领域为竞争法。竞争法国际协会（ASCOLA）会员。曾在中国科学院大学从事博士后教学、科研工作。

李小武：工学学士、法学博士。美国杜克大学法学院 (2001.8—2002.8)、华盛顿大学法学院（西雅图，2014.4—2015.8）访问学者。主要研究领域为知识产权法、电子商务法和网络信息安全法。现为美团法律政策研究院高级研究员、清华大学法学院互联网法律与政策研究中心兼职研究员。

刘金瑞：法学博士，中国法学会法治研究所副研究员，兼任中国法学会网络与信息法研究会理事。美国印第安纳大学法学院、网络安全应用研究中心访问学者（2012.9—2013.8），研究领域为网络法、信息法、民法。

吴伟光：工学学士、法学博士，清华大学法学院副教授，清华大学法学院健康医疗大数据应用与治理研究中心主任。研究领域为知识产权法、网络和数据法、制度变迁理论。

前言

我在2012年编著了一本《网络与电子商务法》的教材，现在已经七八年过去了，在这一时间里，中国的网络技术和网络经济都取得了更大的进步，其中的主要法律问题也发生了变化。例如，在这本教材中还有专门的章节来讨论垃圾电子邮件的法律问题，但是今天，已经越来越少的人使用电子邮件，而且技术发展也使得大多数的垃圾邮件问题都可以由技术来解决，而不需要通过法律来直接规制了。但是，今天网络领域中的网络安全、大数据技术的法律规制、电子商务与消费者保护以及公平竞争等问题则更为突出，因此确实需要对这本已经过时了的教材重新加以修订。这本书便是这种背景下的产物，其书名也改为《网络、电子商务与数据法》，其适用对象也从高校学生转为更加广泛的专业人士。

中国的互联网产业和经济经过20多年的发展已经不是当年的初创和新兴产业，而是触及中国经济和社会的方方面面的巨大产业和经济模式。对于网络和电子商务的法律规制，也不是当年的修修补补和边边角角的问题了，而是变成了全方位的、涉及整个法律体系和制度深层结构的问题。这意味着用一本书来覆盖和解决所有这些的问题几乎是不可能的。因此，本书在内容上也进行了取舍：一方面，将在体系上已经比较完备的与网络有关的法律问题排除在外，例如知识产权法、金融法以及刑法等问题；另一方面，更注重一些基本理论的介绍以避免在此领域的频繁立法活动使得书的内容迅速过时，这一点在第一章、第三章和第七章中表现得更为明显。

本书共由七章组成。第一章主要介绍信息技术与社会制度变革之间关系的历史考察和分析，以此来帮助读者了解和预测网络技术对人类社会变革的影响。第二章主要介绍网络安全方面的立法和司法实践，网络安全是网络经济的基础，而网络安全法是网络安全的制度保障。第三章主要介绍和讨论网络上信息内容规制和隐私保护问题，从理论上来构建这一方面的制度基础，并结合司法实践来讨论。第四章是关于网络经济的公平竞争法律规制问题，包括第一节的不正当竞争行为问题和第二节的反垄断问题。第五章是关于电子商务和消费者权益保护的法律问题，包括《电子商务法》等法律法规的介绍和讨论。第六章是电子签名的法律规制问题，以我国的《电子签名法》为基础，对这一领域的法律规制情况进行介绍和讨论。第七章主要是有关个人信息和大数据的法律规制的一些理论问题，由大数据技术的法律规制和个人数据信息的法律保护两小节构成。

本书有幸邀请到了中国法学会法治研究所的副研究员刘金瑞博士负责第二章内容的撰写，中国社会科学院大学副教授韩伟博士负责第四章第二节内容的撰写以及美团点评公司的高级研究员李小武博士负责第五章的撰写，其余内容都由我来完成，作者对各自内容负责。

感谢清华大学出版社的一贯支持，尤其是刘晶老师的耐心和细心的工作，这是拙作能够出版的至关重要的条件。本书得到了清华大学本科教学改革项目的支持，这里表示特别的感谢。

吴伟光

清华大学法学院廖凯原楼

2020 年 2 月

目录

第一章　信息技术发展与社会制度变革

第一节　信息技术与社会制度变革的基本理论…………001
第二节　信息技术与社会制度变革的具体表现…………006

第二章　网络安全法

第一节　网络安全及网络安全法概述…………016
第二节　我国《网络安全法》的主要内容和实施…………034

第三章　网络中信息内容的法律规制

第一节　言论自由的本质与中国特色…………075
第二节　网络环境中隐私权的保护…………095

第四章　与网络有关的公平竞争问题与法律规制…………110

第一节　与网络有关的不正当竞争行为及法律规制…………110
第二节　与网络有关的垄断行为以及规制…………129

第五章 电子商务与消费者权益保护法

第一节 概述……157
第二节 《电子商务法》中的消费者权益保护……162

第六章 电子签名法

第一节 电子签名的概念与特征……172
第二节 我国的《电子签名法》……189

第七章 大数据技术的法律规制与个人数据信息的保护

第一节 大数据技术的法律规制……207
第二节 大数据技术下个人信息的法律保护……237

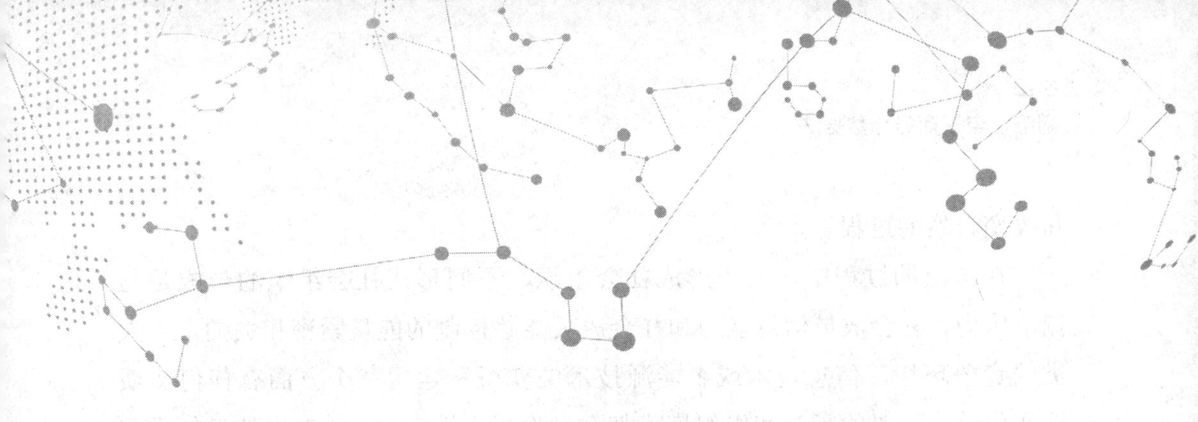

第一章

信息技术发展与社会制度变革

第一节

信息技术与社会制度变革的基本理论

一、信息技术与社会组织之间的关系

作为大自然自组织现象的一种特殊形式，人是有生命的能量体。生命体的特征是为了保持生命、传递基因以及尽可能扩大自己的组织性而需要耗费资源。而由于大部分资源包括性资源都是稀缺的，生命体便不可避免地针对稀缺资源产生竞争。根据达尔文的进化论，生命为了应对这种竞争压力而进化，形成多种多样的生命形式。人类应对竞争的过程就是通过器官和工具操控能量来改变外在对象的过程，是信息和能量相互作用来适应

和改变自然的过程。①

在激烈的过程中，人类形成社会组织，不同形式社会组织的形成是与竞争压力、社会成员信息能力和社会成员能够控制的能量紧密相关的。当人类的竞争环境、信息技术或者能源技术的获得和运用三个方面有任何实质性变化时，人类的行为和组织模式都会发生根本性变化。②对于信息技术和能源技术的重要性，我们可以从历史上的一些特定事件中发现其中的端倪。例如改变了世界的中国四大发明中有三项都是信息技术，即造纸术、印刷术和指南针，而火药是第一个人类发明的能源技术。蒸汽机的出现是人类发明的第二个能源技术并引发了第一次工业革命，催生了英国资本主义制度。而美国也是电力能源和网络技术的发明者。从这些事件中我们可以大致发现能源以及信息技术的进步对社会组织会有根本性的影响。学者芮夫金认为信息技术和新能源的组合不仅仅将带来第三次工业革命，而且是社会制度的革命。③总体来说，信息技术和能源技术的应用是人类发展的最基本动力和方向，其中任何一个的根本变化都会改变竞争环境和格局，从而都将对人类社会造成深刻的影响。

人作为有意识的能量体，其行为是受自己意识支配的。而对人的行为的规范本质上是通过人的意识来对其行为实现控制。因此，制度的本质是向规范对象提供规范信息，社会成员获得规范信息后通过自我意识的处理和分析来决定自己的相应行为，从而实现制度目的。社会成员对于规范信息的获得、分析和处理以及由此来指导其行为，这便构成制度规范的整个过程。也就是说，对社会成员竞争行为加以规范的目的和规范竞争的措施

---

① 马克思将这一过程称为"劳动"，"劳动首先是人和自然之间的过程，是人以自身活动来引起、调整和控制人和自然之间的物质交换的过程。人自身作为一种自然力与自然物质相对立。为了在对自身生活有利的形式上占有自然物质，人就使他身上的自然力——臂、腿、头和手运动起来。"[德]卡尔·马克思：《资本论》（英文版），[英]萨缪尔·穆尔等译，133页，北京，世界图书出版公司，2013。

② 信息技术、能量和社会组织被美国历史学者莫里斯认为是度量文明的重要指标。参见[美]伊恩·莫里斯：《文明的度量：社会发展如何决定国家命运》，李阳译，38～40页，北京，中信出版社，2014。

③ "透过历史来看，当人类发现新能源机制以及发明出新的通讯媒介来组织它们时，巨大的经济转变便发生了……这一次是从资本主义市场向合作共有转变。" Jeremy Rifkin, *The Zero Marginal Cost Society*. London: palgrave macmillan, 2014, pp. 25-26.

能力是整个制度的基本构成。而社会个体为了自身的最大利益也对这些信息进行分析和计算，从而决定自己的行为模式，即同意贡献出自己的自由量。那么当社会制度的组织与维护者和社会成员之间对所传递信息的获得、分析和执行差距较大时便造成了信息的失真，从而增加了组织和管理社会成员的障碍，也就容易造成社会成员自由的损失以及制度的失能，社会便处于非理性状态。因此，人类社会为了应对信息能力的限制，在不同的信息技术条件下便诞生出相应的社会组织形式。在第二章中，我们还将对此进行较为详细的介绍。

二、囚徒困境与合作组织的形成

经济学家奥斯特罗姆说过，“囚徒困境理论让学者们着迷。个人的理性策略却导致集体的非理性结果这一悖论对理性的人类能够获得理性的结果这一信念产生了挑战。”[①] 例如在囚徒困境模型中，为了让甲和乙之间不背叛而能够相互合作达到帕累托最优，可以有四种情形。第一种情形是甲和乙之间具有亲近的血缘关系，例如父子关系，那么他们便表现出相互的利他性，而不是各自率先背叛的自私性，这是由于亲近基因之间的天然利他性所决定的。即中国古话所说的“打虎亲兄弟，上阵父子兵”。人类社会的早期都是依赖这一天然关系来产生相互信赖和合作关系的，中国古代社会是这一关系的最佳适用者，典型的制度便是西周的宗法制社会。这种关系直到今天还影响着中国，使得中国与西方国家发展的路径有很大的不同。可以说，血缘关系是大自然赋予生命包括人类的第一个信息工具。

第二种情形是有一个奖惩机构来对甲乙通过奖励或者惩罚的方式来防止他们相互背叛。在人类现实社会中，提供这种奖惩功能的主要机构便是政府。国家的这种功能被霍布斯总结为“防止所有人对所有人的战争。”有经济学家研究发现，代价高昂的惩罚可能是促进合作的强大动力。[②] 自秦以来

---

① Elinor Ostrom, *Governing the Commons, the Evolution of Institutions for Collective Action*. Cambridgeshire: Cambridge University Press, 1990, p. 5.

② [美]马丁·诺瓦克、罗杰·海菲尔德：《超级合作者》，龙志勇、魏薇译，270页，杭州，浙江人民出版社，2013。

的中国社会主要属于这类社会组织，形成了超越血缘的官僚体系，即法制社会。这样的社会组织规模更大，组织效率性更高，因而具有更大的竞争力。汉承秦制，使得中国的疆域得到极大扩张，即中国之疆得于汉。中国社会能够形成超越血缘关系的宗法社会而形成自秦以来的法制社会，其重要的前提条件便是文字的成熟，律法是需要文字作为载体来传达的，而如果文字不发达，其社会组织则不得不更多地依赖血缘关系来构建。

第三种情形是通过一套大家都相信的理想或者“谎言”来解决相互背叛的问题，其重要表现形式便是宗教。“信仰，通向合作的另一条路。”① 西方社会自罗马帝国解体并进入中世纪之后主要基于基督教来构建社会组织，以《圣经》作为社会规范来要求所有教徒必须遵行，即法制社会。西方社会因此形成了与中国古代社会非常不同的发展路径。一千多年之后在欧洲社会形成的现代法治国家和市场经济制度都与基督教有着紧密的关系。而作为基督教教义的《圣经》能够形成和传播是以文字的出现和发展为基础的。当通过教导、引诱及奖惩等措施使得教徒们接受了教义的内容，按照其内容行事而较少背叛时，教徒之间便可以形成合作关系而减弱囚徒困境。“对有信仰的人来说，当爱的动机压倒自私动机的时候，问题就得到了解决。”② 早期基督教教父德尔图良（Tertullianus，约160—220）有言：“我信，因其不可信”。③ 而当现代印刷机的出现和应用使得《圣经》能够被广泛印刷和发行时，腐败的罗马教会存在的必要性和合理性便受到了冲击，这便是欧洲历史上极为重要的新教改革运动，由此诞生了现代国家和法治社会。如托马斯·卡莱尔（Thomas Carlyle）所说的，“当代文明的三大构成要素是火药、印刷术和新教”。

第四种情形便是社会成员基于理性而不背叛。社会成员理性地认识到相互合作是实现自己自由的更大保障，从而能够自觉地相互配合，遵守社会规则而不背叛。但是不论是人类的演化过程还是人类的自身能力限制都

① ［美］马丁·诺瓦克、罗杰·海菲尔德：《超级合作者》，龙志勇、魏薇译，324页，杭州，浙江人民出版社，2013。

② ［美］马丁·诺瓦克、罗杰·海菲尔德：《超级合作者》，龙志勇、魏薇译，325页，杭州，浙江人民出版社，2013。

③ ［美］维纳：《人有人的用处——控制论与社会》，陈步译，28页，北京，北京大学出版社，2010。

说明人的理性是不足的。“博弈论证明，在重复博弈（repeated game）的情况下，合作对每个理性人来说可能是最好的选择。正是重复博弈，使得理性人走出囚徒困境。”[①] 但不幸的是，我们人类不是完全理性的，我们在整个进化过程中都是面对着各种不确定性而不断功利选择的结果。我们不能十分确定自己的未来，什么时间以什么方式死亡。我们不完全知道外部环境会如何发展，今天的竞争与合作规则在明天会发生什么变化？重复博弈可以导致合作，但是需要多长时间的重复？毕竟我们的生命都是有限的？历史和现实经验在告诉我们，在任何合作关系中，一旦有群体能够有能力背叛这一关系并且从背叛中感觉能够获得足够的利益，他们往往就会背叛。背叛与合作成为相互作用的阴阳两极。

在合作性游戏理论（cooperative game theory）中，假定参与者之间能够沟通并且可以形成有约束力的协议。而在非合作性游戏理论中，则参与者之间无法形成有约束力的协议。因此，参与者之间是否可以沟通被认为是无关紧要的，仅仅有沟通无法使参与者逃离“囚徒困境”。[②] 但是持续的、强烈的和可重复的发现表明当个人之间可以面对面的沟通时，他们的合作水平会大幅度提高，沟通对合作水平有着坚定的和积极的影响。[③] 而在做出一系列决定之前只有一次沟通机会不如在每次决定之前都提供重复的沟通机会来得有效。[④] 网络技术使得人与人之间的沟通频率和范围都明显提高和扩大，囚徒困境开始减少，互信与合作开始增强，从而可以形成更大规模和更有效率的社会组织形式，即代码社会。例如，自动驾驶汽车就可以克服自然人在驾驶汽车中的天然缺陷和机会主义，形成更为有序和安全的交通秩序。而区块链技术的应用可能还会进一步提高陌生人之间的合作规模和效率性。因此，网络技术的不断发展可能意味着人类社会会产生出一个比西方基于财产权而构建的资本主义社会更为高效的社会组织形式。

---

① 张维迎：《博弈与社会》，128 页，北京，北京大学出版社，2013。

② Elinor Ostrom, James Walker, *Trust & Reciprocity: Interdisciplinary Lessons From Experimental Research*. New York: Russell Sage Foundation, 2003, p. 29.

③ Elinor Ostrom, James Walker, *Trust & Reciprocity: Interdisciplinary Lessons From Experimental Research*. New York: Russell Sage Foundation, 2003, p. 29.

④ Elinor Ostrom, James Walker, *Trust & Reciprocity: Interdisciplinary Lessons From Experimental Research*. New York: Russell Sage Foundation, 2003, p. 33.

第二节

信息技术与社会制度变革的具体表现

一、口语传播与母系社会

有大量的证据证明人类社会早期是以母系社会存在的，而且这一时期经历了很长时间。为什么母系社会是人类历史中必然经历的社会形式？

在以口语作为信息传播的主要媒介下，人与人之间能够形成合作组织的能力很有限，因为口语在信息传播的能力上有很大的局限性：（1）时间即逝性：不同于纸一样的有形媒体，口语的内容只能存在于人的记忆里，而无法在外部长时间的存留，这使得口语内容的可获得性较差。（2）空间的短距性：口语传播能力决定了其距离上只能在声音能够听到的范围内，那么依赖口语形成大距离的组织便不可能。（3）信息容量的有限性：口语所能表达的内容形式和容量是有限的，与视觉相比，口语的信息准确性也是有很大减损。（4）信息内容的不可认证性。口语的再次传播仍然是依赖于下一个人的口语，而人的自私性所引发的道德危险可能污染其所传播的内容，信息内容的真实性和可靠性便需要依赖中间人对上游信息来源者的忠诚度来决定。

口语的上述缺陷使得早期人类社会所能够形成的社会组织在规模上非常有限，并且更为重要的是需要依赖其他媒介来克服口语的缺陷，这一媒介便是基因或者说血缘关系。生物学家早已经发现亲近的血缘之间具有相互帮助的利他性现象，不具有这种能力的生物可能无法在自然界激烈的竞争中幸存下来，它们的基因也自然被淘汰了。[①] 在没有其他更好信息技术的情况下，早期人类也是依赖血缘关系形成社会组织。那么人类是如何识别

① 如道金斯所论证的，“基因可能帮助存在于其他身体中的它的复制体，这似乎表现为个体的利他性，但是却来自于基因的自私性。” Richard Dawkins, *The Selfish Gene*. Oxford: Oxford University Press, 2006, 30th Anniversary edition, p. 88.

相近血缘的社会成员并产生利他性而形成合作型的社会组织的？母亲是血缘关系的关键媒介，远古的人类正是基于母亲才能够识别基因的远近，因而母亲成了当时社会组织的核心和组织者，即母系社会。人类学家研究发现，在母系社会中，女性一方要通过各种方式来隐藏其子女与该群体中男性之间的真正血缘关系，因为一旦男性明确获得了其与子女之间的血缘信息，他就有可能伤害其他与其没有血缘关系的子女。可见由于人性中的自私与腐败一面，即使在母系社会中，作为组织者的女性也不得不对男性进行信息控制，而不是将真实信息如实相告。男性的个人自私性损害了该群体的共同利益，而对血缘信息的隐瞒使得男性能够为了整个群体的利益而行动，而不是仅仅为了自己的子女，因为其子女就在这个群体中，只是不确定是哪一个。

在一个社会中，组织者为了公共利益而对信息加以规制的特征一直贯穿着整个人类社会的历史，直至今天对网络上信息内容的规制也是一样的道理。

二、口语传播与父系社会

父系社会的形成主要原因有两个，一是人类社会开始有了除了血缘之外的社会组织媒介，即私有财产。二是父系社会的组织规模更大且比母系社会更有竞争力，因而逐步取代了母系社会。母系社会中，随着男性在捕猎和对外战争与掠夺中比女性越来越有优势，便可以逐渐控制像食物这样的稀缺资源，也可以向女性提供安全保障，女性为了获得充足的食物来养育自己和子女，也为了自己和子女的安全便开始栖身于男性之下。男性向女性提供食物和安全的条件便是要求性的单向忠诚性，以通过对女性性关系的控制来保证其血缘在子女中的单纯，以满足男性的自私性。父系社会的产生标志着私有制和家庭开始产生。[①] 对财产的私有化以及对女性性忠诚的要求是男性自私性的表现，本质上是对母系社会共同体的背叛，其结果便是加剧了男性之间的竞争程度，这使得人类社会的竞争规模更大和激烈程度更残酷，逐步形成了国家机器这一竞争工具。一夫多妻制是男性对性的

① Frederick Engels, *Origin of the Family, Private Property and the State*. India: Leopard Books, 2018, p. 72.

自由竞争的产物，破坏了性分配上的公平性，造成了男性之间的对抗和分裂。在西方，当基督教成为国教之后，由于基督教一夫一妻制的要求，即使是国王也要遵照这一教义要求，从而实现了性竞争上的公平性。而中国直至新中国成立后才在全国实现了一夫一妻制，[①] 比西方晚了一千多年。从这一点上看，古代中国相比于中世纪的西方社会要自由的多，但是在社会的公平上构建不足。

中国父系社会的巅峰便是以商周为代表的封建民族国家政治制度，尤其以西周的宗法社会为成熟代表。在这一时期人类对抗外界竞争压力的主要能量来源是人自身的生物能量，这样就更加需要一个可靠的信息处理组织和能量供应组织，这便是基于父系血缘关系的奴隶主阶层和被征服的其他非血缘阶层，即提供能量的奴隶阶层，也是丧失一定自由的阶层，他们共同形成的社会组织。

三、文字的成熟与公权力社会

在文字出现之前，人类大脑的存储能力是有限的，一是大脑的容量有限；二是大脑会死亡；三是人类的大脑经过演化只习惯存储和处理特定类型的信息。人脑的限制大大局限了人类合作的规模和程度。正因如此，就算在农业革命后的数千年间，人类的社会网络还是相对规模较小，也相对简单。在公元前 3500—3000 年之间，苏美尔人发明了书写文字，可以在人脑之外储存和处理信息，从此苏美尔人的社会秩序不再受限于人脑的处理能力，而开始能走向城市、王国和帝国。中国在大约公元前 1200 年、中美洲各地在公元前 1000—500 年间，也都发展出了完整表意的文字。[②]

文字技术使得信息传播的准确性大为提高，具有了可获得性、延时性和超视距性，使得社会组织者与社会成员之间的信息传递可以保持相当长

① 《中华人民共和国婚姻法》（1950 年 3 月 3 日政务院第二十二次政务会议通过　1950 年 4 月 13 日中央人民政府委员会第七次会议通过），第 1 条：“废除包办强迫、男尊女卑、漠视子女利益的封建主义婚姻制度。实行男女婚姻自由、一夫一妻、男女权利平等、保护妇女和子女合法权益的新民主主义婚姻制度。”

② [以色列] 尤瓦尔·赫拉利：《人类简史：从动物到上帝》，林俊宏译，116 ～ 122 页，北京，中信出版社，2017。

的时间和相当广的范围，传播者本身可以不再直接对信息内容的真实再现负责，从而起到了代替血缘的作用，有了形成超越血缘关系社会组织的可能。如库利所指出的，恰恰是书写可以使得思想长久存在，从而具有了使得人类思想可以更加确定地、持续地和多样化地成长的社会功能。在书写能力到来之前，思想的累积只能靠口语，其能力受到传播它的人的利益和记忆力的限制。①

秦朝统一中国后所形成的中央集权国家制度相比于基于血缘而形成的西周封建氏族社会更具有竞争力。从西周便已经开始出现的竹帛为法制的出现准备了条件，商鞅变法及后来的制度执行者正是在这种信息技术下完成的。之后，纸张和印刷术的发明更是有利于这种政治制度的发展和完善。②在这种国家中，作为统治集团意志的法被以文字的形式所表现和传播，并以公权力作为其被遵守的保障，我们将这种社会称为公权力社会。在这种社会中，以血缘关系作为信息传播途径这一功能被严重削弱了，超越血缘关系的官僚集团成为信息发布和处理的集中单位，西周的宗法制被自秦之后的法制社会所代替，即“中国之政得于秦”。在西方，这一制度主要是利用宗教来完成的，典型的便是欧洲的中世纪时期，整个基督教帝国都是以《圣经》这一律法来作为社会成员的行为规范。这一时期的欧洲相比于中国对自由的限制要严酷得多，形成了比中国社会还要彻底的超越血缘关系的社会共同体。

四、大众传播技术与私权利社会

光荣革命之后的英国是世界上第一个现代国家，即政治上以议会民主来约束王权，实行法治，在经济上采纳市场经济制度。在这种社会中，社

① [美]查尔斯·霍顿·库利：《社会组织》（英文版），57页，北京，中国传媒大学出版社，2013。

② 西周建立之后不久，竹帛迅速取代龟甲而成为主要的书写材料，竹、帛之中，竹的使用又当更早一些。在西汉王莽新朝之后，质量较为低劣之植物纸渐次在民间流行。随着蔡伦造纸法的推广，纸在公元二世纪亦推广到部分行政领域，但官府公文仍在简牍为主。直到五世纪初，纸质文献方正取代了简牍的地位，一跃而成为公私领域的主流载体。项楚、张子开主编：《古典文献学》，44～52页，重庆，重庆出版社，2010。

会秩序的基石即社会成员自由的边界主要是私权，尤其是财产权，所谓“财产权神圣不可侵犯”。因此我们把这种社会称为私权利社会。英国的私权利社会的形成与大众传播技术的发展有着直接的关系。马丁·路德的基督教改革使得欧洲社会从教会的束缚中解放出来，直接面对上帝，为了信义而努力工作，为资本主义的发展提供了伦理道德基础。[①] 但是路德宗教改革能够得到相当一部分社会成员响应的重要前提是大众传播技术的发展，使得社会成员能够摆脱对教会的依赖而直接阅读和理解圣经。在大众传播技术的背景下所进行的宗教改革与社会成员教育水平的提高几乎同时进行的，使得个人的信息能力得到增强，这也为企业组织的广泛形成提供了条件。正如瑞夫金所说的，“信仰的民主化正好迎合了赋予新兴资产阶级以力量的新的信息 / 能量组合。”[②]

私权利社会是法治社会，可以通过市场交易实现陌生人之间的合作，而法治为这种合作提供了行为规范标准。“英国人在 19 世纪末开始处于一种新型的经济环境中：一种已经适应了陌生人社会的经济。曾一度围绕地方和面对面交流而建构的市场，被重新构建为抽象的空间，其中的商品交换模式是不具人格的，这使与陌生人做生意成为可能。这场转变的中心是印刷文化，它从具体的个人和地方提取抽象的信息，并将其散布至千里之外。然而，与此同时，这个国家还构建了经济的一种新概念——一个统一且同质的领域，依靠着货币和度量的标准化而维系。一旦国家政府保证了这些统计单位的统一性，那么长久以来阻碍着经济关系的问题——“该信任谁”——就在很大程度上解决了，人们只要知道“该信任什么”即可。如果说是印刷文化帮助市场扩张至地方以外，甚至使其能想象出一种陌生人经济，那么就是国家提供了基础建设，使人们能将这种经济构想为一种均质的国家和帝国空间。这个过程可能是循序渐进且不均匀的，跨度从 17 世纪末一直到 20 世纪初。”[③] 在这种社会中，企业代替政府成为主要和活跃的信息处

① “相比于天主教的态度，宗教改革的影响只是使那些为了履行天职而进行的有组织的世俗劳动得到越来越多的道德重视和宗教认可。”[德]马克思·韦伯：《新教伦理与资本主义精神》，马奇炎、陈婧译，79 页，北京，北京大学出版社，2012。

② Jeremy Rifkin, *The Zero Marginal Cost Society*. London: palgrave macmillan, 2014, p. 48.

③ [美]赞姆斯·弗农：《远方的陌生人》，张祝馨译，175 页，北京，商务印书馆，2017。

理机构，“企业作为一种专门收集、整理和出售信息的市场制度。”[①]“金钱正是有史以来最普遍也最有效的互信系统。”[②]但是如果仍然以贝壳、稀有金属作为金钱，那么这种互信系统仅仅能够被有限的人所利用。而现代印刷技术使得纸币能够代替金属货币而被广泛使用，这实际上扩大了相互信任的社会成员范围，从而扩大了合作组织规模。“所有人类创造的信念系统之中，只有金钱能够跨越几乎所有文化鸿沟，不会因为宗教、性别、种族、年龄或性取向而有歧视。也多亏有了金钱制度，才让人就算互不认识、不清楚对方人品，也能携手合作。”[③]“现金关系并不是一项现代的发明：一些交易关系近千年来都是以金钱为媒介的。尽管如此，现代样态下的钱是晚近才出现的，它是一种国家生产的、标准化的、可转让的象征性物品，其最终价值超过了其本身的造价。”[④]

信息技术的进一步发展使得市场经济的效率和规模更进一步提升。如方纳所总结的，“19 世纪上半叶，一场被历史学家称为‘市场革命’的经济转型风靡了美国。交通和通讯发明是这场革命的催化剂。”[⑤]“与此同时，电报的发明使在全国范围内进行即时通讯联络成为可能。“分工可以提高社会获取信息的能力，并加速知识的累积。”[⑥]由于市场比政府组织具有更强的信息能力，社会成员可以通过市场更加快速、准确和及时地获得信息，并且这些信息具有更强的执行性，那么社会成员便可以依据这些信息来决定自己的自由贡献，而不再完全依赖政府机构来提供信息。因此市场经济的社会组织能力更强，直接参与竞争的社会成员更加广泛，社会成员由于

① [美] 阿曼 • A. 阿尔钦、哈罗德 • 德姆塞茨：《生产、信息费用和经济组织》，载 [美] 罗纳德 • H. 科斯等：《财产权利与制度变迁：产权学派与新制度学派译文集》，刘守英等译，61 页，上海，格致出版社，2014。

② [以色列] 尤瓦尔 • 赫拉利：《人类简史：从动物到上帝》，林俊宏译，116 ～ 173 页，北京，中信出版社，2017。

③ [以色列] 尤瓦尔 • 赫拉利：《人类简史：从动物到上帝》，林俊宏译，116 ～ 176 页，北京，中信出版社，2017。

④ [美] 赞姆斯 • 弗农：《远方的陌生人》，张祝馨译，157 页，北京，商务印书馆，2017。

⑤ [美] 埃里克 • 方纳：《美国历史：理想与现实》，王希译，396 页，北京，商务印书馆，2017。

⑥ 杨小凯：《经济学：新兴古典与新古典框架》，张定胜等译，35 页，北京，社会科学文献出版社，2003。

知识水平的提高，信息能力也不断加强，对自己自由的贡献也就更加积极和更有效率，社会成员贡献自由的理性增强。[①]“在20世纪后期，民主国家的表现通常优于专制国家，是因为民主国家更善于处理数据。民主制度采用分布式的信息处理，由许多人和机构来做出决定，而专制制度则是把所有信息和权力都集中在一处。鉴于20世纪的科技水平，把太多信息和权力都集中在一个地方并不是有效率的做法。在当时，没有人能够及时处理完所有信息，并做出正确决定。这也就成了苏联做出的决策水平远低于美国、苏联经济远远落后于美国经济的部分原因。”[②]

至此，人类社会的发展图谱可以大致描述为从血缘社会的祖宗神圣、宗教社会的上帝神圣、公权力社会的国王神圣到私权利社会的财产权神圣这样一个过程，其本质都是利用当时的信息技术来形成规模更大和效率更高的社会组织。因此有学者指出，“资本主义是最成功的现代宗教。”[③]

五、网络技术与代码社会

网络技术使人类可以逐渐摆脱信息分析和处理的这一繁重任务，本质上提高人的信息能力。这有可能产生比市场经济制度更为有效的信息处理和分析机制，那么也会逐渐改善甚至取代市场经济制度，诞生出新的人类社会制度，我们称之为代码社会组织，也有学者称之为“合作共享社会”（collaborative commons）。[④]代码社会中的社会成员在稀缺资源上将是以合作分享而不是竞争占有为主。“在真正的有机生活中，个人是自觉的并且奉献于自己的工作，感觉自己和所做的工作是一个大的和快乐整体的一

① 如布坎南等学者指出的，在集体选择中参与者的理性程度要低于在市场选择中的参与者，因为在集体选择中参与者的个人行为和集体结果之间没有一个精确的关系，不论是他因此获得的利益还是承担的成本都没有在市场选择中容易被评估。James M. Buchanan, Gordon Tullock, *The Calculus of Consent: Logical Foundations of Constitutional Democracy*. Indianapolis: Liberty Fund, 1999, p. 38.

② [以色列]尤瓦尔·赫拉利：《今日简史》，林俊宏译，60页，北京，中信出版社，2018。

③ [以色列]尤瓦尔·赫拉利：《人类简史：从动物到上帝》，林俊宏译，116～217页，北京，中信出版社，2017。

④ Jeremy Rifkin, *The Zero Marginal Cost Society*. London: palgrave macmillan, 2014, p. 10.

部分。他自己是自作主张的，仅仅因为他知道在整个事件网络中存在着危险，知道在作为一个家庭、国家、人类以及不管何种更大的其信念所构想的存在之成员而努力。”[①]

网络技术可以使得资源配置比通过市场交易的配置方式更加有效率，从而可以削减市场的作用甚至可以取代市场。交易成本的存在使得稀缺资源的持有人必须有足够的时间来消化这些交易成本，而保障这一时间的制度便是财产权制度。当网络技术可以取代交易成为更有效的信息处理机制时，产权制度便逐渐失去价值。例如，家庭内部便没有清晰的产权制度，而是家庭成员之间对财产的共享，这是因为基于血缘利他性而产生的信息判断和合作效果要比通过产权交易更有效率。同样的道理，如果网络技术使得这一“家庭”可以扩大到更大的社会组织内，那么在这一社会组织内，产权制度也就不是最好的制度了。

对于有形物品，网络技术将提供准确的预订信息，并根据该信息进行物品的生产和配送，而市场经济中需要进行的市场预测，广告宣传以及价格议定等过程都将通过大数据系统提前完成。这将极大节省由于市场经济中信息不对称所造成的资源浪费和资源分配的不均衡。对于无形物品，例如电影或者音乐，由于使用上不具有稀缺性和排他性，即边际成本接近于零，公众可以随时直接获得这些内容，并且按照使用量计算和分摊这些无形物品的初始成本，从而无须再通过对无形物品赋予排他性的私权来实现市场交易的目的。[②] 代码社会中稀缺资源的分配将是“共同创造——共享——按需分配”模式取代私权利社会中的“分工——私权——交易”模式；如同人体组织对营养的需求和分配一样。

如同大众传播技术使得企业组织可以广泛出现一样，网络技术可以催生出新的基本群体即代码空间组织。在这种社会组织中，社会成员根据自

---

① ［美］查尔斯·霍顿·库利：《社会组织》（英文版），77 页，北京，中国传媒大学出版社，2013。

② “当生产一个额外单位的产品或者服务的边际成本接近于零时，意味着充裕代替了稀缺。那么交易价值便没有意义了，因为每个人都可以想要多少便有多少而不需要支付对价。产品或者服务只有使用和分享的价值，而没有了交易的价值。” Jeremy Rifkin, *The Zero Marginal Cost Society*. London: palgrave macmillan, 2014，p. 195.

己的特征和意愿，理性地竞争各种社会组织中的功能部门，这种竞争不是为了最大限度地获得和占有稀缺资源，而是为了最大限度地满足自己作为社会组织成员的理性需求。因此，在大数据技术下，社会成员可能摆脱基于竞争稀缺资源而形成的社会基本群体形态，而形成基于共同特征和爱好的基本群体。“市场将被网络所取代，获得（access）比所有权更为重要，对自利的追求将被合作利益所缓和，而传统的对富裕的追求将被可持续的生命品质的新追求所取代。”①

大数据技术社会中针对稀缺物品的非法竞争行为将显著降低。社会成员便可以从对稀缺物品的激烈竞争中解放出来，从而有关针对稀缺物品的非法竞争行为将迅速降低，甚至完全消灭。因此在网络与大数据社会，剥夺社会成员自由的监狱和惩罚体系将会极大瓦解，其根本原因是网络与大数据社会不需要这些奖罚制度来增强信息的可执行力和约束力。经济学家奥斯特罗姆曾经研究指出，在一些情形下，即使没有外部约束力，某些社会团体中的成员也可以通过自我承诺和监督来解决成员之间的公地悲剧问题，成员之间不仅仅因为背叛而无处躲藏，而且也因为会对该团体产生耻辱感和负疚感。②这种邻里效应的产生是因为成员相互之间信息能力的增强的结果，而网络与大数据社会中，可以将这种邻里效应扩大到整个网络中。如库利所说的，“从心理学角度来看，历史的本质事实可以被认为是社会共识和理性合作逐步扩大的过程。”③

由于网络技术等对人类社会制度的影响是根本性的，在面对这些技术对现行制度的挑战时，我们应该注意到这些挑战背后所代表的进步方向和我们的现有局限性，因而在重大制度的选择上能够认准方向，勇于改革。在世界范围内，中国是最有希望超越私权利社会而形成更加更有竞争力的社会组织形式的国家。“改革没有完成时，改革只有进行时”，对这部分内容的正确认识可以帮助我们在下面的有关网络环境中的言论自由、隐私保护、个人信息保护以及禁止不正当竞争行为等问题上有正确的理解。

① Jeremy Rifkin, *The Zero Marginal Cost Society*. London: palgrave macmillan, 2014, p. 22.

② Elinor Ostrom, *Governing the Commons, the Evolution of Institutions for Collective Action*. Cambridgeshire: Cambridge University Press, 1990, p. 59.

③ [美]查尔斯·霍顿·库利：《社会组织》（英文版），89页，北京，中国传媒大学出版社，2013。

主要参考文献

[1] 顾颉刚：《中国史学入门》，何启君整理，北京，中国青年出版社，2007。

[2] [美] 查尔斯・霍顿・库利：《社会组织》(英文版)，北京，中国传媒大学出版社，2013。

[3] Douglass C. North, *Institutions, Institutional Change and Economic Performance.* Cambridge：Cambridge University Press, 1990.

[4] Jeremy Rifkin, *The Third Industrial Revolution*，London：Palgrave Macmillan, 2008.

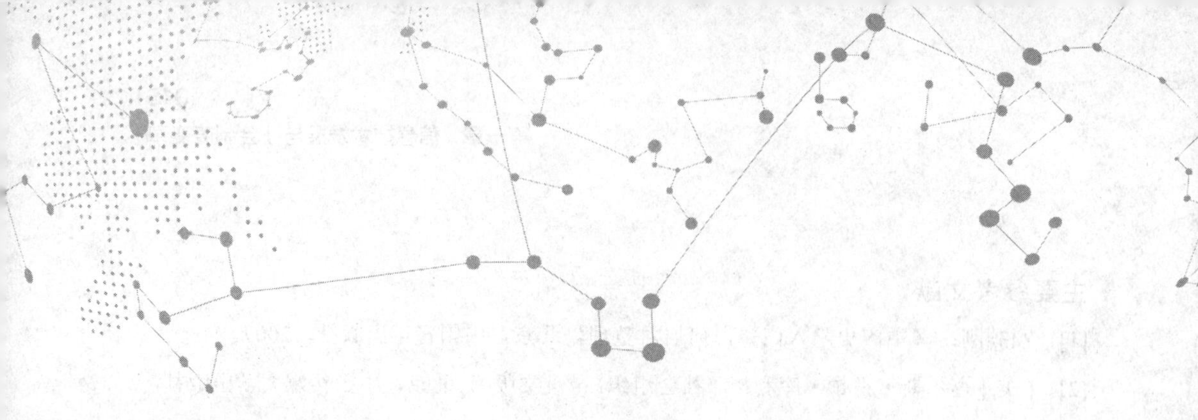

第二章 网络安全法

第一节 网络安全及网络安全法概述

网络信息技术的迅速发展，已经革命性地改变了人类社会的生活方式。随之出现的网络安全问题也给人类社会带来了新的巨大挑战，网络安全的治理和立法已经成为一个全球性的议题。

一、网络空间所带来的安全议题

以网络信息技术为基础的网络空间的兴起和发展，极大促进了经济社会发展，同时也带来了新的安全风险和挑战。

（一）网络空间所带来的安全性挑战

随着网络信息技术的革命性进展，互联网络和信息化浪潮遍及全球，深入社会生活的各个领域，极大地改变着人类的生活方式，形成了人类独立于陆地、海洋、航空、航天之外的第五维空间——网络空间（Cyberspace）。交通、电力、电信、供水、金融及政府服务等基础设施的运营越来越依靠网络信息系统，人类的日常行为和生活越来越转化为网络空间的信息数据流。然而，互相连接、互相依赖的网络信息系统也极易因其一部分的基础设施受损、被拒绝服务攻击而整体陷入瘫痪，流动在网络空间的信息数据也极易被拦截、窃取和破坏，这表现为网络黑客、网络间谍、网络盗窃甚至令人担忧的网络恐怖主义等，[①] 这给国家的安全、经济的稳定以及民众的安定生活造成了极大的挑战，网络空间的安全问题已经成为一个全球性的议题。

近年来，网络攻击事件层出不穷，网络攻击手段不断升级，而且出现了针对关键信息基础设施和特定目标的“高级持续攻击”（Advanced Persistent Threat，APT 攻击），全球网络安全形势日益严峻。2010 年 9 月摧毁伊朗核电站离心机的 Stuxnet 病毒，据媒体披露是由美国与以色列共同研发，[②] 之后该病毒感染世界各地网络，我国也深受其害。2013 年 6 月，美国中情局前雇员斯诺登披露，美国国家安全局曾持续攻击清华大学的教育网主干网，为获取手机短信信息而广泛入侵中国主要的电信运营商。[③] 近年来，针对我国关键信息基础设施和特定目标的 APT 攻击频现，例如境外“海莲花”黑客组织多年以来针对我国海事机构实施 APT 攻击以及长期针对我国政府机构实施攻击的 APT-TOCS 事件，[④] 再如以我国教育、能源、军事和科研领域为主要攻击目标的“白象行动”“蔓灵花攻击行动”等。[⑤]2016 年 11 月，黑客组织“影子经纪人”公布了一组曾受美国国家安全局网络攻击与控制的

---

① 平时指称网络攻击行为的这些种类并不是截然区分的，某个行为可能同时属于多个种类。

② David Sanger, *Obama Order Sped Up Wave of Cyberattacks Against Iran*, http://www.nytimes.com/2012/06/01/world/middleeast/obama-ordered-wave-of-cyberattacks-against-iran.html?pagewanted=all&_r=0, last visited on Feb.3, 2019.

③ *Snowden Reveals more US Cyberspying details,* in *South China Morning Post*, Jun. 23, 2013, http://www.scmp.com/news/hong-kong/article/1266777/exclusive-snowden-safe-hong-kong-more-us-cyberspying-details-revealed, last visited on Feb.3, 2019.

④ 国家计算机网络应急技术处理协调中心：《2015 年中国互联网网络安全报告》，17 页，北京，人民邮电出版社，2016。

⑤ 国家计算机网络应急技术处理协调中心：《2016 年中国互联网网络安全报告》，28 页，北京，人民邮电出版社，2017。

IP 地址和域名，中国是被攻击最多的国家，涉及我国至少 9 所高校，12 家能源、航空、电信等重要信息系统部门和 2 个政府部门信息中心。[①]2017 年 5 月 12 日爆发的 Wannacry 勒索病毒，迅速感染了包括我国在内的 100 多个国家和地区的数百万台电脑。2018 年初曝出的英特尔芯片“熔断”（Meltdown）和“幽灵”（Spectre）漏洞，几乎让所有计算设备和操作系统陷入被攻击的风险。[②] 这些安全威胁和风险已经对国家安全、公共安全和社会稳定造成了极大的挑战，如何有效维护网络安全已经成为世界各国网络治理和立法的核心内容。

（二）网络安全、信息安全与国家安全

对于网络空间的安全问题，国内外著述使用网络安全、信息安全、信息保障、计算机安全，以及互联网络安全等多种指称方式，对这些概念本身的含义也有不同的理解。美国现有立法中仅存在对“信息安全”（information security）的界定，2002 年《联邦信息安全管理法》规定“信息安全是指保护信息和信息系统不受未经授权的访问、使用、披露、破坏、修改或者销毁”，以确保信息的完整性、保密性和可用性。[③] 而欧盟立法文件从最开始一直使用“网络和信息安全”（network and information security，NIS）的概念，其是指“网络或信息系统在一定的可信度下抵御突发事件或者非法或恶意行为的能力，这些行为会危害其所存储或传输的数据的可用性、真实性、完整性以及保密性，危害通过这些网络和系统提供的或者可获得的相关服务。”[④]

由此可见，“信息安全”的概念强调对“信息（数据）”的保护，这

① 国家计算机网络应急技术处理协调中心：《2016 年中国互联网网络安全报告》，29 页，北京，人民邮电出版社，2017。

② 国家计算机网络应急技术处理协调中心：《2018 年中国互联网网络安全报告》，29 页，北京，人民邮电出版社，2019。

③ Federal Information Security Management Act, 44 USC § 3542(b)（1）.

④ *Regulation No 460/2004 of the European Parliament and of the Council of 10 March 2004 establishing the European Network and Information Security Agency,* art.4(c), OJ L 77, 13.3.2004, p. 5; *Communication from the Commission to the Council, the European Parliament, the European Economic and Social Committee and the Committee of the Regions on Network and Information Security: Proposal for A European Policy Approach,* COM (2001) 298 final, 6.6.2001, p. 9.

包括在“信息系统和互联网络”中传输的信息（数据），所以一般可以涵盖“信息保障”“计算机安全”以及“网络安全”的所指。但信息安全概念所涵盖的范围比网络安全要广，因为它所强调保护的“信息”，同样可以通过信息系统和互联网络之外的其他手段来保存、处理和传播，例如印刷在纸张上或者以其他非电子形式保存的信息。本书所论主要侧重“信息系统和互联网络”所形成的网络空间中的安全问题，因此采“网络安全”的表述。域外国家一般认为，网络安全就是指要确保网络信息系统及其所存储和传输的数据的安全。[①] 需要指出的是，我国对于“网络安全”的理解，除了强调网络信息系统运行安全外，还包括网络信息内容安全，这体现在我国《网络安全法》第3章规定的“网络运行安全”和第4章规定的“网络信息安全”等相关规定。

对于网络安全和国家安全的关系，网络安全是国家安全的重要组成部分，对网络安全的挑战同样可以造成对国家安全的挑战，但并不是所有通过网络进行的危害国家安全的行为都构成针对网络信息系统的网络安全问题，例如恐怖分子通过互联网彼此交流、协调行动，通过电子邮件和网站招募同伙等仅是危害国家安全的行为。从世界范围的网络安全政策和立法来看，强调“网络安全”就是在国家安全层面上而言的。现阶段政策和立法视野中狭义的网络安全与信息安全、国家安全概念之间的关系可由图 2-1 所示：

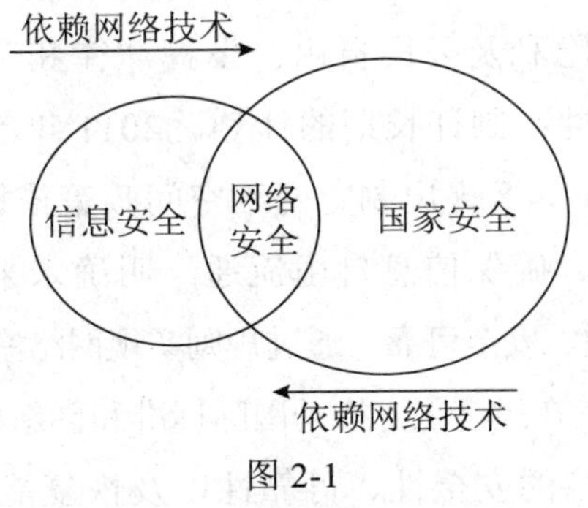

图 2-1

① “信息系统（information system）”是指计算机和电子通信网络，以及它们为了自身的运行、应用、保护及维持的目的所存储、处理、存取或者传输的电子数据，见 *Regulation No 460/2004 of the European Parliament and of the Council of 10 March 2004 establishing the European Network and Information Security Agency,* art.4(b), OJ L 77, 13.3.2004, p. 5.

二、网络空间安全战略

正因为网络安全事关国家安全、公共安全和社会稳定，网络安全成为一个全球性的重大战略问题，各国相继制定了网络空间安全战略，以积极应对网络安全带来的巨大挑战。联合国国际电信联盟（ITU）《2017 年网络安全指数》报告显示，目前有 70 多个国家发布了网络安全方面的国家战略，20 多个国家正在制定过程中。这些战略性文件的内容往往成为各国网络安全立法的指导思想。以下对美国、欧盟和我国的网络安全战略作一简要介绍。

（一）美国的网络空间安全战略

作为互联网技术的源起国，美国早在 20 世纪 90 年代就开始关注关键基础设施（Critical Infrastructure）面临的来自网络空间的威胁，并逐步发展出成熟的网络安全战略，主要的战略性文件包括小布什政府的《网络空间安全国家战略》、奥巴马政府的《网络空间国际战略》和特朗普政府的《国家网络战略》。

2003 年 2 月，小布什总统政府发布《网络空间安全国家战略》，[①] 提出三大战略目标、六项指导方针、五大优先事项等。三大战略目标是：防止美国关键基础设施遭受网络攻击；减少美国的网络攻击所针对的漏洞；确实遭受网络攻击时，将损害及恢复时间降至最低。六项指导方针是：促进全国性合作；保护隐私及公民自由；发挥法律和市场的作用；明确义务和责任；确保战略弹性；制订长期的计划。2011 年 5 月，奥巴马政府公布《网络空间国际战略》，[②] 提出制定网络空间政策依据的原则是：保障基本自由、尊重个人隐私、确保信息自由流通。明确未来网络空间的目标是：确保网络的开放和互通、安全可靠、通过规则实现网络空间的稳定。该战略列出了七大政策重点：（1）在经济上，推动国际标准和创新以及开放市场；（2）在网络保护上，增强网络的安全性、可靠性以及恢复能力；（3）在执法上，

---

① The White House, *National Strategy to Secure Cyberspace,* 2003-02-02.

② The White House, *International Strategy for Cyberspace: Prosperity, Security, and Openness in a Networked World,* 2011-05-16.

拓展法制规则和执法合作；（4）在军事上，准备迎接21世纪的安全挑战；（5）在互联网治理上，推进有效的及总括性框架；（6）在国际发展上，增强能力、安全和繁荣；（7）在互联网自由上，支持基本自由和隐私。

2018年9月，特朗普总统政府发布了《国家网络战略》，[①]这是美国政府最新的国家网络安全战略，回应了特朗普政府2017年底颁布的《国家安全战略》，列出了美国网络安全的四大支柱、十大任务与42项优先行动。四大支柱及之下的十大任务主要内容是：一是保护美国人民、国土及美国人的生活方式，主要目标是管控网络安全风险，提升国家信息与信息系统的安全与韧性，包括三大任务：保护联邦网络与信息；保护关键基础设施；打击网络犯罪，完善事故报告制。二是促进美国的繁荣，主要目标是维护美国在科技生态系统和网络空间发展中的影响力，包括三大任务：培育一个充满活力和弹性的数字经济；培育和保护美国的创造力；培养优秀的网络安全人才。三是以实力求和平，主要目标是识别、反击、破坏、降级和制止网络空间中破坏稳定和违背国家利益的行为，同时保持美国在网络空间中的优势，包括两大任务：通过负责任的国家行为规范增强网络稳定性；对网络空间中的不可接受的行为进行归因和威慑。四是扩大美国影响力，主要目标是保持互联网的长期开放性、互操作性、安全性和可靠性，包括两大任务：促进开放、互操作、可靠和安全的互联网；建设国际网络能力。

（二）欧盟的网络空间安全战略

欧盟自21世纪之初就认识到欧盟层面网络和信息安全领域的重要性，并不断制定颁行重要的政策和立法。2001年提出了有关“网络和信息安全”的建议；[②]2006年通过了《确保信息社会安全战略》；[③]2011年发布《保护关键信息基础设施——面向全球网络安全的成就和下一步行动》，[④]2013年

① The White House, *National Cyber Strategy*, 2018-09-20.

② *Network and Information Security: Proposal for A European Policy Approach*, COM(2001) 298.

③ *A strategy for a Secure Information Society – “Dialogue, partnership and empowerment”*, COM(2006) 251.

④ *Critical Information Infrastructure Protection: “Achievements and next steps: towards global cyber-security”*, COM(2011) 163.

发布了《规制信息系统攻击指令》[①]和《欧盟网络安全战略：开放、安全和可靠的网络空间》（简称：《欧盟网络安全战略》）。[②]

《欧盟网络安全战略》明确提出战略目标是构建一个开放、自由和安全的网络空间，使欧盟及其成员国免受安全事故影响和人为蓄意破坏，有效地保护和促进公民的基本权利，将欧盟建设成一个世界上最安全的网络空间环境。该战略提出了指导欧盟和国际网络安全政策的五大原则：一是欧盟的核心价值，既适用于现实世界，同样适用于数字世界；二是保护基本权利、言论自由、个人数据和隐私；三是确保每个人均可访问互联网；四是民主、高效的多利益相关者管理；五是共同承担维护网络安全的责任。该战略确定了五大优先战略任务及具体行动举措，五大战略任务是：一是提升网络恢复能力（cyber resilience）；二是大大降低网络犯罪；三是发展与共同安全与防务政策相关的网络防卫政策和能力；四是发展网络安全工业和技术资源；五是建立协调一致的欧盟国际网络空间政策，并推广欧盟核心价值观。

随着欧盟网络安全战略政策的成熟，欧盟自 2013 年开始推动网络安全的综合性立法计划。2016 年 7 月，欧盟最终通过了《确保欧盟统一、高水平网络与信息系统安全之相关措施的指令》（以下简称 NIS 指令），[③] NIS 指令于 2016 年 8 月 8 日正式生效。该指令明确要求每个成员国都要制定自己的网络与信息系统安全国家战略（以下简称 NIS 国家战略），以实现和维护高水平的网络与信息系统安全。NIS 指令要求 NIS 国家战略应该包括以下内容：（1）网络与信息系统安全国家战略的目标和重点任务；（2）达成这些目标和重点任务的治理框架，包括政府机构以及其他相关主体的角色和责任；（3）认定防范、应对以及恢复的相关措施，包括公共部门与私营部门之间的合作；（4）明确与网络与信息系统安全国家战略有关的教育、意

① *Directive 2013/40/EU of the European Parliament and of the Council of 12 August 2013 on attacks against information systems and replacing Council Framework Decision 2005/222/JHA*, OJ L 345, 23.12.2008, pp. 75–82.

② *Cybersecurity Strategy of the European Union: An Open, Safe and Secure Cyberspace*, JOIN(2013) 1.

③ *Directive (EU) 2016/1148 of the European Parliament and of the Council of 6 July 2016 concerning measures for a high common level of security of network and information systems across the Union*, OJ L 194, 19.7.2016.

识提升以及培训计划；（5）与网络与信息系统安全国家战略有关的研究与发展计划；（6）认定风险的风险评估计划；（7）实施网络与信息系统安全国家战略所涉主体的清单。[①] 该指令生效之后，欧盟很多国家进一步完善了自身的网络安全战略。

（三）我国的网络空间安全战略

网络空间的安全问题很早就纳入了我国的政策战略视野。2000 年 12 月，我国通过了《全国人民代表大会常务委员会关于维护互联网安全的决定》。2003 年 9 月，我国发布了《国家信息化领导小组关于加强信息安全保障工作的意见》，提出保障信息安全要“坚持积极防御、综合防范的方针，重点保障基础信息网络和重要信息系统安全，创建安全健康的网络环境，保障和促进信息化发展，保护公众利益，维护国家安全”，该文件意义重大，标志着我国第一次从国家安全的高度来理解和认识网络信息安全。2006 年 5 月，我国发布《2006—2020 年国家信息化发展战略》，该战略把“建设国家信息安全保障体系”作为第八个战略重点，强调“重点保护基础信息网络和关系国家安全、经济命脉、社会稳定的重要信息系统”。2012 年 7 月，国务院下发了《关于大力推进信息化发展和切实保障信息安全的若干意见》，明确提出将“研究制定国家信息安全战略和规划”，目标是“基本形成国家信息安全保障体系”。

2014 年 2 月，中央网络安全和信息化领导小组成立，小组组长由习近平总书记亲自担任，我国开始进一步加强网络安全和信息化发展顶层设计。2016 年 4 月 19 日，习近平总书记主持召开网络安全和信息化工作座谈会并发表重要讲话，他强调：网络安全和信息化是相辅相成的，安全是发展的前提，发展是安全的保障，安全和发展要同步推进；要树立正确的网络安全观，加快构建关键信息基础设施安全保障体系，全天候全方位感知网络安全态势，增强网络安全防御能力和威慑能力；网络安全为人民，网络安全靠人民，维护网络安全是全社会共同的责任，需要政府、企业、社会组织、广大网

① 刘金瑞：《欧盟网络安全立法最新进展及其意义》，载《汕头大学学报（人文社会科学版）》，2017（1）。

民共同参与，共筑网络安全防线。这次重要讲话有力指导了我国网络空间安全战略的制定出台，我国先后于2016年12月和2017年3月分别发布了《国家网络空间安全战略》和《网络空间国际合作战略》。

1. 我国的《国家网络空间安全战略》

2016年12月27日，经中央网络安全和信息化领导小组批准，国家互联网信息办公室发布了《国家网络空间安全战略》。这是我国首次发布关于网络空间安全的战略，该战略阐明了中国关于网络空间发展和安全的重大立场和主张，明确了战略方针和主要任务，是指导国家网络安全工作的纲领性文件。

该战略指出，互联网等信息网络已经成为信息传播的新渠道、生产生活的新空间、经济发展的新引擎、文化繁荣的新载体、社会治理的新平台、交流合作的新纽带、国家主权的新疆域。随着信息技术深入发展，网络安全形势日益严峻，利用网络干涉他国内政以及大规模网络监控、窃密等活动严重危害国家政治安全和用户信息安全，关键信息基础设施遭受攻击破坏、发生重大安全事件严重危害国家经济安全和公共利益，网络谣言、颓废文化和淫秽、暴力、迷信等有害信息侵蚀文化安全和青少年身心健康，网络恐怖和违法犯罪大量存在直接威胁人民生命财产安全、社会秩序，围绕网络空间资源控制权、规则制定权、战略主动权的国际竞争日趋激烈，网络空间军备竞赛挑战世界和平。网络空间机遇和挑战并存，机遇大于挑战。必须坚持积极利用、科学发展、依法管理、确保安全，坚决维护网络安全，最大限度利用网络空间发展潜力，更好惠及13亿多中国人民，造福全人类，坚定维护世界和平。

该战略要求，要以总体国家安全观为指导，贯彻落实创新、协调、绿色、开放、共享的发展理念，增强风险意识和危机意识，统筹国内国际两个大局，统筹发展安全两件大事，积极防御、有效应对，推进网络空间和平、安全、开放、合作、有序，维护国家主权、安全、发展利益，实现建设网络强国的战略目标。和平、安全、开放、合作、有序成为五大战略目标。

该战略强调，一个安全稳定繁荣的网络空间，对各国乃至世界都具有重大意义。中国愿与各国一道，加强沟通、扩大共识、深化合作，积极推进全球互联网治理体系变革，共同维护网络空间和平安全。该战略提出了四项基本原则：尊重维护网络空间主权、和平利用网络空间、依法治理网络空间、统筹网络安全与发展。

该战略指出，中国致力于维护国家网络空间主权、安全、发展利益，推动互联网造福人类，推动网络空间和平利用和共同治理。该战略提出了当前和今后一个时期国家网络空间安全工作的九方面战略任务，包括：坚定捍卫网络空间主权、坚决维护国家安全、保护关键信息基础设施、加强网络文化建设、打击网络恐怖和违法犯罪、完善网络治理体系、夯实网络安全基础、提升网络空间防护能力、强化网络空间国际合作。

2. 我国的《网络空间国际合作战略》

2017 年 3 月 1 日，经中央网络安全和信息化领导小组批准，外交部和国家互联网信息办公室共同发布了《网络空间国际合作战略》。该战略以和平发展、合作共赢为主题，以构建网络空间命运共同体为目标，就推动网络空间国际交流合作首次全面系统提出中国主张，为破解全球网络空间治理难题贡献中国方案，是指导中国参与网络空间国际交流与合作的战略性文件。

这是中国就网络问题首度发布国际战略。该战略指出，网络空间给人类带来巨大机遇，同时也带来不少新的课题和挑战。各国在网络空间互联互通，利益交融，休戚与共。国际社会应携起手来，加强对话交流，共同维护网络空间和平、稳定与繁荣，共同构建网络空间命运共同体。该战略提出，应在和平、主权、共治、普惠四项基本原则的基础上推动网络空间国际合作。战略倡导各国切实遵守《联合国宪章》宗旨与原则，确保网络空间的和平与安全；坚持主权平等，不搞网络霸权，不干涉他国内政；各国共同制定网络空间国际规则，建立多边、民主、透明的全球互联网治理体系；推动在网络空间优势互补、共同发展，弥合“数字鸿沟”，确保人人共享互联网发展成果。

该战略确立了中国参与网络空间国际合作的战略目标：坚定维护中国网络主权、安全和发展利益，保障互联网信息安全有序流动，提升国际互联互通水平，维护网络空间和平安全稳定，推动网络空间国际法治，促进全球数字经济发展，深化网络文化交流互鉴，让互联网发展成果惠及全球，更好造福各国人民。该战略还从九个方面提出了中国推动并参与网络空间国际合作的行动计划：维护网络空间和平与稳定、构建以规则为基础的网络空间秩序、拓展网络空间伙伴关系、推进全球互联网治理体系改革、打击网络恐怖主义和网络犯罪、保护公民权益、推动数字经济发展、加强全球信息基础设施建设和保护、促进网络文化交流互鉴。

该战略强调，中国在推动建设网络强国战略部署的同时，将秉持以合作共赢为核心的新型国际关系理念，致力于与国际社会携起手来，加强沟通交流，深化互利合作，构建合作新伙伴，同心打造人类命运共同体，为建设一个安全、稳定、繁荣的网络空间作出更大贡献。

三、网络安全立法概述

广义的网络安全立法，内容涵盖社会生活的多个领域，包括关键信息基础设施保护、网络犯罪、个人信息和隐私权保护、电子商务、电子政务、科技研发、技术标准以及网络信息内容管制等，涉及民商法、刑法、行政法、经济法、诉讼法等多种部门法。网络安全立法其实是一个多领域规范同时并存、多层次规范相互配合的系统性体系。网络安全立法源于网络信息技术发展的需要，随着信息产业的发展而发展。早期的网络安全立法往往是解决个别问题、覆盖局部领域，随着网络信息技术延伸至社会生活的各个领域，网络安全已经成为社会生活的基础性和普遍性问题，网络安全立法的覆盖范围越来越广。再加上网络安全形势的日益严峻，各国在应对网络安全战略政策成熟之后，开始积极探索推动网络安全综合性和专门性立法。本书所关心的重点就是这些综合性和专门性的网络安全立法。

（一）域外网络安全立法的重点议题

从世界范围的网络安全综合性和专门性立法来看，核心内容就是要保护事关国家安全、公共安全的关键基础设施（Critical Infrastructure），保护这些基础设施所依赖的网络信息系统及其所存储和传输的数据。关键基础设施面临的安全风险不仅包括自然灾害等物理威胁，更包括各国网络安全立法所强调的针对信息系统的网络威胁，表现为黑客入侵、电子间谍、网络盗窃甚至令人担忧的网络战争、网络恐怖主义等。

美国最早开始关注关键基础设施保护，并逐步探索法律保护框架。[①]1996年7月，克林顿政府颁布《第13010号行政命令》（以下简称E.O. 13010），首次提出关键基础设施不仅面临物理威胁，也面临该设施信息或通信部分遭受攻击的网络威胁。[②]1998年5月，克林顿政府颁布《第63号总统决策指令》（以下简称PDD-63），将关键基础设施界定为“物理的或基于网络的、维持经济及政府最低程度运行所必需的系统”。[③]

2001年10月，小布什政府颁布《美国爱国者法案》（USA PATRIOT Act），将“关键基础设施”定义修改为“对于美国来说极其重要的物理的或虚拟的系统和资产，一旦它们能力丧失或遭到破坏，就会削弱国家安全、国家经济安全或者国家公众健康与安全”。该定义为之后的美国立法所沿用。[④] 2013年，奥巴马政府的《第21号总统政策指令》（以下简称PPD-21）认为关键基础设施涉及通信、信息技术、金融服务、政府设施、交通系统、商业设施、关键制造、能源等16个领域。[⑤]

2017年5月，美国总统特朗普签署《增强联邦政府网络与关键基础设施网络安全总统行政令》，规定了加强联邦政府、关键基础设施和国家网络安全将采取的保护措施。在关键基础设施网络安全方面，要求对已有的关键基础设施清单进行评估，并提交网络安全风险评估报告和审查现有联

---

① 关于美国关键基础设施保护立法的制度架构，详见刘金瑞：《我国网络关键基础设施立法的基本思路和制度建构》，载《环球法律评论》，2016(5)。

② *Executive Order 13010: Critical Infrastructure Protection*, Federal Register, Vol. 61, No. 138, July 15, 1996, pp. 37347–37350.

③ *Presidential Decision Directive 63: Critical Infrastructure Protection*, May 22, 1998, http://www.fas.org/irp/offdocs/pdd/pdd-63.htm, last visited on Feb.29, 2019.

④ *USA PATRIOT Act*, Title X, Sec. 1016. *Critical Infrastructures Protection Act of 2001*, 42 USC § 5195c.

⑤ *Presidential Policy Directive 21: Critical Infrastructure Security and Resilience*, February 19, 2013, http://www.fas.org/irp/offdocs/ppd/ppd-21.pdf, last visited on Feb.29, 2019.

邦政策和做法充分性的报告。[①]

欧盟自 2013 年开始推动网络安全的综合性立法计划，由欧盟委员会和欧盟外交和安全高级政策代表于当年 2 月提出了“确保欧盟统一、高水平网络与信息系统安全之相关措施的指令”（Network and Information Security Directive，以下简称 NIS 指令）建议。斯诺登事件爆出后，该指令的立法进程加快。2016 年 7 月 6 日欧盟议会正式通过了该指令。[②]NIS 指令于 2016 年 8 月 8 日正式生效，欧盟各成员国要在 2018 年 5 月 9 日之前将其转化为国内法。该指令是欧盟建立数字单一市场（digital single market）的重要举措之一，是欧盟层面第一部综合性网络安全立法，提出了在欧盟确保统一、高水平网络与信息系统安全的基本法治框架。

NIS 指令所界定的“网络和信息系统安全”是指“在一定可信水平下，网络与信息系统抵抗破坏其所存储、传输、处理之数据或者相关服务的可用性、真实性、完整性或者保密性行为的能力。”[③]NIS 指令并没有采用“关键基础设施”的概念，而是使用了“基本服务运营者”的表述。所谓“基本服务运营者”，是指“提供维续关键社会活动及/或经济活动基本服务的主体，该服务的提供依赖于网络和信息系统，网络安全事件会对该服务的提供造成重大的破坏性影响”，涉及能源（电力、石油及天然气）、运输（航空、铁路、水运及陆运）、银行、金融市场基础设施、医疗卫生、饮用水供应和分配以及数字基础设施（互联网交换点、域名系统服务提供者及顶级域名注册）领域。[④]

作为欧盟成员国的德国于 2015 年 8 月 14 日通过了《加强联邦信息技

---

① *Presidential Executive Order on Strengthening the Cybersecurity of Federal Networks and Critical Infrastructure,* May 11, 2017, https://www.whitehouse.gov/presidential-actions/presidential-executive-order-strengthening-cybersecurity-federal-networks-critical-infrastructure/, last visited on Feb.29, 2019.

② *Directive (EU) 2016/1148 of the European Parliament and of the Council of 6 July 2016 concerning measures for a high common level of security of network and information systems across the Union*, OJ L 194, 19.7.2016, pp. 1–30.

③ *NIS Directive*, Art. 4.

④ *Directive (EU) 2016/1148 of the European Parliament and of the Council of 6 July 2016 concerning measures for a high common level of security of network and information systems across the Union*, OJ L 194, 19.7.2016, pp. 13–14, 27–29.

术安全法》修正案，增加了“关键基础设施”的定义，是指“对于德国共同体的运作具有重大意义的设施、设备或者其组成，一旦停止运作或者遭受损害将造成严重的供应紧张或者对公共安全产生严重威胁”，涉及能源、电信、信息技术、交通运输、卫生、食品以及金融保险领域；具体由联邦政府以法规命令予以规定，但明确排除了这些领域中的小企业。①

可以发现，无论是美国还是欧盟，都将关键基础设施保护上升到维护国家安全和公共安全的高度，在界定“关键基础设施”及其范围时强调国家安全和公共安全，所谓的“关键”就是指事关国家安全和公共安全，这既突出了保护的重点，也避免了将过多企业纳入监管而徒增企业负担。除了关键基础设施保护之外，域外网络安全立法还关注了以下议题：主管部门的授权、网络安全信息共享、网络安全研究和发展、减少供应链的漏洞、提高公众的网络安全意识、数据泄露通知和惩治网络犯罪等。②

（二）我国网络安全立法的基本历程

我国从接入和发展互联网之初就注重依法维护网络安全。1994 年 4 月 20 日，北京市中关村地区教育与科研示范网络（NCFC）接入了国际互联网 64K 专线并实现了全功能连接，标志着中国正式接入国际互联网。而在此之前，同年 2 月 18 日，国务院第 147 号令就已经出台了针对网络安全的首部行政法规——《计算机信息系统安全保护条例》，该条例规定“重点维护国家事务、经济建设、国防建设、尖端科学技术等重要领域的计算机信息系统的安全”，“计算机信息系统实行安全等级保护”。

从 20 世纪 90 年代开始，我国在网络安全方面陆续制定了《计算机信息网络国际联网管理暂行规定》《计算机软件保护条例》《计算机病毒防治管理办法》《电信条例》《互联网信息服务管理办法》《全国人大常委会关于维护互联网安全的决定》《信息安全等级保护管理办法》《全国人大常委会关于加强网络信息保护的决定》等规定，这些立法不仅规定要维

① *Gesetz zur Stärkung der Sicherheit in der Informationstechnik des Bundes*, BGBI. I S. 2821, § 2(10), § 8c（1）, http://www.gesetze-im-internet.de/bsig_2009/BJNR282110009.html, last visited on Feb.29, 2019.

② 刘金瑞：《美国网络安全立法近期进展及对我国的启示》，载《暨南学报》（哲学社会科学版），2014（2）。

护网络信息系统的运行安全，还通过规定“九不准”等确立了维护网络信息内容安全的基本要求。[①] 但这些立法的层级大都相对较低，并未形成体系性。2003 年我国《国家信息化领导小组关于加强信息安全保障工件的意见》提出“抓紧研究起草《信息安全法》，建立和完善信息安全法律制度”，实际也形成了一定的立法草稿，但当时并未列入全国人大的立法工作计划。究其原因，和我国网络安全国家战略尚不成熟，对网络安全立法欠缺理论研究和长远规划有很大关系。

21 世纪以来，网络和信息技术开始深度融入我国经济社会的各个方面，极大地改变和影响着人们的社会活动和生活方式，在促进技术创新、经济发展、文化繁荣、社会进步的同时，网络安全问题也日益凸显。网络安全已经成为关系国家安全和发展，关系人民群众切身利益的重大问题。党的十八大以来，以习近平同志为总书记的党中央从总体国家安全观出发，就网络安全问题提出了一系列新思想新观点新论断，对加强国家网络安全工作作出了一系列重要部署。

2014 年 2 月，中央网络安全和信息化领导小组成立，其办事机构为中央网络安全和信息化领导小组办公室，由国家互联网信息办公室承担具体职责。之后国务院发文授权重新组建国家互联网信息办公室负责全国互联网信息内容管理工作，并负责监督管理执法。从 2014 年 8 月起，网信办先后发布了《即时通信工具公众信息服务发展管理暂行规定》和《互联网用户账号名称管理规定》等一系列关于互联网信息内容管理的规定。

2014 年 10 月，党的十八届四中全会报告明确要求：“加强互联网领域立法，完善网络信息服务、网络安全保护、网络社会管理等方面的法律法规，依法规范网络行为”。之后，我国网络安全立法的进程明显加快。2015 年 7 月，《国家安全法》审议通过，第 25 条明确规定：“国家建设网络与信息安全

① 《电信条例》第 56 条规定：“任何组织或者个人不得利用电信网络制作、复制、发布、传播含有下列内容的信息：（1）反对宪法所确定的基本原则的；（2）危害国家安全，泄露国家秘密，颠覆国家政权，破坏国家统一的；（3）损害国家荣誉和利益的；（4）煽动民族仇恨、民族歧视，破坏民族团结的；（5）破坏国家宗教政策，宣扬邪教和封建迷信的；（6）散布谣言，扰乱社会秩序，破坏社会稳定的；（7）散布淫秽、色情、赌博、暴力、凶杀、恐怖或者教唆犯罪的；（8）侮辱或者诽谤他人，侵害他人合法权益的；（9）含有法律、行政法规禁止的其他内容的。”

保障体系，提升网络与信息安全保护能力，加强网络和信息技术的创新研究和开发应用，实现网络和信息核心技术、关键基础设施和重要领域信息系统及数据的安全可控；加强网络管理，防范、制止和依法惩治网络攻击、网络入侵、网络窃密、散布违法有害信息等网络违法犯罪行为，维护国家网络空间主权、安全和发展利益。”2015 年 8 月，《刑法修正案（九）》审议通过，进一步加大了对利用互联网传播涉恐信息等网络犯罪的打击力度。2015 年 12 月，《反恐怖主义法》审议通过，第 19 条明确规定：“电信业务经营者、互联网服务提供者应当依照法律、行政法规规定，落实网络安全、信息内容监督制度和安全技术防范措施，防止含有恐怖主义、极端主义内容的信息传播；发现含有恐怖主义、极端主义内容的信息的，应当立即停止传输，保存相关记录，删除相关信息，并向公安机关或者有关部门报告。”

与此同时，有关部门也加紧推动《网络安全法》的立法。面对严峻的网络安全形势，在《网络安全法》的起草过程中，我国高度重视域外立法所重点关注的关键基础设施保护，借鉴域外相关制度设计，在该法草案第三章第二节明确规定了“关键信息基础设施的运行安全”。2015 年 6 月，第十二届全国人大常委会第十五次会议初次审议了《中华人民共和国网络安全法（草案）》。2015 年 7 月 6 日至 2015 年 8 月 5 日，该草案面向社会公开征求意见。2016 年 6 月，第十二届全国人大常委会第二十一次会议对草案二次审议稿进行了审议，随后将《中华人民共和国网络安全法（草案二次审议稿）》面向社会公开征求意见。10 月 31 日，网络安全法草案三次审议稿提请全国人大常委会审议。2016 年 11 月 7 日，第十二届全国人民代表大会常务委员会第二十四次会议表决通过了《中华人民共和国网络安全法》，并于 2017 年 6 月 1 日起正式施行。

《网络安全法》作为我国第一部网络安全的专门性综合性立法，其出台具有里程碑式的重大意义。它规定了我国网络安全工作的基本原则和指导理念，提出了应对网络安全这一全球性挑战的中国方案；总结了我国成熟的战略政策和实践做法并上升为法律，实现了我国网络安全顶层设计的法治化；确立了防范网络安全风险的基础性法律制度，构建了我国网络安全工作的基本法律框架。《网络安全法》可谓我国网络安全领域的基本法，为我国网络安全后续立法提供了基本指引，也为我国网络安全法治建设规划了基本蓝图。《网络安全法》共 7 章 79 条，包括：总则、网络安全支持与促进、网络运行安全、网络信息安全、监测预警与应急处置、法律责任以及附则。《网络安全法》颁行之后，我国制定出台了一系列相关配套规定，具体内容可见下一节的梳理论述。贯彻落实《网络安全法》的制度规定，成为今后一定时期内我国网络安全法治工作的主要方向和重点任务。

鉴于网络安全立法是一个多领域规范同时并存、多层次规范相互配合的系统性体系，我国在颁行《网络安全法》这一网络安全领域的基本法之后，也进一步加强了网络安全相关法律的制定修订工作。以下简要介绍近期制定修订的几部重要法律法规。

2017 年 6 月 28 日，《中华人民共和国国家情报法》（以下简称《国家情报法》）生效实施。该法规定，中央国家安全领导机构对国家情报工作实行统一领导，国家情报机构（包括国家安全机关和公安机关情报机构、军队情报机构）按照职责分工，相互配合，做好情报工作、开展情报行动。该法第二章严格规范有关授权，规定国家情报工作机构的职权包括：根据工作需要，依法使用必要的方式、手段和渠道，在境内外开展情报工作；应当依法搜集和处理境外机构、组织、个人实施或者指使、资助他人实施的，或者境内外机构、组织、个人相勾结实施的危害中华人民共和国国家安全和利益行为的相关情报，为防范、制止和惩治上述行为提供情报依据或者参考；依法开展情报工作，可以要求有关机关、组织和公民提供必要的支持、协助和配合；根据工作需要，按照国家有关规定，经过严格的批准手续，可以采取技术侦察措施和身份保护措施。此外，规定国家情报工作机构及其工作人员应当严格依法办事，不得超越职权、滥用职权，不得侵犯公民和组织的合法权益，不得利用职务便利为自己或者他人谋取私利，不得泄露国家秘密、商业秘密和个人信息；国家情报工作机构应当建立健全严格的监督和安全审查制度，对其工作人员遵守法律和纪律等情况进行监督，并依法采取必要措施，定期或者不定期进行安全审查。

2017 年 7 月 1 日，新修订的《中华人民共和国测绘法》（以下简称《测绘法》）生效实施。新修订的《测绘法》共 10 章 68 条，分总则、测绘基准和测绘系统、基础测绘、界线测绘和其他测绘、测绘资质资格、测绘成果、测量标志保护、监督管理、法律责任、附则，比原法增加“监督管理”一章。该法的亮点之一就是“维护国家地理信息安全和对个人信息的保护”。在“监督管理”中第47条明确规定：地理信息生产、保管、利用单位应当对属于国家秘密的地理信息的获取、持有、提供、利用情况进行登记并长期保存，实行可追溯管理；从事测绘活动涉及获取、持有、提供、利用属于国家秘密的地理信息，应当遵守保密法律、行政法规和国家有关规定；地理信息生产、利用单位和互联网地图服务提供者收集、使用用户个人信息的，应当遵守法律、行政法规关于个人信息保护的规定。

2019年10月26日，十三届全国人大常委会第十四次会议审议通过《中华人民共和国密码法》（以下简称《密码法》），自2020年1月1日起施行。密码是保障网络与信息安全的核心技术和基础支撑，直接关系国家的政治安全、经济安全、网络与信息安全。制定《密码法》就是为了适应我国网络安全的新形势，提升密码工作的科学化、法制化、规范化水平，保障网络与信息安全。《密码法》将密码分为核心密码、普通密码和商用密码三类，实行分类管理。其中核心密码、普通密码用于保护国家秘密信息，属于国家秘密；商用密码用于保护不属于国家秘密的信息，公民、法人和其他组织可以依法使用商用密码保护网络与信息安全。《密码法》共5章44条，重点规范了以下内容：第一章总则部分，规定了本法的立法目的、密码工作的基本原则、领导和管理体制，以及密码发展促进和保障措施。第二章核心密码、普通密码部分，规定了核心密码、普通密码使用要求、安全管理制度以及国家加强核心密码、普通密码工作的一系列保障制度和措施。第三章商用密码部分，规定了商用密码标准化制度、检测认证制度、市场准入管理制度、使用要求、进出口管理制度、电子政务电子认证服务管理制度以及商用密码事中事后监管制度。第四章法律责任部分，规定了违反本法相关规定应当承担的相应的法律后果。第五章附则部分，规定了国家密码管理部门的规章制定权，解放军和武警部队密码立法事宜等。

2017年1月6日，国务院法制办公室公布了《未成年人网络保护条例（送审稿）》。送审稿包括总则、网络信息内容建设、未成年人网络权益保障、预防和干预、法律责任、附则等6章，共36条。主要规定了以下内容：一是明确了未成年人网络保护的管理体制。二是建立了网上内容管理制度。鼓励制作或发布健康、正面的网上信息，禁止制作、发布、传播违法信息，规定了不宜信息提示义务（第6—第9条）。三是对预装未成年人上网保护软件作出了选择性要求。要求公共上网场所应当安装未成年人上网保护软件，智能终端设备在出厂时或销售前，应当安装未成年人上网保护软件或者为安装未成年人上网保护软件提供便利并进行显著提示（第11条、第12条）。四是强化了对未成年人网上个人信息保护。规定了收集、使用未成年人个人信息的，须经未成年人或其监护人同意，规定了未成年人或其监护人有权要求网络信息服务提供者删除、屏蔽网络空间的未成年人个人信息（第16条至第18条）。五是就网络欺凌问题作出了规定。规定了任何组织和个人不得通过网络以文字、图片、音视频等形式威胁、侮辱、攻击、伤害未成年人（第21条）。六是规定了法律责任，对违反该条例送审稿的行为设置了相应的处罚（第5章）。

第二节 我国《网络安全法》的主要内容和实施

2017年6月1日，《网络安全法》正式生效实施。《网络安全法》作为我国网络安全的基本法，从内容来看，大致有三方面的制度设计：网络安全监管的原则和基本体制、保障网络运行安全的制度以及保障网络信息安全的制度。客观来看，《网络安全法》目前的规定相对比较简单，该法生效实施之后，在《网络安全法》确立的基本制度框架之下出台了一系列配套规定，进一步丰富和完善了这些法律制度。

一、我国网络安全监管的原则和基本体制

我国《网络安全法》首次通过立法的形式明确规定了我国网络安全工

作的基本原则和监管体制，主要包括以下几方面内容。

（一）明确规定了维护网络空间主权和相应管辖权

网络主权是国家主权在网络空间的体现和延伸，网络主权原则是我国维护国家安全和利益、参与网络国际治理与合作所坚持的重要原则。为此，《网络安全法》第 1 条开宗明义，将“维护网络空间主权和国家安全”作为立法宗旨之一，并在第 2 条规定“在中华人民共和国境内建设、运营、维护和使用网络，以及网络安全的监督管理，适用本法”，从属地管辖权上进一步明确了我国的网络空间主权。

不仅如此，为了防范针对我国网络安全的境外威胁，进一步维护我国网络空间主权，二审稿审议及之后的征求意见中，一些常委会组成人员和社会公众、专家提出，对攻击、破坏我国关键信息基础设施的境外组织和个人，应规定相应的惩治措施。对此，《网络安全法》专门增加了惩治攻击破坏我国关键信息基础设施的境外组织和个人的规定，一是在该法第 5 条规定：“国家采取措施，监测、防御、处置来源于中华人民共和国境内外的网络安全风险和威胁，保护关键信息基础设施免受攻击、侵入、干扰和破坏，依法惩治网络违法犯罪活动，维护网络空间安全和秩序”。二是在该法第 75 条规定：“境外的机构、组织、个人从事攻击、侵入、干扰、破坏等危害中华人民共和国的关键信息基础设施的活动，造成严重后果的，依法追究法律责任；国务院公安部门和有关部门并可以决定对该机构、组织、个人采取冻结财产或者其他必要的制裁措施。”该条规定的“冻结财产或者其他必要的制裁措施”，针对域外不法机构、组织和个人的违法行为，能从法律上产生一定的威慑效力。

（二）明确规定了我国网络安全工作的基本原则

《网络安全法》主要规定了以下几个方面的基本原则。

一是网络安全与信息化发展并重的原则。《网络安全法》第 3 条规定：“国家坚持网络安全与信息化发展并重，遵循积极利用、科学发展、依法管理、确保安全的方针，推进网络基础设施建设和互联互通，鼓励网络技术创新和应用，支持培养网络安全人才，建立健全网络安全保障体系，提高网络安全保护能力。”正是因为强调网络安全与信息化发展并重，该法在第二章以专章规定了“网络安全支持与促进”。要求建立和完善网络安全标准体系：“国家建立和完善网络安全标准体系。国务院标准化行政主管部门和国务院其他有关部门根据各自的职责，组织制定并适时修订有关网络安全管理以及网络产品、服务和运行安全的国家标准、行业标准。国家支持企业、研究机构、高等学校、网络相关行业组织参与网络安全国家标准、行业标准的制定。”（第15条）此外，还要求扶持推广网络安全技术产业和项目（第16条）、推进网络安全社会化服务体系建设（第17条）、鼓励开发网络数据安全保护和利用技术（第18条）、组织网络安全宣传教育（第19条）以及培养网络安全人才（第20条）。

二是网络安全的社会参与原则。《网络安全法》第6条规定：“国家倡导诚实守信、健康文明的网络行为，推动传播社会主义核心价值观，采取措施提高全社会的网络安全意识和水平，形成全社会共同参与促进网络安全的良好环境。”除此之外，还分别对网络运营者的基本义务、行业自律等作出了规定，这也是网络安全社会参与原则的重要体现。《网络安全法》第9条规定：“网络运营者开展经营和服务活动，必须遵守法律、行政法规，尊重社会公德，遵守商业道德，诚实信用，履行网络安全保护义务，接受政府和社会的监督，承担社会责任。”该法第11条规定：“网络相关行业组织按照章程，加强行业自律，制定网络安全行为规范，指导会员加强网络安全保护，提高网络安全保护水平，促进行业健康发展。”该法第29条进一步规定：“国家支持网络运营者之间在网络安全信息收集、分析、通报和应急处置等方面进行合作，提高网络运营者的安全保障能力。有关行业组织建立健全本行业的网络安全保护规范和协作机制，加强对网络安全风险的分析评估，定期向会员进行风险警示，支持、协助会员应对网络安全风险。”

三是网络安全国际合作原则。《网络安全法》第7条规定：“国家积极开展网络空间治理、网络技术研发和标准制定、打击网络违法犯罪等方面的国际交流与合作，推动构建和平、安全、开放、合作的网络空间，建立多边、民主、透明的网络治理体系。”目前我国不仅通过联合国框架下的信息安全政府间专家组等机制加强国际合作，还积极同俄罗斯、美国、英国、德国和日本等许多国家建立了网络相关对话与合作机制。

（三）进一步理顺了网络安全监管体制和工作机制

为了加强网络安全工作，进一步明确了网信部门与其他相关网络监管部门的职责分工。《网络安全法》第 8 条规定：“国家网信部门负责统筹协调网络安全工作和相关监督管理工作。国务院电信主管部门、公安部门和其他有关机关依照本法和有关法律、行政法规的规定，在各自职责范围内负责网络安全保护和监督管理工作。县级以上地方人民政府有关部门的网络安全保护和监督管理职责，按照国家有关规定确定。”该条规定赋予网信部门负责统筹协调网络安全工作和相关监督管理工作，开启我国网络安全监管的“1+X”模式。

这一规定既反映了我国现有的网络安全监管现状，也考虑了不同部门和领域相互融合的发展趋势，符合我国当前网络安全监管的现实需要。党的十八届三中全会决定提出加快完善互联网管理领导体制，目的是整合相关机构职能，形成从技术到内容、从日常安全到打击犯罪的互联网管理合力，确保网络正确运用和安全。2014 年 2 月，中央网络安全和信息化领导小组成立，领导小组着眼国家安全和长远发展，统筹协调涉及经济、政治、文化、社会及军事等各个领域的网络安全和信息化重大问题，研究制定网络安全和信息化发展战略、宏观规划和重大政策，推动国家网络安全和信息化法治建设。同时成立了领导小组办事机构即中央网络安全和信息化领导小组办公室，由国家互联网信息办公室承担具体职责。2014 年 8 月，国务院发出《国务院关于授权国家互联网信息办公室负责互联网信息内容管理工作的通知》，授权重新组建的国家互联网信息办公室负责全国互联网信息内容管理工作，并负责监督管理执法。据此，《网络安全法》第 8 条规定了国家网信部门两方面的职责，即网络安全工作统筹协调职责和网络安全相关监督管理职责。

也就是说，国家网信部门一方面可以对网络安全有关工作进行统筹协调；另一方面也可以根据法律授权履行具体的监督管理职责。比如根据《网络安全法》第 50 条的规定，国家网信部门和有关部门依法履行网络信息安全监督管理职责，发现法律、行政法规禁止发布或者传输的信息的，应当要求网络运营者停止传输，采取消除等处置措施，保存有关记录；对来源于中华人民共和国境外的上述信息，应当通知有关机构采取技术措施和其他必要措施阻断传播。

由于网络安全监管涉及各类信息网络，调整网络安全的各种活动，涉及面广、涉及的部门多，《网络安全法》难以对所有相关部门的职责作出具体规定，只能原则上规定国务院电信主管部门、公安部门和其他有关机关依照《网络安全法》和有关法律、行政法规的规定履行相应的职责。而根据国务院确定的职责划分，工业和信息化部作为电信行业主管部门，主要承担互联网行业管理、信息通信领域网络与信息安全保障体系建设以及网络安全防护、应急管理和处置等职责；公安部主要承担计算机信息系统安全保护、计算机病毒等防治管理、网络违法犯罪案件的查处等职责。与中央政府相对应，地方的网信、电信、公安部门是承担网络安全保护和监督管理职责的主要部门。考虑到地方政府特别是县级政府机构设置与中央有所不同，并且考虑网络安全工作的广泛性和复杂性，《网络安全法》并未对地方政府有关部门的网络安全职责作具体规定，只是规定按照国家有关规定确定。

（四）相关部门制定的《网络安全法》配套立法

《网络安全法》颁行之后，根据国务院确定的职责划分，国家互联网信息办公室、工业和信息化部和公安部等在各自的职权范围内制定了或正在制定一系列配套规定。以下是截至 2019 年 10 月 1 日的《网络安全法》配套立法一览表，配套立法的具体制度设计或设想请见本章第二部分和第三部分的梳理。

《网络安全法》配套立法一览表（截至 2019 年 10 月 1 日）

文 件 名 称	发 布 机 构	生效时间	效 力 状 态
《网络安全法》	全国人大常委会	2017.06.01	现行有效
《关键信息基础设施安全保护条例（征求意见稿）》	国家互联网信息办公室	未生效	2017.07.11 发布
《网络安全等级保护条例（征求意见稿）》	公安部	未生效	2018.06.27 发布
《互联网信息服务严重失信主体信用信息管理办法(征求意见稿)》	国家互联网信息办公室	未生效	2019.07.22 发布

（续表）

文 件 名 称	发 布 机 构	生效时间	效 力 状 态
《网络安全漏洞管理规定（征求意见稿）》	工业和信息化部	未生效	2019.06.18 发布
《个人信息出境安全评估办法（征求意见稿）》	国家互联网信息办公室	未生效	2019.06.13 发布
《数据安全管理办法（征求意见稿）》	国家互联网信息办公室	未生效	2019.05.28 发布
《网络安全审查办法（征求意见稿）》	国家互联网信息办公室	未生效	2019.05.24 发布
《个人信息和重要数据出境安全评估办法（征求意见稿）》	国家互联网信息办公室	未生效	2017.04.11 发布
《国家网络安全事件应急预案》	中央网络安全和信息化领导小组办公室	2017.01.10	现行有效
《网络产品和服务安全审查办法（试行）》	国家互联网信息办公室	2017.06.01	现行有效
关于发布《网络关键设备和网络安全专用产品目录（第一批）》的公告	工业和信息化部；公安部；国家认证认可监督管理委员会；国家互联网信息办公室	2017.06.01	现行有效
《互联网信息内容管理行政执法程序规定》	国家互联网信息办公室	2017.06.01	现行有效
《互联新闻信息服务管理规定》	国家互联网信息办公室	2017.06.01	现行有效
《互联网新闻信息服务许可管理实施细则》	国家互联网信息办公室	2017.06.01	现行有效
《工业控制系统信息安全事件应急管理工作指南》	工业和信息化部	2017.07.01	现行有效
《工业控制系统信息安全防护能力评估工作管理办法》	工业和信息化部	2017.09.01	现行有效
《互联网跟帖评论服务管理规定》	国家互联网信息办公室	2017.10.01	现行有效
《互联网论坛社区服务管理规定》	国家互联网信息办公室	2017.10.01	现行有效
《互联网群组信息服务管理规定》	国家互联网信息办公室	2017.10.08	现行有效
《互联网用户公众账号信息服务管理规定》	国家互联网信息办公室	2017.10.08	现行有效
《互联网新闻信息服务新技术新应用安全评估管理规定》	国家互联网信息办公室	2017.12.01	现行有效

（续表）

文 件 名 称	发 布 机 构	生效时间	效 力 状 态
《互联网新闻信息服务单位内容管理从业人员管理办法》	国家互联网信息办公室	2017.12.01	现行有效
《公共互联网网络安全突发事件应急预案》	工业和信息化部	2017.11.14	现行有效
《公共互联网网络安全威胁监测与处置办法》	工业和信息化部	2018.01.01	现行有效
《微博客信息服务管理规定》	国家互联网信息办公室	2018.03.20	现行有效
《区块链信息服务管理规定》	国家互联网信息办公室	2019.02.15	现行有效
《云计算服务安全评估办法》	国家互联网信息办公室 国家发展和改革委员会 工业和信息化部 财政部	2019.07.02	现行有效
《儿童个人信息网络保护规定》	国家互联网信息办公室	2019.10.01	现行有效

二、我国保障网络运行安全的法律制度

危害网络运行安全的行为，主要是危害网络系统正常运行及这些系统所传输的数据安全。《网络安全法》第 27 条对此作出了禁止性规定：“任何个人和组织不得从事非法侵入他人网络、干扰他人网络正常功能、窃取网络数据等危害网络安全的活动；不得提供专门用于从事侵入网络、干扰网络正常功能及防护措施、窃取网络数据等危害网络安全活动的程序、工具；明知他人从事危害网络安全的活动的，不得为其提供技术支持、广告推广、支付结算等帮助。”我国《网络安全法》对于网络运行安全的制度设计主要包括三个方面：关键信息基础设施运行安全保护制度、网络运营者维护网络运行安全的义务以及网络安全监测预警和应急处置制度。主要涉及《网络安全法》第三章“网络运行安全”和第五章“监测预警与应急处置”的相关规定。

（一）建立了关键信息基础设施运行安全保护制度

近年来，面对严峻的网络安全形势，我国高度重视关键信息基础设施保护。2015 年 7 月 1 日施行的《国家安全法》第 25 条明确规定：“实现网

络和信息核心技术、关键基础设施和重要领域信息系统及数据的安全可控”。2016 年 3 月，《关键信息基础设施安全保护条例》纳入国务院 2016 年立法工作计划的研究项目。2016 年 4 月 19 日，习近平总书记《在网络安全和信息化工作座谈会上的讲话》更是明确指出：“金融、能源、电力、通信、交通等领域的关键信息基础设施是经济社会运行的神经中枢，是网络安全的重中之重，也是可能遭到重点攻击的目标。……不出问题则已，一出就可能导致交通中断、金融紊乱、电力瘫痪等问题，具有很大的破坏性和杀伤力。”

《网络安全法》除了将现行的网络安全等级保护制度上升为法律，还借鉴域外制度经验，针对涉及国家安全、国计民生和公共利益的重要网络信息系统，在第三章“网络运行安全”的第二节规定了“关键信息基础设施的运行安全”。这在我国立法中首次明确规定了关键信息基础设施的定义和具体保护措施。这些规定贯彻了习总书记的重要讲话精神和《国家安全法》的相关重要规定，是切实维护我国网络空间主权与网络空间安全的核心制度设计。《网络安全法》规定的关键信息基础设施保护制度，主要包括以下内容：

一是明确界定了关键信息基础设施的内涵。定义采用了“列举＋概括”的形式，所谓的“关键信息基础设施”是指“公共通信和信息服务、能源、交通、水利、金融、公共服务、电子政务等重要行业和领域，以及其他一旦遭到破坏、丧失功能或者数据泄露，可能严重危害国家安全、国计民生、公共利益的”信息基础设施。（第 31 条）这一定义明确了关键信息基础设施的“关键”就是指事关国家安全、国计民生和公共利益。虽然关键信息基础设施的具体范围和安全保护办法根据规定将由国务院制定，但《网络安全法》仍然确立了基本制度框架。该定义将关键信息基础设施保护提升到维护国家安全和公共安全的高度，与习总书记所强调的关键信息基础设施是“经济社会运行神经中枢”论断相符合，也符合世界各国从国家安全高度保护关键信息基础设施的通行做法。这既突出了保护重点，避免将过多信息系统纳入监管而增加某些主体负担，也有利于统筹安排关键信息基础设施保护的立法体系。

二是规定了关键信息基础设施分行业、分领域主管部门负责制。《网络安全法》第 32 条明确规定负责关键信息基础设施安全保护工作的部门，要按照国务院规定的职责分工，分别编制并组织实施本行业、本领域的关键信息基础设施安全规划，指导和监督关键信息基础设施运行安全保护工作。这既明确了相关主管部门要在职权范围内切实履行保护关键信息基础设施的职责，也规定了分行业、分领域制定专门保护规划的基本工作方法。此外，该法第 33 条还明确规定，无论是哪个行业和领域的关键信息基础设施，都应当确保其具有支持业务稳定、持续运行的性能，并坚持安全技术措施“三同步”的原则，即应该保证安全技术措施实现“同步规划、同步建设、同步使用”。

三是规定了关键信息基础设施运营者日常的安全维护义务。在日常安全维护方面，关键信息基础设施运营者既要遵循安全等级保护制度对一般信息系统的安全要求，也要履行更加严格的安全维护义务。包括对“人”的安全义务和对“系统”的安全义务两个方面：对“人”的安全义务包括设置专门的管理机构和负责人、对负责人和关键岗位人员进行安全背景审查、定期对从业人员进行教育培训和技能考核；对“系统”的安全义务包括对重要系统和数据库进行容灾备份、制定网络安全事件应急预案并定期组织演练等。[①]

此外，对于关键信息基础设施整体安全性和可能存在的风险，还规定了定期检测评估制度。关键信息基础设施的运营者应当自行或者委托网络安全服务机构对其网络的安全性和可能存在的风险每年至少进行一次检测评估，并将检测评估情况和改进措施报送相关负责关键信息基础设施安全保护工作的部门。[②]

四是规定了关键信息基础设施运营者特殊的安全保障义务。鉴于关键信息基础设施的重要性，对于其供应链安全和数据留存传输作出了特殊规定。规定关键信息基础设施的运营者采购网络产品和服务，可能影响国家安全的，这些网络产品和服务应当通过国家安全审查。[③]这一审查属于《国家安全法》第 59 条规定建立的国家安全审查制度的一部分，属于对影响或

① 《网络安全法》第 34 条。
② 《网络安全法》第 38 条。
③ 《网络安全法》第 35 条。

者可能影响国家安全的“网络信息技术产品和服务”的审查。这一审查由国家网信部门会同国务院有关部门组织实施。此外还规定，采购这些网络产品和服务时，关键信息基础设施运营者应当按照规定与提供者签订安全保密协议，明确安全和保密义务与责任。①

对于关键信息基础设施运营中收集和产生的个人信息和重要数据，规定运营者应当将其存储在我国境内。因业务需要，确需向境外提供的，应当按照国家网信部门会同国务院有关部门制定的办法进行安全评估，通过安全评估的数据才可以向境外提供。当然，如果法律、行政法规另有规定的，应该依照这些特别规定。②

五是规定了国家网信部门保护关键信息基础设施的职责范围。明确规定国家网信部门负责统筹协调各有关部门确保关键信息基础设施的安全，具体可以采取下列措施：（1）对关键信息基础设施的安全风险进行抽查检测，提出改进措施，必要时可以委托网络安全服务机构对网络存在的安全风险进行检测评估；（2）定期组织关键信息基础设施的运营者进行网络安全应急演练，提高应对网络安全事件的水平和协同配合能力；（3）促进有关部门、关键信息基础设施运营者以及有关研究机构、网络安全服务机构等之间的网络安全信息共享；（4）对网络安全事件的应急处置与恢复等，提供技术支持与协助。③

总之，《网络安全法》作为我国网络安全领域的基本立法，明确规定了关键信息基础设施的定义、行业主管部门负责制、运营者的安全保护义务、国家网信部门的职责范围，为我国关键信息基础设施保护立法提供了基本的制度框架。而且规定关键信息基础设施的具体保护办法由国务院制定，为国务院制订相关行政法规提供了立法授权。

2017 年 7 月 11 日，国家互联网信息办公室公布了《关键信息基础设施安全保护条例（征求意见稿）》（以下简称《条例（征求意见稿）》），向社会公开征求意见。关键信息基础设施保护作为《网络安全法》新规定的核

① 《网络安全法》第 36 条。
② 《网络安全法》第 37 条。
③ 《网络安全法》第 39 条。

心制度，这一配套立法受到广泛关注。《条例（征求意见稿）》共8章55条，规定了总则、支持与保障、关键信息基础设施范围、运营者安全保护、产品和服务安全、监测预警和检测评估、法律责任以及附则，试图进一步细化《网络安全法》的有关规定。

对于关键信息基础设施的范围，《条例（征求意见稿）》第18条规定：下列单位运行、管理的网络设施和信息系统，一旦遭到破坏、丧失功能或者数据泄露，可能严重危害国家安全、国计民生、公共利益的，应当纳入关键信息基础设施保护范围：

（1）政府机关和能源、金融、交通、水利、卫生医疗、教育、社保、环境保护、公用事业等行业领域的单位；（2）电信网、广播电视网、互联网等信息网络，以及提供云计算、大数据和其他大型公共信息网络服务的单位；（3）国防科工、大型装备、化工、食品药品等行业领域科研生产单位；（4）广播电台、电视台、通讯社等新闻单位；（5）其他重点单位。

但是该条列举"单位"的各项表述，在逻辑层次上并不一致，关键信息基础设施保护的具体范围，实际上是要确定纳入保护范围的具体的"网络信息系统"，征求意见稿规定到"单位"这个层面并没有解决根本问题。

《条例（征求意见稿）》第23条、第24条规定的关键基础设施运营者的安全保护义务，与《网络安全法》的要求基本一致。有所不同的是，第26条规定运营者网络安全关键岗位专业技术人员实行执证上岗制度。执证上岗具体规定由国务院人力资源社会保障部门会同国家网信部门等部门制定。第27条细化了运营者的网络安全教育义务，规定运营者应当组织从业人员网络安全教育培训，每人每年教育培训时长不得少于1个工作日，关键岗位专业技术人员每人每年教育培训时长不得少于3个工作日。

鉴于《条例（征求意见稿）》实际上有多个条文和《网络安全法》的表述基本一致，没有完成制度细化落实的任务。有些尝试细化的规定，仍具有相当的不确定性，相关主体的合规遵从义务仍不明确。① 这些问题使得《条例（征求意见稿）》截至2019年10月仍未通过，该条例成为近期网

① 刘金瑞：《关于落实我国关键信息基础设施保护制度的思考和建议》，载《中国信息安全》，2017(8)。

络安全法配套立法的重中之重。

考虑到《关键信息基础设施安全保护条例》不可能列举出纳入保护范围的具体“网络信息系统”，建议该条例将细化保护范围的思路转向规定关键信息基础设施认定制度。从美国、欧盟的经验来看，国外认定关键信息基础设施有两种基本方式，一是从网络架构设施入手，二是从关键网络服务入手。从“网络架构设施”入手，是将国家网络设施看成整体，侧重认定保护其中的骨干网络和关键运行节点，上述第 18 条第（2）项的列举有这种方式的影子，但这种方式往往会忽视金融、能源、交通等很多行业领域的重要网络服务，因此各国大都并未以此作为主要认定方式。域外认定关键信息基础设施主要采用“从关键网络服务入手”的方式，这种方式的认定方法有三步：一是确定关键行业领域；二是确定关键行业领域中的关键网络服务；三是确定支撑这些关键网络服务的网络信息系统和设施。

基于域外经验，再加上前述关键信息基础设施的认定由各主管部门主导为妥，建议《条例（征求意见稿）》第 18 条修改到关键信息基础设施所涉及的“关键行业领域”这个层次，将该条的各项列举修改为“不同的关键行业领域所对应的不同主管部门”，例如规定“国防领域的关键信息基础设施具体范围由国防部负责认定”。同时，进一步完善《条例（征求意见稿）》第 19 条的规定：一是规定各领域关键信息基础设施认定指南由各主管部门分别制定；二是完善关键信息基础设施的认定程序，考虑到纳入保护范围的经营者应遵守强制性监管标准，应当规定相关运营者不认可主管部门行政认定时的复议等救济程序；三是规定认定的关键信息基础设施纳入秘密清单予以保护，从域外经验来看，关键信息基础设施虽然涉及的重要行业领域是公开的，但考虑到切实确保国家安全，其具体范围是秘密不公开的，建议我国也建立关键信息基础设施秘密清单制度。

此外，落实关键信息基础设施保护制度重要的配套工作就是相关国家标准的制定。2017 年，全国信息安全标准化技术委员会将这一工作列为国家网络安全标准化工作的重点。经过专家论证和相关程序性工作，目前全国信息安全标准化技术委员会已经立项了八个与关键信息基础设施保护有关的标准及研究项目。其中有四个是标准制修订项目，包括：《信息安全技

术　关键信息基础设施网络安全保护要求》、《信息安全技术　关键信息基础设施安全保障指标体系》（已公开征求意见）、《信息安全技术　关键信息基础设施安全检查评估指南》（已公开征求意见）、《信息安全技术　关键信息基础设施安全控制要求》。另外四个是标准研究项目，包括：《信息安全技术　关键信息基础设施安全等级保护技术框架》《信息安全技术　关键信息基础设施安全控制评估方法》《信息安全技术　关键信息基础设施服务机构通用要求》《信息安全技术　关键信息基础设施信息共享规范》。特别需要指出，《信息安全技术　关键信息基础设施网络安全保护要求》是作为强制性标准提出的。根据2017年11月4日修订通过的《标准化法》第10条规定“强制性国家标准由国务院批准发布或者授权批准发布”，这意味着未来该标准将由国务院批准发布或者授权批准发布。

（二）规定了网络运营者维护网络运行安全的义务

对于网络运行安全，《网络安全法》除了建立关键信息基础设施保护制度突出重点保护外，还明确规定了所有网络运营者对于一般网络信息系统的网络安全保护义务，该法第9条原则上规定网络经营者“必须遵守法律、行政法规，尊重社会公德，遵守商业道德，诚实信用”，具体来讲包括以下义务：

一是网络安全等级保护义务。《网络安全法》总结我国信息安全等级保护的经验，将国务院1994年《计算机信息系统安全保护条例》和公安部2007年《信息安全等级保护管理办法》所规定的“信息安全等级保护制度”上升为法律，规定了新的网络安全等级保护制度。第21条规定了网络安全等级保护义务的基本内容包括：（1）制定内部安全管理制度和操作规程，确定网络安全负责人，落实网络安全保护责任；（2）采取防范计算机病毒和网络攻击、网络侵入等危害网络安全行为的技术措施；（3）采取监测、记录网络运行状态、网络安全事件的技术措施，并按照规定留存相关的网络日志不少于六个月；（4）采取数据分类、重要数据备份和加密等措施；（5）法律、行政法规规定的其他义务。

二是网络安全事件应急预案和处置义务。网络运营者应当制定网络安全事件应急预案，及时处置系统漏洞、计算机病毒、网络攻击、网络侵入等安全风险；在发生危害网络安全的事件时，立即启动应急预案，采取相应的补救措施，并按照规定向有关主管部门报告。[①]

三是网络安全执法协助义务。网络运营者应当为公安机关、国家安全机关依法维护国家安全和侦查犯罪的活动提供技术支持和协助。[②] 规定这一义务，既是借鉴美国、欧盟等其他国家的相关规定，也是与我国《国家安全法》《反恐怖主义法》《刑事诉讼法》等法律相衔接的必然要求。

四是网络产品和服务提供者的网络安全保护义务。维护网络安全，就要保障网络产品和服务的安全。《网络安全法》除了要求网络产品和服务提供者遵循网络经营者一般性网络安全义务的前提下，还进一步对其规定了特定的网络安全保护义务，这包括：

（1）提供的产品和服务需要满足基本的安全性要求义务。《网络安全法》第 22 条第 1 款规定："网络产品、服务应当符合相关国家标准的强制性要求。网络产品、服务的提供者不得设置恶意程序；发现其网络产品、服务存在安全缺陷、漏洞等风险时，应当立即采取补救措施，按照规定及时告知用户并向有关主管部门报告。"（2）提供安全维护服务的义务。该法第 22 条第 2 款规定："网络产品、服务的提供者应当为其产品、服务持续提供安全维护；在规定或者当事人约定的期限内，不得终止提供安全维护。"（3）用户信息保护的义务。该法第 22 条第 3 款规定："网络产品、服务具有收集用户信息功能的，其提供者应当向用户明示并取得同意；涉及用户个人信息的，还应当遵守本法和有关法律、行政法规关于个人信息保护的规定。"（4）网络关键设备和网络安全专用产品认证检测义务。第 23 条规定："网络关键设备和网络安全专用产品应当按照相关国家标准的强制性要求，由具备资格的机构安全认证合格或者安全检测符合要求后，方可销售或者提供。国家网信部门会同国务院有关部门制定、公布网络关键设备和网络安全专用产品目录，并推动安全认证和安全检测结果互认，避免重复认证、检测。"

对于《网络安全法》规定的网络安全审查制度和网络关键设备和网络

① 《网络安全法》第 25 条。

② 《网络安全法》第 28 条。

安全专用产品目录管理制度，国家互联网信息办公室制定了专门规定予以落实。2017 年 6 月 1 日，《网络产品和服务安全审查办法（试行）》生效实施。该办法规定，关系国家安全的网络和信息系统采购的重要网络产品和服务，应当经过网络安全审查。审查的方式包括实验室检测、现场检查、在线监测、背景调查。国家互联网信息办公室会同有关部门成立网络安全审查委员会，网络安全审查委员会聘请相关专家组成网络安全审查专家委员会，在第三方评价基础上，对网络产品和服务的安全风险及其提供者的安全可信状况进行综合评估。

该办法规定，网络安全审查重点审查网络产品和服务的安全性、可控性，主要包括：（1）产品和服务自身的安全风险，以及被非法控制、干扰和中断运行的风险；（2）产品及关键部件生产、测试、交付、技术支持过程中的供应链安全风险；（3）产品和服务提供者利用提供产品和服务的便利条件非法收集、存储、处理、使用用户相关信息的风险；（4）产品和服务提供者利用用户对产品和服务的依赖，损害网络安全和用户利益的风险；（5）其他可能危害国家安全的风险。还规定，公共通信和信息服务、能源、交通、水利、金融、公共服务、电子政务等重要行业和领域，以及其他关键信息基础设施的运营者采购网络产品和服务，可能影响国家安全的，应当通过网络安全审查。产品和服务是否影响国家安全由关键信息基础设施保护工作部门确定。

与此同时，国家互联网信息办公室会同工信部、公安部等有关部门制定了《网络关键设备和网络安全专用产品目录（第一批）》。列入该目录的设备和产品，应当按照相关国家标准的强制性要求，由具备资格的机构安全认证合格或者安全检测符合要求后，方可销售或者提供。具备资格的机构指国家认证认可监督管理委员会、工业和信息化部、公安部、国家互联网信息办公室按照国家有关规定共同认定的机构。此外，全国信息安全标准化技术委员会也开展了网络产品和服务管理国家标准的制定工作，包括《信息安全技术　网络产品和服务安全通用要求（征求意见稿）》《信息安全技术　信息技术产品安全检测机构条件和行为准则（征求意见稿）》《信息安全技术　信息技术产品安全可控评价指标（第 1—5 部分）（征求意见稿）》等。

为贯彻落实《网络安全法》，深入推进实施国家网络安全等级保护制度，公安部会同有关部门起草了《网络安全等级保护条例（征求意见稿）》，并于2018年6月向社会公开征求意见。《网络安全等级保护条例》将成为未来我国等级保护制度2.0版的基本依据。该征求意见稿落实《网络安全法》的基本要求，积极应对新技术新应用带来的挑战，相较于之前的规定有较大程度的提升，具体来讲可以概括为以下几个方面：一是升级了等级保护制度的制度体系。尝试将网络安全等级保护有关的公安行业标准在完善的基础上上升为行政法规，提高了等保制度落地的效力层级。二是扩展了等级保护制度的适用范围。由之前的基础信息系统，扩展到云计算、物联网、工控系统、使用移动互联技术信息系统、大数据安全等。三是确立了各部门分工协作的监管机制。明确了中央网络安全和信息化领导机构、国家网信部门、国务院公安部门、国家保密行政管理部门、国家密码管理部门、国务院其他相关部门以及县级以上地方人民政府有关部门等。四是更新了定级的方法和流程，由自主保护上升为法定义务。从征求意见稿的表述看，目前已经不是之前的自主定级，而是一项法定义务。五是丰富了等级保护制度的内容。纳入了风险评估、安全监测、通报预警、案事件调查、数据防护、灾难备份、应急处置、自主可控等内容。六是进一步明确了等保制度和关键信息基础设施保护制度的关系。从目前的表述看，对第三级以上的网络予以特别保护，为从三级以上保护对象中确定关键信息基础设施留有制度空间。

但该征求意见稿本身尚存在需要进一步完善的地方。比如，应该进一步完善备案审核程序。该征求意见稿第19条规定了“备案审核”：“公安机关应当对网络运营者提交的备案材料进行审核。对定级准确、备案材料符合要求的，应在10个工作日内出具网络安全等级保护备案证明。”从目前该条的表述看，定级已经不是之前的自主定级，而是一项法定义务，该条公安机关的审核从理论上看应该是一种行政确认行为；但只规定“定级准确、备案材料符合要求的”予以出具“网络安全等级保护备案证明”，没有规定定级不准确、备案材料不符合要求情形的处理方案，应该予以完善；如果把公安机关审核认为是一种行政确认行为，从程序救济的角度出发，建议规定当事人不服此种行为时的行政复议程序。再比如，应该进一步明确等保制度和关键信息基础设施保护制度的关系。该征求意见稿第15条规定，纳入第三级等保保护的系统包括对“国家安全造成危害的重要网络”，按目前的思路关键信息基础设施要在三级及以上的系统中确定，但《网络安全法》第31条关键信息基础设施的限定是“可能严重危害国家安全、国计民生、公共利益的”，而严重危害国家安全按照征求意见稿将全部纳入等保第四级，这就出现和《网络安全法》表述不一致的情况，应该考虑统筹作出修改。

关于网络安全等级保护制度的配套规定，还包括全国信息安全标准化技术委员会在原有的信息系统安全等级保护制度的基础之上正在制定相关国家标准，主要包括《信息安全技术　网络安全等级保护基本要求》《信息安全技术　网络安全等级保护测评过程指南（征求意见稿）》《信息安全技术　网络安全等级保护测试评估技术指南（征求意见稿）》《信息安全技术　网络安全等级保护设计技术要求（第1—5部分）（征求意见稿）》《信息安全技术　网络安全等级保护测评要求（第1—5部分）（征求意见稿）》等。

典型案例

案例1：蚌埠怀远教师进修学校网站违反网络安全等级保护义务被行政处罚案[①]

2017年8月12日，蚌埠怀远县教师进修学校网站因网络安全防等级保护制度落实不到位，遭黑客攻击入侵。蚌埠市公安局网安支队调查案件时发现，该网站自上线运行以来，始终未进行网络安全等级保护的定级备案、等级测评等工作，未落实网络安全等级保护制度，未履行网络安全保护义务。根据《网络安全法》第56条之规定，省公安厅网络安全保卫总队约谈怀远县教师进修学校法定代表人、怀远县人民政府分管副县长。蚌埠市局网安支队依法对网络运营单位怀远县教师进修学校处以一万五千元罚款，对负有直接责任的副校长处以五千元罚款。

① 案例来源：http://www.sohu.com/a/167329934_784435，2019年10月1日最后访问。

案例 2：山西忻州某省直事业单位网站不履行网络安全等级保护义务被行政处罚案[①]

2017 年 6 月至 7 月间，山西忻州市某省直事业单位网站存在 SQL 注入漏洞，严重威胁网站信息安全，连续被国家网络与信息安全信息通报中心通报。根据《网络安全法》第 21 条第 2 款之规定，网络运营者应当按照网络安全等级保护制度的要求，采取防范计算机病毒和网络攻击、网络侵入等危害网络安全行为的技术措施；第 59 条第 1 款之规定，网络运营者不履行第 21 条规定的网络安全保护义务的，由有关主管部门责令改正，依法予以处置。山西忻州市网警认为该单位之行为已违反《网络安全法》相关规定，忻州市、县两级公安机关网安部门对该单位进行了现场执法检查，依法给予行政警告处罚并责令其改正。

（三）建立了网络安全监测预警和应急处置制度

实现全天候全方位感知网络安全态势，离不开有效的网络安全监测预警和应急处置。为了加强国家的网络安全监测预警和应急制度建设，提升监测预警和应急处置的法治化水平，提高网络安全保障能力，《网络安全法》第五章明确作了以下规定：

一是要求国务院有关部门建立健全网络安全监测预警和信息通报制度，加强网络安全信息收集、分析和情况通报工作。国家网信部门应当统筹协调有关部门加强网络安全信息收集、分析和通报工作，按照规定统一发布网络安全监测预警信息。负责关键信息基础设施安全保护工作的部门，应当建立健全本行业、本领域的网络安全监测预警和信息通报制度，并按照规定报送网络安全监测预警信息。[②]

二是建立网络安全风险评估和应急工作机制，制定网络安全事件应急预案，并定期组织演练。国家网信部门协调有关部门建立健全网络安全风险评估和应急工作机制，负责关键信息基础设施安全保护工作的部门应当

① 案例来源：http://weibo.com/ttarticle/p/show?id=2309404133545370116717#_011/c_1121467425.htm，2019 年 10 月 1 日最后访问。

② 《网络安全法》第 51 条、第 52 条。

制定本行业、本领域的网络安全事件应急预案。网络安全事件应急预案应当按照事件发生后的危害程度、影响范围等因素对网络安全事件进行分级，并规定相应的应急处置措施。[①]

三是规定预警信息的发布及网络安全事件应急处置措施。应该根据网络安全风险的特点和可能造成的危害采取不同的应对措施。发生网络安全事件，应当立即启动网络安全事件应急预案，对网络安全事件进行调查和评估，要求网络运营者采取技术措施和其他必要措施，消除安全隐患，防止危害扩大，并及时向社会发布与公众有关的警示信息。发现网络存在较大安全风险或发生安全事件的，可按规定对网络运营者的法定代表人或者主要负责人进行约谈。[②]

四是规定因维护国家安全和社会公共秩序，处置重大突发社会安全事件的需要，经国务院决定或者批准，可以在特定区域对网络通信采取限制等临时措施。[③]所谓的“突发事件”，根据我国《突发事件应对法》的规定，是指突然发生，造成或者可能造成严重社会危害，需要采取应急处置措施予以应对的自然灾害、事故灾难、公共卫生事件和社会安全事件，分为特别重大、重大、较大和一般四级。该条对网络通信管制规定了非常严格的适用条件：一是为了处置重大突发社会安全事件的需要；二是处置的范围是明确的特定区域，而且是临时性措施；三是决定或者批准的主体只有国务院。

网络安全事件应急响应是关键信息基础设施保护制度和网络安全等级保护制度的重要内容。根据现实情况的紧迫需要，我国目前制定了多个应急预案。

2017 年 1 月 10 日，中央网络安全和信息化领导小组办公室印发了《国家网络安全事件应急预案》。该预案明确了网络安全事件监测预警、应急处置、预防保障等重要内容。其中网络安全事件被分为四级，规定了对应的预警和应急响应，并对迟报、谎报、瞒报和漏报网络安全事件等情况规

① 《网络安全法》第 53 条。
② 《网络安全法》第 54—57 条。
③ 《网络安全法》第 58 条。

定了责任追究制。预案所指网络安全事件是指由于人为原因、软硬件缺陷或故障、自然灾害等，对网络和信息系统或者其中的数据造成危害，对社会造成负面影响的事件，可分为有害程序事件、网络攻击事件、信息破坏事件、信息内容安全事件、设备设施故障、灾害性事件和其他事件。其中，有关信息内容安全事件的应对，另行制定专项预案。

该预案将网络安全事件分成四级，为特别重大网络安全事件、重大网络安全事件、较大网络安全事件、一般网络安全事件。其中，符合下列情形之一的，为特别重大网络安全事件：（1）重要网络和信息系统遭受特别严重的系统损失，造成系统大面积瘫痪，丧失业务处理能力。（2）国家秘密信息、重要敏感信息和关键数据丢失或被窃取、篡改、假冒，对国家安全和社会稳定构成特别严重威胁。（3）其他对国家安全、社会秩序、经济建设和公众利益构成特别严重威胁、造成特别严重影响的网络安全事件。在网络安全事件分级的基础上，预警等级由高到低用红、橙、黄和蓝四级颜色表示，分别对应发生或可能发生特别重大、重大、较大和一般网络安全事件。对于红色预警，要求有关省（区、市）、部门网络安全事件应急指挥机构实行 24 小时值班，相关人员保持通信联络畅通。

预警信息包括事件的类别、预警级别、起始时间、可能影响范围、警示事项、应采取的措施和时限要求、发布机关等。与之相对应的还有四级应急响应，I 级为最高响应级别。属特别重大网络安全事件的，及时启动 I 级响应，成立指挥部，履行应急处置工作的统一领导、指挥、协调职责。应急办 24 小时值班。

该预案规定中央网信办统筹协调组织国家网络安全事件应对工作，建立健全跨部门联动处置机制，工业和信息化部、公安部、国家保密局等相关部门按照职责分工负责相关网络安全事件应对工作。必要时成立国家网络安全事件应急指挥部，负责特别重大网络安全事件处置的组织指挥和协调。中央网信办及有关地区和部门对不按照规定制定预案和组织开展演练，迟报、谎报、瞒报和漏报网络安全事件重要情况或者应急管理工作中有其他失职、渎职行为的，依照相关规定对有关责任人给予处分；构成犯罪的，依法追究刑事责任。

2017 年 7 月 1 日，工业和信息化部制定的《工业控制系统信息安全事件应急管理工作指南》（以下简称《指南》）开始实施。该指南对工控安全风险监测、信息报送与通报、应急处置、敏感时期应急管理等工作提出了一系列管理要求，明确了责任分工、工作流程和保障措施。对于工控安全应急处置工作，《指南》明确了以下几方面要求：一是工业企业应积极开展先期处置。对于可能或已经发生工控安全事件时，工业企业应采取科学有效方法及时施救，力争将损失降到最小，尽快恢复受损工业控制系统的正常运行。二是重点做好应急处置中的信息报送。应急处置过程中，地方工业和信息化主管部门和工业企业应及时报告事态发展变化情况和事件处置进展情况。三是必要时工业和信息化部将组织现场处置。必要时，工业和信息化部将派出工作组赴现场，指挥应急处置工作，并协调应急技术机构提供技术支援。四是应急结束后及时开展总结评估。《指南》要求，应急工作结束后，相关工业企业应做好事件分析总结工作，并按时上报。

2017 年 11 月 14 日，工业和信息化部制定的《公共互联网网络安全突发事件应急预案》开始实施。这一预案明确了事件分级、监测预警、应急处置、预防与应急准备、保障措施等内容。根据社会影响范围和危害程度，将公共互联网网络安全突发事件分为四级：特别重大事件、重大事件、较大事件、一般事件。其中，全国范围大量互联网用户无法正常上网，.CN 国家顶级域名系统解析效率大幅下降，1 亿以上互联网用户信息泄露，网络病毒在全国范围大面积爆发，其他造成或可能造成特别重大危害或影响的网络安全事件为特别重大网络安全事件。工信部要求基础电信企业、域名机构、互联网企业、网络安全专业机构、网络安全企业通过多种途径监测和收集漏洞、病毒、网络攻击最新动向等网络安全隐患和预警信息，对发生突发事件的可能性及其可能造成的影响进行分析评估。认为可能发生特别重大或重大突发事件的，应当立即报告。与此同时，工信部建立公共互联网网络突发事件预警制度，按照紧急程度、发展态势和可能造成的危害程度，将公共互联网网络突发事件预警等级分为四级，由高到低依次用红色、橙色、黄色和蓝色标示。面向社会发布预警信息有网站、短信、微信等多种形式。

三、我国保障网络内容安全的法律制度

我国对于“网络安全”的理解，除了强调网络信息系统运行安全外，还包括网络信息内容安全，保障网络内容安全是我国《网络安全法》的重要立法目的。《网络安全法》对于网络内容安全的制度设计主要包括两个方面：网络内容安全管理制度和个人信息安全保护制度。主要涉及《网络安全法》第三章“网络运行安全”的第一节和第四章“网络信息安全”的相关规定。

（一）网络内容安全管理制度

2012年《全国人大常委会关于加强网络信息保护的决定》（以下简称《决定》）对规范网络信息传播活动作了原则规定。2016年起施行的《反恐怖主义法》第21条规定，电信、互联网、金融等业务经营者、服务提供者，应当对客户身份进行查验，对身份不明或者拒绝身份查验的，不得提供服务。《网络安全法》坚持《决定》和《反恐怖主义法》确立的基本原则，进一步完善了网络信息内容管理制度。

一是重申了我国网络内容管理的“九不准”，将其上升为法律规定。《网络安全法》第12条第2款规定：“任何个人和组织使用网络应当遵守宪法法律，遵守公共秩序，尊重社会公德，不得危害网络安全，不得利用网络从事危害国家安全、荣誉和利益，煽动颠覆国家政权、推翻社会主义制度，煽动分裂国家、破坏国家统一，宣扬恐怖主义、极端主义，宣扬民族仇恨、民族歧视，传播暴力、淫秽色情信息，编造、传播虚假信息扰乱经济秩序和社会秩序，以及侵害他人名誉、隐私、知识产权和其他合法权益等活动。”

二是确立了网络身份管理制度即网络实名制，以保障网络信息的可追溯。《网络安全法》延续《决定》的规定，在第24条规定：“网络运营者为用户办理网络接入、域名注册服务，办理固定电话、移动电话等入网手续，或者为用户提供信息发布、即时通讯等服务，在与用户签订协议或者确认提供服务时，应当要求用户提供真实身份信息。用户不提供真实身份信息的，网络运营者不得为其提供相关服务。国家实施网络可信身份战略，支持研究开发安全、方便的电子身份认证技术，推动不同电子身份认证之间的互认。”

三是规定了网络运营者对用户发布信息的内容安全管理义务。《网络安全法》第 47 条规定："网络运营者应当加强对其用户发布的信息的管理，发现法律、行政法规禁止发布或者传输的信息的，应当立即停止传输该信息，采取消除等处置措施，防止信息扩散，保存有关记录，并向有关主管部门报告。"

四是规定了电子信息发送服务提供者和应用软件下载服务提供者的信息内容安全管理义务。《网络安全法》第 48 条规定："任何个人和组织发送的电子信息、提供的应用软件，不得设置恶意程序，不得含有法律、行政法规禁止发布或者传输的信息。电子信息发送服务提供者和应用软件下载服务提供者，应当履行安全管理义务，知道其用户有前款规定行为的，应当停止提供服务，采取消除等处置措施，保存有关记录，并向有关主管部门报告。"

五是规定了禁止设立专门用于实施犯罪行为网站、通讯群组和禁止利用网络发布犯罪信息。《网络安全法》第 46 条规定："任何个人和组织应当对其使用网络的行为负责，不得设立用于实施诈骗，传授犯罪方法，制作或者销售违禁物品、管制物品等违法犯罪活动的网站、通讯群组，不得利用网络发布涉及实施诈骗，制作或者销售违禁物品、管制物品以及其他违法犯罪活动的信息。"

六是规定了建立网络信息内容安全投诉举报制度的义务。《网络安全法》第 49 条规定："网络运营者应当建立网络信息安全投诉、举报制度，公布投诉、举报方式等信息，及时受理并处理有关网络信息安全的投诉和举报。网络运营者对网信部门和有关部门依法实施的监督检查，应当予以配合。"

七是赋予国家网信部门和有关部门处置违法信息、阻断违法信息传播的权力。《网络安全法》第 50 条规定："国家网信部门和有关部门依法履行网络信息安全监督管理职责，发现法律、行政法规禁止发布或者传输的信息的，应当要求网络运营者停止传输，采取消除等处置措施，保存有关记录；对来源于中华人民共和国境外的上述信息，应当通知有关机构采取技术措施和其他必要措施阻断传播。"

此外，网络安全信息对于国家安全、公共秩序和私人权益具有重大影响，目前有不少企业或者机构都在发布漏洞、安全事件等信息，有一些不实信息造成了很多不良影响。因此，《网络安全法》第 26 条原则上规定应当规范了网络安全信息发布，“开展网络安全认证、检测、风险评估等活动，向社会发布系统漏洞、计算机病毒、网络攻击、网络侵入等网络安全信息，应当遵守国家有关规定”。

《网络安全法》颁行之后，国家互联网信息办公室相继出台多个规定，对信息内容管理行政执法程序、互联网新闻信息服务、互联网论坛社区服务、公众账户信息服务、群组信息服务、跟帖评论服务、微博客服务等作出专门规范，以全面确保互联网信息内容的安全可控。2017 年 6 月 1 日起生效的《互联网信息内容管理行政执法程序规定》，包括正文和附件两部分，其中正文共 8 章 49 条，附件 17 个。内容包括五个方面：一是确定执法主体和范围，明确国家和地方互联网信息办公室实施行政执法，对违反有关互联网信息内容管理法律法规规章的行为实施行政处罚适用本规定；二是建立执法督查制度，要求国家和地方互联网信息内容管理部门建立行政执法督查制度，上级互联网信息内容管理部门对下级互联网信息内容管理部门实施的行政执法进行督查；三是加强执法体系建设，规定国家和地方互联网信息内容管理部门要建立健全执法人员培训、考试考核、资格管理和持证上岗制度，明确执法证由国家互联网信息内容管理部门统一制定、核发或授权省、自治区、直辖市互联网信息内容管理部门核发；四是以行政执法办案为主线明确执法程序，全面规范了管辖、立案、调查取证、听证、约谈、决定、执行等各环节的具体程序要求；五是规定常用文书格式范本，明确由国家互联网信息内容管理部门制定执法文书格式范本，并在附件中列明了立案审批表、案件处理意见报告、行政处罚决定书等 17 个常用文书格式范本。

2017 年 6 月 1 日，新修订的《互联新闻信息服务管理规定》及配套的《互联网新闻信息服务许可管理实施细则》开始实施。该规定分总则、许可、运行、监督检查、法律责任和附则 6 章，共 29 条。该规定主要是对互联网新闻信息服务许可管理、网信管理体制、互联网新闻信息服务提供者主体责任等进行了修订。一是适应信息技术应用发展的实际，对通过互联网站、论坛、博客、微博客、公众账号、即时通信工具、网络直播等形式提供互联网新闻信息服务，进行统一的规范和管理。二是将许可事项修改为“提供互联网新闻信息服务”，包括互联网新闻信息采编发布服务、转载服务、传播平台服务三类，不同于原来的新闻单位设立采编发布、非新闻单位设立转载和新闻单位设立登载本单位新闻信息的三类互联网新闻单位的管理模式。三是完善了管理体制，将主管部门由“国务院新闻办公室”调整为“国家互联网信息办公室”，增加了“地方互联网信息办公室”的职责规定，为省级以下网信部门赋予了互联网新闻信息服务管理职责。四是强化了互联网新闻信息服务提供者的主体责任，明确了总编辑及从业人员管理、信息安全管理、平台用户管理等要求。五是增加了用户权益保护的内容，规定了个人信息保护、禁止互联网新闻信息服务提供者及其从业人员非法牟利、著作权保护等相关内容。

为配合新修订《互联新闻信息服务管理规定》的实施，国家互联网信息办公室制定了《互联网新闻信息服务单位内容管理从业人员管理办法》并从 2017 年 12 月 1 日起实施。该办法对于从业人员的监督管理主要包括两个方面，一是网信部门的管理措施。主要是指导互联网新闻信息服务单位建立健全有关制度，加强从业人员管理；建立从业人员管理信息系统，进行信息备案；依法建立从业人员信用档案和黑名单；对于从业人员存在违法违规行为的，根据实际情况责令所在互联网新闻信息服务单位采取相应处理措施。二是互联网新闻信息服务单位的管理措施。主要是落实主体责任，加强对从业人员的日常管理教育，对存在违法违规行为的从业人员采取管理处罚措施。

2017 年 10 月 1 日，《互联网跟帖评论服务管理规定》开始实施。该规定共 13 条，从 8 个方面提出落实网站主体责任。一是落实实名制要求。该规定明确网站要按照“后台实名、前台自愿”原则，对注册用户进行真实身份信息认证，不得向未认证真实身份信息的用户提供跟帖评论服务。二是建立用户信息保护制度。三是建立先审后发制度。推动网站负起管理责任，当好跟帖评论的“把关人”。四是加强弹幕管理。要求提供弹幕服务的网站要在同一平台和页面同时提供与之对应的静态版信息内容。五是建立信息安全管理制度。明确网站要建立跟帖评论审核管理、实时巡查、应急处置等信息安全管理制度，及时发现和处置违法信息。六是技术保障措施。

明确网站要研发使用反垃圾信息管理系统，提升垃圾信息处理能力。七是加强队伍建设。要求网站审核编辑人员的数量和能力要与服务规模相适应，以解决审核人力不足和质量不高的问题。八是配合有关主管部门依法开展监督检查工作，提供必要的技术、资料和数据支持。

2017年10月1日，《互联网论坛社区服务管理规定》开始实施。其规定互联网论坛社区服务提供者应当履行下列义务：一是建立健全各项信息安全管理制度，不得发布、传播含有法律法规和国家有关规定禁止的信息；与用户签订协议，明确用户不得利用互联网论坛社区服务发布、传播法律法规和国家有关规定禁止的信息，明确论坛社区版块发起者、管理者应当履行与其权利相适应的义务。二是加强对其用户发布的信息的管理，发现含有法律法规和国家有关规定禁止的信息的，应当立即停止传输该信息，采取消除等处置措施。三是严格落实用户真实身份信息认证，加强对注册用户虚拟身份信息、版块名称简介等的审核管理，同时做好用户身份信息保护。四是不得通过发布、转载、删除信息或者干预呈现结果等手段，谋取不正当利益。五是开展经营和服务活动时，必须遵守法律法规，尊重社会公德，遵守商业道德，诚实信用，承担社会责任。六是建立健全公众投诉、举报制度，主动接受公众监督，及时处理公众投诉、举报。

2017年10月8日，《互联网群组信息服务管理规定》开始实施。其规定互联网群组信息服务提供者应当落实信息内容安全管理主体责任：一是制定并公开管理规则和平台公约，明确与使用者双方权利义务；二是按照“后台实名、前台自愿”的原则，对使用者进行真实身份信息认证，并保护使用者个人信息安全；三是对互联网群组实行分级分类管理，并建立使用者信用等级管理体系；四是对违法违规的互联网群组及使用者依法依规采取相应的管理措施；五是接受社会公众和行业组织的监督，建立健全投诉举报渠道，及时处理投诉举报。此外，明确规定互联网群组信息服务提供者和使用者不得利用互联网群组传播法律法规和国家有关规定禁止的信息内容；互联网群组建立者、管理者应当履行群组管理责任，即“谁建群谁负责”“谁管理谁负责”。

2017年10月8日，《互联网用户公众账号信息服务管理规定》开始实施。

规定互联网用户公众账号服务提供者应当落实信息内容安全管理主体责任：一是配备与服务规模相适应的专业人员和技术能力，设立总编辑等信息内容安全负责人岗位，建立健全管理制度；二是制定和公开管理规则和平台公约，明确平台和用户的权利义务，对违反法律法规、服务协议和平台公约的互联网用户公众账号依法依规立即处理；三是加强对本平台公众账号发布内容的监测管理，发现有传播违法违规信息的，应立即采取相应处置措施等要求。此外，互联网用户公众账号信息服务提供者应当设置便捷举报入口，健全投诉举报渠道，完善恶意举报甄别、举报受理反馈等机制，及时公正处理投诉举报。

2017 年 12 月 1 日，《互联网新闻信息服务新技术新应用安全评估管理规定》开始实施。新技术新应用安全评估是根据新技术新应用的新闻舆论属性、社会动员能力及由此产生的信息内容安全风险确定评估等级，审查评价其信息安全管理制度和技术保障措施是否配套健全的活动。该规定对服务提供者评估主体责任进行了明确规定：一是建立健全新技术新应用安全评估管理制度和保障制度，强化人员队伍建设。二是依法规范开展新技术新应用安全评估。服务提供者应用新技术、调整增设具有新闻舆论属性或社会动员能力的应用功能或新技术、新应用功能发生重大变化时，应当开展安全自评估。自评估完成之日起 10 个工作日内报请主管单位组织开展安全评估。三是为主管单位组织开展安全评估提供必要配合，并及时完成整改。对于第三方机构的资质要求和监督管理，国家互联网信息办公室正在研究起草相关管理办法，将陆续制定出台明确具体要求。

2018 年 3 月 20 日，《微博客信息服务管理规定》开始实施。该规定共 18 条，包括微博客服务提供者主体责任、真实身份信息认证、分级分类管理、辟谣机制、行业自律、社会监督及行政管理等条款。该规定强调，微博客服务提供者应当落实信息内容安全管理主体责任，建立健全各项管理制度，具有安全可控的技术保障和防范措施，配备与服务规模相适应的管理人员。各级党政机关、企事业单位、人民团体和新闻媒体等组织机构对所开设的前台实名认证账号发布的信息内容及其跟帖评论负有管理责任。微博客服务提供者应当提供管理权限等必要支持。微博客服务提供者应当按照要求，切实履行职责和义务，自觉接受社会公众和行业监督，积极营造清朗的网络空间。

典型案例

案例 1：腾讯、新浪微博、百度贴吧因用户传播违法信息被行政处罚案[①]

腾讯、新浪微博、百度贴吧因违反《网络安全法》遭属地网信办重罚。广东网信办对腾讯公司作出最高罚款的处罚决定；北京网信办对新浪微博作出最高罚款的处罚决定，对百度贴吧作出从重罚款的处罚决定。

2017 年 8 月，广东省网信办对腾讯公司微信公众号平台存在用户传播暴力恐怖、虚假信息、淫秽色情等危害国家安全、公共安全、社会秩序的信息问题依法展开立案调查。经查，腾讯公司对其微信公众号平台用户发布的有关法律法规禁止发布的信息未尽到管理义务，其行为违反《网络安全法》第 47 条之规定。根据《网络安全法》第 68 条规定，广东省网信办对腾讯公司作出最高罚款的处罚决定。

2017 年 9 月，北京市网信办依据《网络安全法》就新浪微博对其用户发布传播“淫秽色情信息、宣扬民族仇恨信息及相关评论信息”未尽到管理义务，以及百度贴吧对其用户发布传播“淫秽色情信息、暴力恐怖信息帖文及相关评论信息”未尽到管理义务的违法行为，分别作出行政处罚。

案例 2：58 同城、赶集网等因违法违规发布“大棚房”租售信息被约谈案[②]

2017 年 8 月，北京市网信办、北京市规划国土委就违法违规发布“大棚房”租售信息一事，联合依法约谈 58 同城、赶集网、百度等网站。

根据《网络安全法》第 47 条及《互联网新闻信息服务管理规定》第 16 条相关规定，网站不得发布、传播法律、行政法规禁止的信息内容，网站

① 案例来源：http://www.cac.gov.cn/2017-08/11/c_1121467425.htm，2019 年 10 月 1 日最后访问。

② 案例来源：http://news.xinhuanet.com/2017-08/17/c_1121500789.htm，2019 年 10 月 1 日最后访问。

在提供服务过程中发现法律、行政法规禁止发布或者传输的信息的，应当立即停止传输该信息，采取措施防止信息扩散。

为此，北京市网信办、北京市规划国土委两部门要求，不得发布“大棚房”信息广告，发布农业大棚信息时不得含有可居住等信息内容；不得发布含有生活设施的农业大棚房源照片；各网站要严格遵守《网络安全法》《互联网新闻信息服务管理规定》，不得发布违法违规信息，更不得通过发布谣言、标题党等行为误导网民，对违法违规从事互联网新闻信息服务业务的网站将予以相应的行政处罚。

北京市网信办相关负责人表示，对于58同城、赶集网、百度等存在违法违规发布“大棚房”租售信息的网站，北京市网信办下达了行政执法检查记录，责令网站落实整改。

案例3：BOSS直聘被北京网信办和天津网信办责令整改案[①]

2017年8月11日，北京市网信办、天津市网信办联合约谈了李文星之死的直接涉事招聘网站BOSS直聘法定代表人，要求该网站整改网站招聘信息。据悉，经相关部门调查，BOSS直聘在为用户提供信息发布服务过程中，违规为未提供真实身份信息的用户提供了信息发布服务；未采取有效措施对用户发布传输的信息进行严格管理，导致违法违规信息扩散。北京市网信办相关负责人表示，BOSS直聘的上述问题已违反《网络安全法》第24条、第48条规定。

（二）个人信息安全保护制度

《网络安全法》在第四章“网络信息安全”中专门对个人信息安全保护义务作出规定。具体来讲，包括以下义务：

一是收集使用个人信息的“合法、正当、必要”义务以及获得用户知情同意的义务。网络运营者收集、使用个人信息，应当遵循合法、正当、必要的原则，公开收集、使用规则，明示收集、使用信息的目的、方式和范围，

---

① 案例来源：http://china.huanqiu.com/hot/2017-08/11116792.html，2019年10月1日最后访问。

并经被收集者同意。网络运营者不得收集与其提供的服务无关的个人信息，不得违反法律、行政法规的规定和双方的约定收集、使用个人信息，并应当依照法律、行政法规的规定和与用户的约定，处理其保存的个人信息。①

二是不得滥用个人信息的义务，包括网络经营者不得泄露、篡改、毁损其收集的个人信息；未经被收集者同意，不得向他人提供个人信息；不得窃取或者以其他非法方式获取个人信息，不得非法出售或者非法向他人提供个人信息。②

三是确保个人信息安全的义务，网络运营者应当采取技术措施和其他必要措施，防止信息泄露、毁损、丢失；在发生或者可能发生个人信息泄露、毁损、丢失的情况时，应当立即采取补救措施，按照规定及时告知用户并向有关主管部门报告。③

四是删除更正的义务。个人发现网络运营者违反法律、行政法规的规定或者双方的约定收集、使用其个人信息的，有权要求网络运营者删除其个人信息；发现网络运营者收集、存储的其个人信息有错误的，有权要求网络运营者予以更正。网络运营者应当采取措施予以删除或者更正。④

五是不得非法获取、非法出售和非法提供个人信息的义务。该项义务的主体是包括网络运营者在内的任何个人和组织。⑤

需要指出的是，《网络安全法》第 42 条虽然规定了未经权利人同意不得向他人提供相关个人信息的一般性义务，但也规定了这一义务的例外情况，即“经过处理无法识别特定个人且不能复原的”可以不经过权利人同意而向他人提供。虽然这一条的具体理解有待进一步明确，但这一例外规定确实考虑了大数据等产业场景下知情同意的不足之处，为产业发展留有了一定的法律空间，值得肯定。

2017 年 4 月，国家互联网信息办公室发布了《个人信息和重要数据出境安全评估办法（征求意见稿）》（以下简称《办法（征求意见稿）》）。

---

① 《网络安全法》第 41 条。
② 《网络安全法》第 42 条第 1 款、第 44 条。
③ 《网络安全法》第 42 条第 2 款。
④ 《网络安全法》第 43 条。
⑤ 《网络安全法》第 44 条。

《办法（征求意见稿）》第2条规定了适用范围，“网络运营者在中华人民共和国境内运营中收集和产生的个人信息和重要数据，应当在境内存储。因业务需要，确需向境外提供的，应当按照本办法进行安全评估”。《办法（征求意见稿）》明确规定，出境数据存在以下情况之一的，网络运营者应报请行业主管或监管部门组织安全评估，行业主管或监管部门不明确的，由国家网信部门组织评估：（1）含有或累计含有50万人以上的个人信息；（2）数据量超过1000GB；（3）包含核设施、化学生物、国防军工、人口健康等领域数据，大型工程活动、海洋环境以及敏感地理信息数据等；（4）包含关键信息基础设施的系统漏洞、安全防护等网络安全信息；（5）关键信息基础设施运营者向境外提供个人信息和重要数据；（6）其他可能影响国家安全和社会公共利益，行业主管或监管部门认为应该评估。

根据《办法（征求意见稿）》规定，数据出境安全评估的重点在于：数据出境的必要性；涉及个人信息情况；涉及重要数据情况；数据接收方的安全保护措施、能力和水平，以及所在国家和地区的网络安全环境等；数据出境及再转移后被泄露、毁损、篡改、滥用等风险；数据出境及出境数据汇聚可能对国家安全、社会公共利益、个人合法利益带来的风险等。

《办法（征求意见稿）》规定，以下情况的数据不得出境：个人信息出境未经个人信息主体同意，或可能侵害个人利益；数据出境给国家政治、经济、科技、国防等安全带来风险，可能影响国家安全、损害社会公共利益；其他经国家网信部门、公安部门、安全部门等有关部门认定不能出境的。

《办法（征求意见稿）》所确立的宽泛的数据境内存储要求和出境安全评估要求引发了境内外的高度关注。从文义上看，《办法（征求意见稿）》规定适用于所有的“网络运营者”，实际上并不符合《国家安全法》第25条和《网络安全法》第37条的规定，前者规定要实现“关键基础设施和重要领域信息系统”的数据安全可控；后者规定了“关键信息基础设施运营者”在我国境内收集和产生的“个人信息和重要数据”才适用境内留存和出境评估，都是有限定范围的，“安全可控”“境内存储”和“出境安全评估”的要求绝不是针对所有信息系统和所有网络经营者的数据。另外，《办法（征求意见稿）》在一定程度上混淆了我国的“关键信息基础设施个人信息和重要数据出境管制”和域外一般探讨的“个人数据跨境流通规制”。[①] 该办法因争议较大至今尚未通过，仍在修改中。

《网络安全法》第 4 章规定了个人信息保护的基本原则和要求。2017 年 10 月 1 日起施行的《民法总则》第 111 条也回应了这些规定，该条规定：“自然人的个人信息受法律保护。任何组织和个人需要获取他人个人信息的，应当依法取得并确保信息安全，不得非法收集、使用、加工、传输他人个人信息，不得非法买卖、提供或者公开他人个人信息。”《民法典人格权编（草案）》也对“个人信息保护”作出相应规定。但这些规定对个人信息保护的规定仍较为原则，有待进一步细化。

此外，全国信息安全标准化技术委员会积极开展了个人信息保护国家标准的制定工作，起草了《信息安全技术　数据出境安全评估指南（征求意见稿）》《信息安全技术　个人信息安全规范（征求意见稿）》《信息安全技术　个人信息去标识化指南（征求意见稿）》等。其中，《信息安全技术　个人信息安全规范》（GB/T 35273-2017）已经获得通过，已于 2018 年 5 月 1 日起开始实施。但需要指出的是，这些标准都是推荐性标准，并不具有法律上的强制执行力。

2017 年 6 月 1 日起施行的《最高人民法院、最高人民检察院关于办理侵犯公民个人信息刑事案件适用法律若干问题的解释》（以下简称《解释》），为依法惩治侵犯公民个人信息犯罪活动，保护公民个人信息安全和合法权益提供了进一步指引。《解释》共 13 条，明确了“公民个人信息”的范围以及非法“提供公民个人信息”的认定标准。《解释》将“公民个人信息”定义为“以电子或者其他方式记录的能够单独或者与其他信息结合识别特定自然人身份或者反映特定自然人活动情况的各种信息”，包括了姓名、身份证件号码、通信通讯联系方式、住址、账号密码、财产状况、行踪轨迹等。《解释》明确了侵犯公民个人信息罪的定罪量刑标准，基于不同类型公民个人信息的重要程度，分别设置了“五十条以上”“五百条以上”“五千条以上”的入罪标准，即非法获取、出售或者提供行踪轨迹信息、通信内容、征信

① 刘金瑞：《关于〈个人信息和重要数据出境安全评估办法（征求意见稿）〉的意见建议》，载《信息安全与通信保密》，2017(6)。

信息、财产信息五十条以上；非法获取、出售或者提供住宿信息、通信记录、健康生理信息、交易信息等其他可能影响人身、财产安全的公民个人信息五百条以上；非法获取、出售或者提供第三项、第四项规定以外的公民个人信息五千条以上。《解释》明确，“将在履行职责或者提供服务过程中获得的公民个人信息出售或者提供给他人”的，认定“情节严重”的数量、数额标准减半计算。《解释》发布之后，引发了广泛关注，对于“行踪轨迹”“非法获取、出售或者提供”等问题的认定有待实践中进一步予以明确。

典型案例

案例 1：丁亚光出售公民住宿记录侵犯公民个人信息案①

2013 年底，一家为全国 4500 多家酒店提供网络服务的公司因系统存在安全漏洞，致使全国高达 2 000 万条宾馆住宿记录泄露。2015 年初至 2016 年 6 月，被告人丁亚光通过在不法网站下载的方式，非法获取宾馆住宿记录等公民个人信息，并上传至自己开办的“嗅密码”网站。该网站除了能够查询住宿记录外，还提供用户 QQ、部分论坛账号及密码找回功能。其中住宿记录共有将近 2 000 万条，用户经注册成为会员后，可以在网页“开房查询”栏目项下，以输入关键字姓名或身份证号的方式查询网站数据库中宾馆住宿记录（显示姓名、身份证号、手机号码、地址、住宿时间等信息）。丁亚光自 2015 年 5 月左右开始对该网站采取注册会员方式收取费用 60 元每人，到 2016 年 1 月上调到 120 元每人。2015 年 11 月 1 日至 2016 年 6 月 23 日，“嗅密码”网站共有查询记录 49 698 条，收取会员费 191 440.92 元。

浙江省乐清市人民法院判决认为：被告人丁亚光非法获取住宿记录等公民个人信息后通过网站提供查询服务牟利，供查询的公民个人信息近 2 000 万条，其行为已经构成侵犯公民个人信息罪，且属于“情节特别严重”。综合考虑退赃等情节，以侵犯公民个人信息罪判处被告人丁亚光有期徒刑三年，并处罚金人民币 2 万元。该判决已发生法律效力。

① (2016) 浙 0382 刑初 2332 号。

案例 2：章某某等非法获取公民个人信息实施电信网络诈骗案[①]

2016 年初，被告人章某某到广东省河源市租住源城区建设大道德欣豪庭 C2 栋 1201 室，准备手机等作案工具并通过互联网非法购买公民个人信息 12 555 条。2016 年 3—4 月间，被告人章某某先后雇佣被告人汪某某等三人在该租房内，通过拨打章某某事先从网上购买的学生个人信息上的家长联系电话，冒充“学校教务处”“教育局”工作人员，以获取国家教育补贴款为由，诱骗学生家长持银行卡到 ATM 机上转账至章某某掌控的银行账户，从中获取钱财。至被查获时，共拨打诈骗电话 4 392 人次，骗取 116 200 元。2016 年 4 月期间，被告人章某某还伙同他人利用同样的手段实施诈骗行为，至被查获时，共拨打诈骗电话 807 人次，骗取他人钱财近 3 000 元。

福建省安溪县人民检察院于 2016 年 6 月 3 日以涉嫌诈骗罪、侵犯公民个人信息罪对章某某、汪某某等人批准逮捕。此案提起公诉后，2016 年 12 月 14 日，安溪县人民法院作出一审判决，以诈骗罪、侵犯公民个人信息罪判处被告人章某某有期徒刑五年，并处罚金人民币 38 000 元；其他 3 名被告人以诈骗罪分别被判处一年至两年九个月不等有期徒刑，并处罚金。

案例 3：张某某、姚某某利用恶意程序批量非法获取网站用户个人信息案[②]

2015 年 6 月，被告人张某某在登录浏览“魅力惠”购物网站时发现，通过修改该网站网购订单号可以查看到包含用户姓名、手机号、住址等内容的订单信息。为谋取利益，张某某委托他人针对上述网站漏洞编制批量扒取数据的恶意程序，在未经网站授权的情况下，进入该网站后台管理系统，从中非法获取客户订单信息 12 503 条，通过 QQ 等联络方法将上述客户信息分数次卖给被告人姚某某，获利人民币 5 359 元。被告人姚某某购得上述订单信息后，又在网络上分别加价倒卖从中牟利。

上海市黄浦区人民检察院于 2015 年 9 月 30 日以涉嫌非法获取公民个人信息罪对张某某批准逮捕，于 10 月 20 日以证据不足对姚某某不批准逮捕，

---

① 案例来源：http://news.jcrb.com/jxsw/201705/t20170516_1753463.html，2019 年 10 月 1 日最后访问。

② (2016) 沪 0101 刑初 196 号。

并要求公安机关补充侦查。此案提起公诉后，2016 年 3 月 29 日，黄浦区人民法院以侵犯公民个人信息罪，判处张某某有期徒刑一年九个月，罚金人民币五万元，判处姚某某有期徒刑一年六个月，罚金人民币二万元。

案例 4：郭某某将在提供服务过程中获得的公民个人信息出售、提供给他人案[①]

2015 年 3 月至 2016 年 9 月 1 日间，被告人郭某某利用其原在某信息技术服务公司工作的便利和通过 QQ 群交换等途径，非法获取楼盘业主、公司企业法定代表人及股民等的姓名、电话、住址及工作单位等各类公民个人信息共计 185 203 条，上传存储于“腾讯微云”其个人账户内。后通过 QQ 群发布信息，将上述非法获取的公民个人信息出售给他人，从中非法获利人民币 4 000 元。

厦门市思明区人民检察院于 2016 年 9 月 30 日以涉嫌侵犯公民个人信息罪对郭某某批准逮捕。12 月 30 日，以侵犯公民个人信息罪向厦门市思明区人民法院提起公诉。2017 年 1 月 11 日，厦门市思明区人民法院以犯侵犯公民个人信息罪判处被告人郭某某有期徒刑七个月，并处罚金 2 000 元。

案例 5：淮南职业技术学院泄露学生信息被行政处罚案[②]

2017 年 9 月 28 日，淮南市网络与信息安全信息通报中心接到国家网络与信息安全信息通报中心通报：淮南职业技术学院系统存在高危漏洞，系统存储的 4 000 余名学生身份信息已经泄露。经查，确认淮南职业技术学院招生信息管理系统存在越权漏洞，后台登录密码弱口令，学院未落实网络安全管理制度，未建立网络安全防护技术措施、网络日志留存少于六个月，未采取数据分类、重要数据备份和加密措施，致使系统存储的 4 353 名学生的身份信息泄露。10 月 12 日，安徽省淮南市网警巡查执法官方微博发布通报称，关于淮南职业技术学院未落实网络安全等级保护制度，导致 4 000 余名学生身份信息泄露一事，淮南市公安局网安支队依法对该学院处以立即整改和行政警告的处罚措施。

① (2017) 闽 0203 刑初 28 号。
② 案例来源：http://server.zzidc.com/a/cio/2017/1013/2126.html，2019 年 10 月 1 日最后访问。

四、我国网络安全法治发展的展望

近年来，我国和世界主要国家的网络安全立法进程明显加快并取得重大进展。在我国《网络安全法》施行之后，美国、欧盟、澳大利亚、新加坡等国家和地区又制定了一系列网络安全相关立法，观察、比较和借鉴各国制度设计对于完善我国网络安全立法具有重要意义。以下结合域外网络安全政策法律的进展，针对我国目前面临的突出问题，对我国网络安全法治发展作一展望。

（一）以成熟的网络安全战略推动制定网络安全国际规则

从网络空间的全球性来看，网络安全治理必然需要各国公认的国际规则。掌握国际网络空间话语权，是目前各国抢占网络空间竞争制高点的关键一环。所谓网络空间国际规则，往往是一国关于网络空间认识和主张的国际化，这必然需要成熟的网络空间战略作为基础。网络安全战略、政策对法律部门的影响和渗透将不断加强，各国战略之间的竞争、碰撞直至交锋无疑将继续成为未来深刻影响国内立法和国际规则的重要因素。我国继2016年出台《国家网络空间安全战略》之后，在2017年发布了《网络空间国际合作战略》。这标志着中国网络安全既有国内战略也有国际战略，进一步完善了我国对于网络空间安全的战略构想。《网络空间国际合作战略》以构建网络空间命运共同体为目标，提出应在和平、主权、共治、普惠四项基本原则基础上推动网络空间国际合作，坚持主权平等，不搞网络霸权，不干涉他国内政，建立多边、民主、透明的全球互联网治理体系等，为破解全球网络空间治理难题贡献了中国方案。我国站在网络空间命运共同体高度的网络安全战略，有利于促成网络安全国际规则的形成。未来我国应该着力制订落实战略构想的行动计划，行动计划中应该尤其侧重政策法律体制的构建，进一步健全和形成比较完善的国内网络安全法治体系。在此基础上，可以通过缔结重要双边条约、多边条约或者倡议订立全球网络安全基本准则等，加强国家之间的沟通和信任，促进国际社会合作共赢，推动将中国构想和中国方案上升为网络安全国际规则。

（二）需要建立分工明确、权责清晰的网络安全监管体制

从网络安全治理相对成熟的国家来看，基本都有一套分工明确、权责清晰的网络安全监管体制。从目前我国《网络安全法》和有关配套规定看，我国网络安全监管权限划分仍不够清晰。全国人民代表大会常务委员会执法检查组就明确指出：网络安全监管“九龙治水”现象仍然存在，权责不清、各自为战、执法推诿、效率低下等问题尚未有效解决，法律赋予网信部门的统筹协调职能履行不够顺畅。从关键信息基础设施的监管主体看，《网络安全法》第32条原则上规定了关键信息基础设施分行业、分领域主管部门负责制，《关键信息基础设施安全保护条例（征求意见稿）》第4条规定“国家行业主管或监管部门按照国务院规定的职责分工，负责指导和监督本行业、本领域的关键信息基础设施安全保护工作”，还是比较原则。该条例本身就是国务院的行政法规，建议直接把“按国务院规定的职责分工”规定下来，进一步明确领导不同行业关键信息基础设施保护的主管部门，明确国家网信部门、工信部门、公安机关等各自职责范围和执法权限。正因为目前规定不够清晰，实践中已经出现不同监管部门针对同一单位进行关键信息基础设施保护重复检查而且标准不一的问题，给网络运营商增加了不必要的负担。网络安全工作涉及领域多、范围广、任务重、难度大，系统性、整体性、协同性很强，应该进一步理顺网络安全的监管体制，强化国家网信部门的统筹协调职能。要明确各职能部门的权责界限和接口，形成网信、工信、公安、保密等各部门协调联动机制，既要防止职能交叉、多头管理，又要避免执法推责、管理空白，不断提高执法效率，有效维护网络空间的安全。

（三）亟待进一步完善关键信息基础设施保护及相关制度

从近年各国网络安全立法来看，虽然立法背景、立法体例和立法内容各有不同，但关键信息基础设施保护仍是各国立法的重中之重。各国立法制度设计包括积极构建网络监测预警、网络安全威胁情报信息共享、网络安全评估检测、供应链安全管控、网络安全事件应急恢复等。虽然我国近期出台了不少《网络安全法》的配套规定，但《关键信息基础设施安全保

护条例》作为《网络安全法》的核心配套制度却迟迟未能出台。从形式上看，该条例征求意见稿确实还存在简单重复上位法规定、还停留在原则性规定的问题，没有完成制度细化落实的任务。比如对于什么是关键信息基础设施、关键信息基础设施认定的标准和程序、关键信息基础设施运营者数据出境评估的范围和程序、关键信息基础设施如何进行年度检测评估等，目前尚存在认识不统一、规定不明确的问题。究其原因，和目前我国关键信息基础设施监管体制尚不明确、未能厘清关键信息基础设施保护和网络安全等级保护有很大的关系。值得注意的是，俄罗斯 2017 年《联邦关键信息基础设施安全法》第一次明确了在关键信息基础设施中实施等级保护的思路和机制，明确通过制定关键信息基础设施分级标准、标准指标以及分级的制度来确保俄罗斯关键信息基础设施的安全，所有的关键信息基础设施必须按照俄罗斯联邦政府规定的制度进行分级保护，为我国如何构建并妥善处理关键信息基础设施保护制度和网络安全等级保护制度的关系提供了有益的国际参考。建议在明确监管体制、厘清相关问题的基础上加紧制定出台《关键信息基础设施安全保护条例》。

（四）亟须健全确保数据合法利用、安全可控的法律制度

个人信息保护、数据跨境流动、数据合理利用已经成为全球数字经济发展中的核心议题。如何平衡数据合法利用和确保数据安全可控已经成为亟待解决的监管难题，这一问题实际上是世界各国共同面临的挑战。2017 年 12 月 8 日，习近平总书记在中共中央政治局就实施国家大数据战略进行第二次集体学习时指出：“要切实保障国家数据安全。要加强关键信息基础设施安全保护，强化国家关键数据资源保护能力，增强数据安全预警和溯源能力。要加强政策、监管、法律的统筹协调，加快法规制度建设。要制定数据资源确权、开放、流通、交易相关制度，完善数据产权保护制度。”限于《网络安全法》第 37 条的规定，以“个人信息和重要数据出境安全评估办法”试图解决所有数据安全管理的问题并不可行。不得不指出的是，《网络安全法》第四章虽然名为“网络信息安全”，但主要规定的是个人信息保护，并未对数据合法利用和安全管理作出全面而充分的规定。换言之，《网络安

全法》在此问题上存在立法“漏洞”，亟须作出补充性配套立法，明确数据脱敏标准、企业间数据共享规则等。《国家安全法》第25条为数据安全管理提供了上位法依据，该条规定要“实现网络和信息核心技术、关键基础设施和重要领域信息系统及数据的安全可控”。这需要对纳入监管范围的数据进行类型化研究和相应制度设计。以数据跨境安全管理为例，从域外立法经验来看，跨境数据监管的类型至少包括个人数据、重要的技术数据、敏感的政府数据、敏感的商业数据以及非法内容数据等。管制非法内容数据，如规制儿童色情、恐怖主义信息等。管制技术数据，如西方33国缔结的《瓦森纳协定》明确将与管制商品和技术清单内容直接相关的各类技术数据纳入受管控范围，建议尽快对数据安全管理的场景类型、问题挑战、手段措施等进行研究，在此基础上制定健全具有针对性、可操作性的《网络安全法》补充配套立法。

（五）完善网络执法协助和信息内容的事中事后监管制度

近期，域外网络安全立法的一个鲜明特点是加强对非法有害内容的监管。虽然各国对非法有害内容的界定有所差异，但在虚假新闻、政治广告、淫秽色情、仇恨暴力以及恐怖主义等非法内容的监管上存在较大共识，主要监管手段是规定网络平台公司的执法协助义务以及对非法内容的预防、发现和消除义务。赋予平台更多的责任和义务，成为各国监管网络信息内容的立法趋势。近期，我国对于互联网新闻信息服务、互联网论坛社区服务、公众账户信息服务、群组信息服务、跟帖评论服务、微博客信息服务等作出专门规定，主要规定相关服务提供者要配备与服务规模相适应的专业人员和技术能力，建立健全用户注册、信息审核、应急处置、安全防护等内部管理机制，并履行保护用户个人信息等义务。我国2012年曾就《互联网信息服务管理办法（修订草案征求意见稿）》公开征求意见，目前该办法仍未修订完成。建议在未来立法中，一是要完善网络执法协助义务，明确执法协助的目的范围和具体程序。需要指出的是，这种执法协助义务是平衡了公民和企业合法权益保护之下的有限义务。《网络安全法》规定，网络运营者应当为公安机关、国家安全机关“依法维护国家安全和侦查犯罪的活动”提供技术支持和协助。二是要将信息内容监管从偏重事前准入转向事中事后监管。例如，对于互联网新闻信息服务而言，对于生成和提供互联网新闻信息源头的服务，应继续适用并完善行政许可这一强制性监管方式，对于转载和传播互联网新闻信息的服务，可以建立通知性备案制度进行管理，以备监管部门在出现违法行为及时溯源和管控，将不良影响降到最小；对于提供新闻信息交流平台的服务，可以建立通知性备案制度进行管理，强化对服务内容、对象及影响力的事中监测、事后处置，并可以通过法律规定或行业自律的方式，建立行业性规范，设定适度妥当的平台责任，要求新闻信息交流平台协助治理平台互联网新闻信息的有序传播。

（六）积极应对新技术新领域带来的网络安全新挑战

目前，移动互联网、云计算、大数据、物联网、人工智能等新技术新应用带来的新安全挑战日益突出，应该积极研究这些新挑战并针对这些挑战研讨相应的法律对策。以人工智能为例，人工智能技术应用既可能威胁网络信息安全，也可能挑战国家的政治安全、军事安全、经济安全、文化安全等各方面安全。这需要创新制度设计予以积极应对，比如设立新的人工智能监管机构，以全方位地监测风险、引导发展和应对危机。英国政府已经宣布成立多个人工智能专门机构，包括 AI 委员会、政府 AI 办公室、数据伦理和创新中心和国家 AI 研究所，以推动研究和创新，引领人工智能技术的发展。2018 年 3 月，美国众议院提出法案，建议成立“国家人工智能安全委员会”，负责审查人工智能、机器学习的发展和相关技术，以便全面解决国家安全需要。考虑到人工智能发展在一定程度上的不确定性，我国应该设立专门的人工智能发展委员会。再比如应该明确禁止发展和应用人工智能的领域。鉴于人工智能的“算法黑箱”可能导致我们无法预测和无法承受的后果，建议建立禁止发展和应用人工智能的“负面清单”。目前讨论最多的就是智能化的自主武器系统和机器人，这种人工智能系统可以在没有人类干预和指定的情况下自主确定并消灭攻击目标。再比如，是否应该禁止将人工智能用于核威慑领域，是否应该禁止将人工智能用于一些关系到国家命脉的关键信息基础设施，等等。建议我国尽早开始研究和确定禁止发展和应用人工智能领域，形成此问题的中国主张，并通过国际公约、双边协定等促进国际共识的达成。确定人工智能应用领域负面清单的重要性不亚于对核武器和生化武器的控制。

主要参考文献

[1] Regulation No 460/2004 of the European Parliament and of the Council of 10 March 2004 establishing the European Network and Information Security Agency, OJ L 77, 13.3.2004.

[2] Directive (EU) 2016/1148 of the European Parliament and of the Council of 6 July 2016 concerning measures for a high common level of security of network and information systems across the Union, OJ L 194, 19.7.2016.

[3] 刘金瑞：《我国网络关键基础设施立法的基本思路和制度建构》，载《环球法律评论》，2016（5）。

[4] 刘金瑞：《美国网络安全立法近期进展及对我国的启示》，载《暨南学报》（哲学社会科学版），2014（2）。

[5] 黄道丽：《〈网络安全法〉行政执法的若干问题分析》，载《中国信息安全》，2017（9）。

[6] 杨合庆主编：《中华人民共和国网络安全法解读》，北京，中国法制出版社，2017。

[7] 马民虎主编：《网络安全法适用指南》，北京，中国法制出版社，2017。

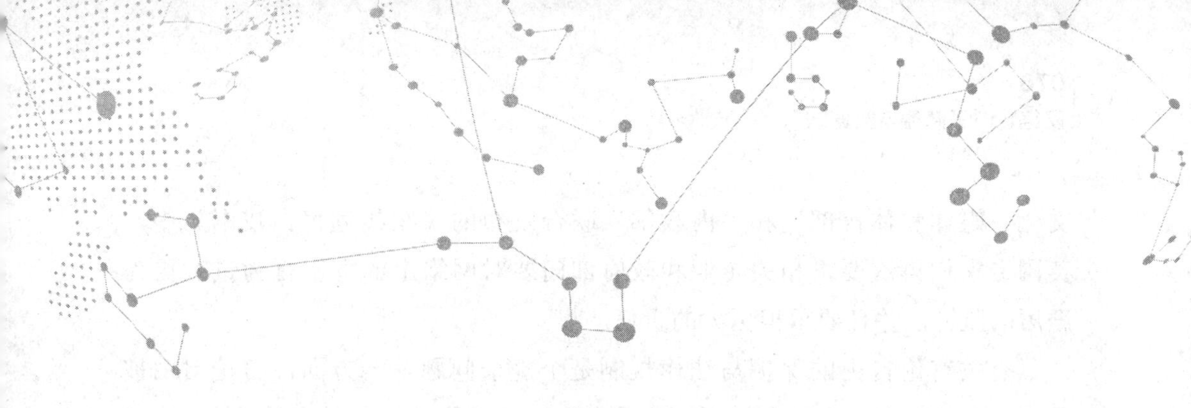

第三章

网络中信息内容的法律规制

第一节 言论自由的本质与中国特色

自互联网络普及之初，关于网络内容的自由与规制便成为焦点问题。美国自由主义论者约翰·佩里·巴洛在1996年发表的《网络空间独立宣言》中提到，“现实世界中财产、言论、身份、社会活动及环境的法律定义，皆不适用于网络世界……网络中的个人身份没有实体，因此，与现实世界的公民不同，我们不以任何人身威胁的方式制定社会秩序。”[①]但是另一方面，随着时间的推移，各国政府都开始不断地对网络进行监控。例如1993年美国政府推出了加密芯片“剪刀芯片”计划，将网络加密系统列为工业标准，这意味着美国安全局将掌握互联网的所有密钥。[②]在2019年由英国的“数字、

① [英]杰米·巴特利特：《暗网》，刘丹丹译，9页，北京，北京时代华文书局，2018。
② [英]杰米·巴特利特：《暗网》，刘丹丹译，90页，北京，北京时代华文书局，2018。

文化、媒体和体育部”和“内政部”联合发布的《在线危害白皮书》中，英国专家们再次要求相关企业和政府部门要对网络上的危害行为进行更为严厉的监管，并且要承担更大的责任。[①]

有关言论自由的保护与法律规制是个复杂问题。一方面，言论自由被普遍认为是基本自由和人权而应受重点保护；但是另一方面，不同的国家对其言论自由的态度和政策差距又很大。即使在将言论自由视为第一自由的美国，[②]对言论加以限制的法律和判例也非常复杂。我国《宪法》第35条规定，“中华人民共和国公民有言论、出版、集会、结社、游行、示威的自由。”党的《十九大报告》中要求，“加强互联网内容建设，建立网络综合治理体系，营造清朗的网络空间。落实意识形态工作责任制，加强阵地建设和管理，注意区分政治原则问题、思想认识问题、学术观点问题，旗帜鲜明反对和抵制各种错误观点。”正确理解网络环境下的言论自由与法律规制之间的关系的前提条件是需要对言论自由制度的本质有正确理解。

一、言论自由的本质与西方言论自由理论的局限性

（一）言论自由的本质

如在第一章中的相关内容所讨论的，人类与生俱来便是自由的，但是为了在相互竞争的环境中获得更大的自由形成了社会组织。社会组织的形成使得社会成员可以共享信息和能量，增强对外竞争优势，但是这需要社会成员之间的信息沟通和表达，否则无法形成社会组织。[③]言论是人类形成

① https://assets.publishing.service.gov.uk/government/uploads/system/uploads/attachment_data/file/793360/Online_Harms_White_Paper.pdf

② 例如美国最高法院法官卡多左在1973年认为言论自由几乎是所有其他自由的核心和不可缺少的条件。富兰克林·罗斯福在1941年度国情咨文中认为言论自由是美国宪法第一修正案的核心和其他四大自由之首。Bruce Barry, *Speechless: The Erosion of Free Expression in the American Workplace*. Oakland : Berrett-Koehler Publisher, Inc., 2007, p. 2.

③ 如马克思和恩格斯所指出的，“语言和意识具有同样长久的历史；语言是一种实践的、既为别人存在因而也为我自身而存在的、现实的意识。语言也和意识一样，只是由于需要，由于和他人交往的迫切需要才产生的。”[德]卡尔·马克思、弗·恩格斯：《德意志意识形态》，载《马克思恩格斯选集》（第1卷），161页，北京，人民出版社，2012。

社会组织的工具，言论自由本质上是通过言论进行社会组织的自由，但是社会组织的目的有好有坏，那么通过言论来破坏合法组织或者组建非法组织便应该被禁止。

人类通过行为来竞争稀缺资源，人类也通过对自己言论的控制来形成信息优势，从而提高竞争力。由于行为和言论在目的上的内在一致性，使得将行为和言论截然分开在一些情形下是做不到的。如美国学者波斯特所说的，尽管美国学者和最高法院都试图确定言论是什么，如言论被定义为“观点的交流”，但是事实上是很多行为都是观点的交流，例如恐怖主义的行为都是在表达一种观点，因此，很难将言论与行为分开而决定是否受美国宪法第一修正案的保护。①

这种矛盾是试图将言论自由在政治上特殊化造成的，不论是从理论上还是从制度上都无法支撑对言论的这种特殊待遇。因此，言论与其他行为一样都需要遵守其社会组织中的共同政治基础和制度规范，其区别仅仅在于程度和具体表现形式上，而本质上没有区别。也就是说，言论自由并不比其他行为自由有特殊的正当性和道德性。

（二）西方言论自由理论的局限性

言论自由这一概念来自于西方，但是西方言论自由的理论与制度是其特定历史发展和政治经济制度的产物，有其自身的局限性。西方有关言论自由的相关理论中最为代表性的有三种。一是个人自治的观点；言论自由及美国宪法第一修正案对其保护是确保个人实现的需要。二是思想市场的观点，其目的是获得知识，即促进知识和真理的发现。三是政治民主需要的观点，即言论自由是公民参与民主社会的需要。但是这些理论基础是在西方政治制度语境下所特有的，一旦脱离这一语境，这些理论的支撑力明显不足。如美国学者贝尔金所说的，“对言论自由给予保护的每一个理论都是对言论自由加以规制的理论。支持这一理论的价值观为我们提供了该理论的外延；相对应的，这些价值观也同样告诉我们这一理论无法超越的边界，因为这

---

① 参见［美］罗伯特·波斯特：《民主、专业知识与学术自由——现代国家的第一修正案理论》，左亦鲁译，7页，北京，中国政法大学出版社，2014。

一基础性的宪法性价值观不能给予支持或者无法加以实施。”[①]

个人自治的观点认为民主国家的公民是政治自由的，因而是自治的。言论自由是个人自治的特征和需要。“我们美国人认为我们自己是政治自由的，我们相信自治。如果人民需要被管理的话，那么这种管理一定不是被其他人，而是被他们自己进行。”[②]而自治的人民是需要自由思想的，“对任何思想的恐惧都不适合自治性。第一修正案对任何有关共同利益的思想的压制都绝对地反对。思想的自由不能被限制。”[③]因此言论自由是实现个人自治的需要和保证。

这种理论的缺陷之一便是没有足够的依据和经验来支持人是自治的这一先验特征，美国人享有较高的政治自由主要归功于美国特殊的历史发展路径和地缘政治优势。因此个人自治这种思想在19世纪末和20世纪初便处于被抛弃的趋势中。[④]美国最高法院的霍姆斯法官是这一趋势的领导者，他反对洛克和康德的有关个人天生的自由与尊严的观点。他坚持认为对于法律和宪法的理解应该脱离基于道德情感的个人权利理念，权利不是独立存在的，而是来自于实证法律，其目的是促进社会目标的实现。法律纷争包含着社会利益的冲突，而这只能通过对社会利益的权衡才能解决。[⑤]个人自治的理论也无法回答在现实生活中对个人言论的诸多限制。如美国学者波斯特指出的，“如果保护自主性是第一修正案的基本目标，那么所有可

---

① Balkin, Jack M., “Cultural Democracy and the First Amendment (October 15, 2015)”, Northwestern University Law Review,109(2016), 13.Available at SSRN: http://ssrn.com/abstract=2676027.

② Alexander Meiklejohn, *Political Freedom: The Constitutional Powers of the People*. New York: Harper&Brothers, Publishers, 1948, p. 9.

③ Alexander Meiklejohn, *Political Freedom: The Constitutional Powers of the People*. New York: Harper&Brothers, Publishers, 1948, p. 28.

④ “在19世纪末期和20世纪早期，自然权利理论已经让位于更为实证的和功利的法学概念。根据这种观点，法律的功能不是保护个人的内在权利，而是促进由这个社会或者国家所确定的社会利益。”Steven J. Heyman, “Righting the Balance: An Inquiry into the Foundations and Limits of Freedom of Expression”, in Vikram Daivd Amar ed., *Freedom of Speech*. New York: Prometheus Books, 2009, p. 42.

⑤ Steven J. Heyman, “Righting the Balance: An Inquiry into the Foundations and Limits of Freedom of Expression”, in Vikram Daivd Amar ed., *Freedom of Speech*. New York: Prometheus Books, 2009, p. 43.

以促进自我实现的表达都可以拥有平等的第一修正案价值。但情况显然不是这样。很多对发言者自主意义重大的言论并没有被第一修正案所覆盖。”个人自治的观点也无法解释为什么言论相对于行为有特别的自由，个人自治也应该包括行为的自治，但是根据西方言论自由的主张行为自由却没有言论自由那样的特殊保护。

有关言论自由的思想市场的观点在穆勒的《论自由》中和霍姆斯法官在 ABRAMS v. U S 案中得到主张。[①]“根据思想市场理论，言论的价值不在于个人的自由利益而是在于不受阻碍的辩论中所产生的社会利益。社会从不受阻碍的辩论中所获得的利益如此之大，以至于任何言论自由产生的成本都相对很小，因此社会为了真理不能容忍对言论的任何限制。”[②]

这一理论有两个严重缺陷。一是世界上是否有唯一的真理存在？这里所说的真理是客观存在的还是主观利益的反应？如果真理是客观的，那就意味着随着真理的不断被发现，人类社会就会变得一致，文化的多元性会逐渐消失，人类都受一个真理指导，也就不会再有冲突和矛盾。但是事实上是人类总是独自地或者集体性地选择或者创设而不是发现他们的观点、理解和真理。如果真理是主观性的，那么就意味着不同的人或者不同的人群都会有自己的真理标准和理解，它们之间会相互冲突和矛盾，那么如何能够通过激烈的辩论便可以有唯一的或者最好的真理？[③]二是为什么激烈的观点辩论便是获得真理的最好手段？市场会不会失效？例如，在将探索真理作为最高原则的学术领域中的正确或者有价值的言论恰恰是学术精英们通过不断选择和限制错误言论的过程才实现的，而不是通过所谓的市场交锋自动产生的。如美国学者波斯特指出的，“如果第一修正案不承认存在‘错误’的观点，那么它就无法支持或容忍专业知识生产所必要的学科实践。创造专业知识就是区别真实和错误观点的实践。如果一本科学期刊因受制于第一修正案原则而不能判断投稿的合理性和真实性，那么它很快无法生

① ABRAMS v. U S , 250 U.S. 616 (1919) ,250 U.S. 616.

② C. Edwin Baker, *Human Liberty and Freedom of Speech*. Oxford: Oxford University Press, 1989, p. 4.

③ C. Edwin Baker, *Human Liberty and Freedom of Speech*. Oxford: Oxford University Press, 1989, p. 13.

存下去。”[①]

言论自由是民主社会必要的观点认为民主社会必然需要言论自由，两者是联系在一起的。美国学者贝尔金认为，“我主张言论自由是为了促进民主文化。民主文化不仅仅是民主的代表机构，而且也不仅仅是对公共问题的议论。民主文化是个人都有公平的机会参加到使他能够成为独立个人的意思形成过程。民主文化既是关于个人自由也是关于集体自治的，是关于每个人都有参加到文化的形成和传播中的能力。”[②]

将言论自由与民主政治联系关联在一起的理论的不足在于无法说明为什么言论自由是有利于民主而不是破坏民主？公民为什么可以根据自由的言论而做出有利于民主社会的聪明决定而不是为了自己的自私性而利用这种自由和民主来破坏公共利益？民主社会中的各种政治势力为什么不能利用这种言论自由而形成言论优势从而蒙蔽或者愚弄公众？这种理论恰恰暗示着对言论需要规制，因为民众需要得到有利于民主的有价值的信息。如支持这一观点的美国学者米克尔约翰所认为的，“言论自由的关键是说出所有值得说的东西，而不是每个人都能说。”[③]那么，谁来决定什么是值得说的？值得说的标准是什么？这本身便已经暗含着需要对言论进行规制，以使得值得说的信息不被淹没。波斯特更是从这一理论中发展出了民主胜任（democratic competence）这样的理论来为学术性言论中对言论自由的限制提供理论支撑。[④]民主制度是人类各种制度中的一种，如果为了民主胜任或者为了民主价值这样的目的可以限制言论自由，那么推而广之，为了制度胜任或者制度价值这样的目的也可以限制言论自由。例如，伊斯兰世界为了保护其制度的根基而禁止对先知穆罕默德批评或者侮辱的言论便是正当的。这意味着对言论自由的限制恰恰是具有制度普遍性的，采取不同制度的国

① [美]罗伯特·波斯特：《民主、专业知识与学术自由——现代国家的第一修正案理论》，左亦鲁译，14页，北京，中国政法大学出版社，2014。

② Balkin, Jack M., “Digital Speech and Democratic Culture: a Theory of Freedom of Expression for the Information Society”, New York University Law Review, 79(2004), 3.

③ Alexander Meiklejohn, *Political Freedom: The Constitutional Powers of the People*. New York: Harper&Brothers, Publishers, 1948, p. 26.

④ [美]罗伯特·波斯特：《民主、专业知识与学术自由——现代国家的第一修正案理论》，左亦鲁译，5页，北京，中国政法大学出版社，2014。

家可以依据自己的政治基础来限制言论自由。

我们可以发现，有关言论自由正当性的上述理论的共同缺陷便是将言论自由的某一方面在特定语境下的优点或者合理性作为言论自由正当性的全部和普适性理由，而忽视了这种正当性的前提条件或者相应的场合。而当这种前提条件或者相应的场合不存在或者发生了变化时，这些理论就失去了其存在的基础。对于中国的言论自由制度的理解应该从更高层次的视角来进行而不是将西方特定前提下的理论来作为中国的指导思想。

（三）西方言论自由的制度表现

现代西方国家，尤其以美国为代表的社会组织形式是“个人—私权与市场—社会组织”的模式，是在政治上超越血缘关系和宗教组织的私权利社会组织形式。由英国率先形成的现代国家是以财产权保护和市场交易作为社会成员合作的制度工具而形成的新型社会组织形式，这种社会的政治秩序的根基在于对财产和财产交易的保护，即财产权神圣不可侵犯，由此产生出企业制度、市场交易制度以及相关的民主法治的政治制度。在这种社会中，社会成员通过企业组织来实现社会性的合作，从而形成更有竞争力的和甚至可以超越国家主权的社会合作关系。

在这种社会中，言论表达或者内容对私权、市场和企业危害越大就越不自由，相反，对其威胁越小就越自由。如美国最高法院法官布莱克在Associated Press v. United States 案中所说的，“第一修正案下的不受政府干预的言论自由并不惩罚私利（private interests）对自由的限制。”[①] 例如，当言论自由与版权保护发生冲突时，版权保护是优先的和根本的，只有在不损害版权这一财产权的根本利益的前提下，才可以有为了言论自由的需要而使用一些作品。例如，美国在1996年颁布的《通信正当行为法》是针对互联网络内容加以规制以及网络服务提供者如何对网络内容承担责任的法律，与言论自由有直接的关系。但是该法明确将有关知识产权的问题排除在外，而是由另外单独的法律来规范网络环境下对版权作品的保护问题。[②]

---

① Associated Press v. United States, 326 U.S. 1 (1945).

② 《通信正当行为法》第230条（d）（4）“与知识产权无关——本条中的任何内容都不得理解为对知识产权有任何的限缩或者扩张的关系。”

在美国法律实践中，言论根据其内容基本可以分为四类，一是商业性言论，与私权和市场有直接的关系。二是学术性言论，主要是为私权和市场服务的言论。三是政治性言论，与私权与市场没有直接关系但是与公权力有关的言论。四是社会伦理性言论，其与私权与市场经济秩序没有直接关系，但与历史、传统和宗教所产生的伦理道德有关。

商业性言论在美国是最不自由的一类言论，即所谓宪法第一修正案中的商业性言论的例外，因为商业性言论是与其政治基础即私权和市场秩序最直接相关的信息。直到20世纪70年代，美国宪法第一修正案都根本不适用于商业性言论，[①] 并因此产生一系列理论来论证对这种言论自由不给予保护的正当性，例如言论无价值理论以及商业性而非政治性言论等。[②] 在70年代的Virginia案之后，美国最高法院才开始判定商业性言论也受宪法第一修正案的保护，但是明确保留政府对商业性言论的审查职责。[③] 美国法院认为可以对政府规制商业性言论的行为是否符合宪法第一修正案进行违宪审查，但是这种审查也是中等严格，其中审查的标准是所保护的利益与规制程度是否相匹配，并且所考虑的利益也是为了促进市场竞争秩序健康的目的。[④]

美国有关言论自由的理论与实践上的冲突在关学术性言论的规制上更加明显地表现出来。如学者波斯特所说的，有关学术言论自由的判例混乱

① 在Valentine v. Chrestensen, 316 U.S. 52 (1942) 案中，美国最高法院判定在马路上的商业性言论不受宪法第一修正案的保护。

② 在Chaplinsky v. New Hampshire, 315 U.S. 568 (1942) 案中，美国最高法院首次提出了低价值言论的观点，之后美国最高法院相继认为煽动性表达、对于事实的虚假陈述、淫秽内容、商业性言论、挑衅语言以及儿童色情内容都是仅有很低第一修正案价值的言论。Geoffrey R. Stone, "Content Regulation and the First Amendment", in Vikram Daivd Amar ed., *Freedom of Speech.* New York: Prometheus Books, 2009, p. 155.

③ 布莱克本法官在判决中认为政府有规范一些商业性言论的权力，例如基于内容中性的有关时间、地点和方式的规制，另外，政府也有权力对虚假和欺骗性的商业广告行为进行规制。Virginia State Pharmacy Board v. Virginia Citizens Consumer Council, 425 U.S. 748 (1976).

④ 在Central Hudson Gas & Electric Corp. v. Public Service Commission, 447 U.S. 557 (1980) 案中，美国最高法院提出的Central Hudson准则，对推广违法行为的商业广告或者虚假的和误导性的商业广告，第一修正案不给予任何保护，只有对符合这一要求的商业广告的政府规制行为才受到是否违反宪法第一修正案的中等程度的审查。Keith Werhan, *Freedom of Speech: A Reference Guide to the United States Constitutions.* Connecticut：Praeger, 2004, p. 123.

不堪。[①]之所以混乱不堪，是因为对学术自由规制所产生的问题恰恰反映了美国言论自由理论的内在矛盾性。在美国，学术机构的本质是为市场服务和培养人才的准商业性机构，学术性言论由于是介于商业性言论和公共性言论之间的准商业性言论而变得麻烦。因为学者的身份具有双重性，当学者发表专业性的学术言论时，其自由是受到限制的，即学术评价机制会对其言论内容进行评价和规治，[②]但是当学者作为社会成员发表所谓的公共言论时，例如大学教授在公共场合批评政府，似乎又应该最大限度地得到宪法第一修正案的保护。[③]美国规制学术性言论自由是满足其背后的"个人—私权与市场—社会组织"这一组织框架中的私权保护和市场交易的需要的一贯体现，对商业性言论的规制与对学术性言论的规制尽管直接的主体不同，一个是政府；另一个是学术机构，但是目的是一致的。在美国，学术性机构对学术性言论的自治性规制非常强大，这也减弱了美国政府对其加以直接规制的必要。

政治性言论与第一修正案之间的关系同样反映出这一规律。现代西方国家的政治理念一方面认为国家仅仅是保护公民权利和市场交易秩序的守夜人角色，这表现为对外的主权安全和对内的公共安全。另一方面则认为国家同时也是公民私权利的最大威胁者，要防止国家公权力可能滥用其保护者的角色而损害私权利。言论自由在与国家的公权力发生冲突时，其基本判断便是国家公权力对言论自由的限制是否是为了保护私权利和市场交易这一根本目标所必需的。[④]这表现为两个方面，一是国内公共安全与言论

① [美]罗伯特·波斯特：《民主、专业知识与学术自由——现代国家的第一修正案理论》，左亦鲁译，92页，北京，中国政法大学出版社，2014。

② "大学可以自由地评估学术言论的内容——根据专业品质来奖励和管理学术言论。当大学雇佣和提升教授，授予其终身教职或者提供资助时，大学就需要进行这种评估。"同上书，第66页。

③ 如波斯特所举的例子，"哪怕其中糟糕的科学内容会使他们在大学内失去终身教职，生物学家为《纽约时报》撰写的评论仍然可以得到豁免，所以一般公众如果选择信赖公共对话中的专业声明，他们只能自担风险。"同上书，第46页。

④ 如詹姆斯·麦迪逊在美国建国初期就为媒体定下了基调，媒体的最高责任是让民众知晓政府的所作所为，他说，在一个共和制国家，民众才是最终的主权者，他们需要借助媒体提供的信息，来了解公众人物们究竟在做些什么，因此，媒体必须能够自由地彻查公众人物的品行和作为。[美]安东尼·刘易斯：《言论的边界——美国宪法第一修正案简史》，徐爽译，139页，北京，法律出版社，2010。

自由的冲突；二是国家主权安全与言论自由的冲突。当言论自由可能损害这两种利益时，也就相当于对私权造成了直接或者潜在的损害或者威胁，那么这种自由就要受到限制。所以宪法第一修正案审查政府出于国家主权和公共安全的目的来限制言论自由时的难点便是如何恰当地区分或者辨别这种限制是恰当的还是过度的，以避免为了保护正当利益为目的所采取的限制措施损害了正当利益本身。如美国最高法院法官休斯在 1931 年所说的："虽然在绝大多数情况下，事先限制是不可接受的，但是如果这个共和国要生存下去，在一些时候，我们必须容忍事先限制。"① 在此背景下，美国最高法院创造了霍姆斯标准，即"明显与即刻的危险"标准。② 在美国，政治性言论的自由之所以更重要，是因为一方面这些言论对私权与市场交易这一政治基础没有直接的威胁和损害；另一方面又有着监督政府这一威胁私权利的"利维坦"的作用。对政治性言论自由给予特殊保护是其政治基础决定的，而不是其本身有什么天然的重要性。

有关违反社会伦理道德的言论主要是指言论内容或者表现形式上涉及粗俗、仇恨、种族歧视、性别歧视以及色情等方面的言论。这些言论内容的共同特点是其内容或者表现形式并没有直接损害公民私权利或者市场交易秩序，但是却违反了传统意义上的公共道德，会引起相关公众的不适。

由于美国社会的政治基础是私权和市场经济，那么从中产生的道德逻辑便是只要其行为不损害他人的私权利和市场交易秩序便是自由的。而任何不基于这一前提而是以所谓的公共道德等名词来规范个人自由的行为都是一种专制，都是国家或者某种权威对公民自由的损害。这种政治逻辑在 20 世纪 60 年代的美国社会开始明显表现出来，即所谓的享乐主义和个人主义等。③ 这种主张在言论规制上便是：对私权和市场秩序影响越小的言论就越应该自由。

对于美国司法中的这种宽容，也有美国学者批评认为，"言论如果不

① Near v. Minnesota, 283 U.S. 697 (1931) 异议部分。

② Schenck v.United States, 249 U.S. 47 (1919).

③ 新左派运动以及个人主义的基本思想和主张便是反政府、反权威和反主流文化。认为只要不对他人造成损害的行为就是自由的，不应该被干涉的。他们的口号便是"不要管我们"(leave us alone)。他们要求废除没有受害人的法律，例如禁止鸡奸、禁止堕胎以及强制种族隔离的法律。其中也包括对音乐、书籍和言论等任何形式的审查。E.J. Dionne, Jr., *Why Americans Hate Politics*. New York: Simon & Schuster;2004, Reissue, p. 53.

造成有形的伤害也会造成情感的伤害，更为重要的是它可以形成一种憎恨与气愤的文化，从而鼓励和合法化仇恨性犯罪：仇恨性行为通常是以仇恨性言论相伴和先导的，是一个社会故意忽视思想动机所导致的暴力背后的原因，而争辩言论和行为是可以完全分离的，是一种自我毁灭。”[①] 但是，当以私权尤其是财产权和市场交易作为社会制度的政治基础时，这种担心很难成为法律责任，这也是私权利社会制度的弱点之一。

如有学者所指出的，美国的理论都是建立在“街头发言者”模式上，“街头发言者”建立了美国言论自由的基本叙事。[②] 那么我们要问，为什么是“街头发言者”构成了美国言论自由的基础模式？为什么不是“企业中的发言者”？[③] 为什么不是“证券市场中的发言者”？[④] 为什么不是法庭上的发言者？[⑤] 那是因为街头言论距离美国社会的私权与市场交易这一政治基础最远，因而现实危害也最小。极端一点说，在美国社会中，无家可归的流浪汉的言论是最自由的，因为不但发生在街头，而且还没有来自于作为其雇主的企业的自治。但是他还要受到内容中性的“时间、地点和方式”的约束。[⑥]

① Alan Allport, *Freedom of Speech*. New York: Chelsea House Publishers, 2003. p. 25.

② 左亦鲁：《告别“街头发言者”美国网络言论自由二十年》，载《中外法学》，2015（2）。

③ 在 Drake v. Cheyenne Newspapers, Inc. 1995 WY 30 891 P.2d 80, Supreme Court of Wyoming 案中，怀俄明最高法院支持被告解除与原告的雇佣关系，因为原告在工作时间和场合以言论自由为理论拒绝被告的合法指令。

④ 在 Paris Adult Theatre I v. Slaton, United States Supreme Court, 413 U.S. 49 (1973) 案中美国最高法院举例说明政府根据《蓝天法》来规范与证券交易有关的言论是不违反宪法第一修正案的。

⑤ 根据 Chaplinsky v. New Hampshire, 315 U.S. 568 (1942) 案的标准，伪证是不受宪法第一修正案保护的，因为在誓言下所做的伪证对社会危害很大而没有产生任何社会价值来抵消这一危害。Keith Werhan, *Freedom of Speech: A Reference Guide to the United States Constitutions*. Connecticut：Praeger, 2004, p. 71.

⑥ 例如 2011 年美国金融危机之后发生的占领华尔街的游行示威，纽约州法院法官支持了警察对示威者的清场行动，认为第一修正案没有赋予他们在广场上无限期扎营的自由。纽约州地区法院也否决了抗议者们要求带着他们的帐篷和睡袋回到广场的申请。法官斯托曼（Michael Stallman）认为“示威者们没有表明他们有在祖克提公园驻留的宪法第一修正案的自由，包括带着他们的帐篷、设施、发电机以及其他将该公园所有者的正当权利包括将其他希望能够安全进入和使用该公共设施的人的权利排除在外的设备。”Colleen Long and Verena Dobnik. N.Y. judge upholds ‘Occupy’ dismantling[EB/OL].[2011-11-15].https://www.washingtontimes.com/news/2011/nov/15/nypd-clears-park-occupy-wall-street-protesters/.

通过以上内容，我们可以发现美国言论自由理论与实践并不是具有天然的正当性和普适性，而仅仅是私权利社会制度下的产物。而由于不同国家有不同的政治基础和价值选择，那么也就意味着有不同的言论自由与限制的政治基础和法律制度。尤其对于一些国家，其公权力在社会组织中承担着最核心的作用时，其政治性言论的自由必然受到很大限制，就如同美国的商业性言论受到限制一样。当西方国家将其言论自由制度作为普世价值观来实施和推广时，便会与其他不同政治体制下的政治基础和价值观产生严重冲突。[①]

二、中国言论自由的政治基础与法律表现

（一）中国言论自由的政治基础

理解中国的言论自由制度必须注意三个因素，一是中国近现代历史，即我们的社会是如何重新组织起来的？二是中国目前的政治经济制度，即我们的政治经济制度是什么？三是中国未来的发展目标，即我们的政治目标是什么？

由于中国社会自 19 世纪中叶以来便经历着重大的制度变迁过程，是社会组织被解构与重构的过程，并且这一重构过程至今还在进行之中，因此中国对言论的规制制度也必然是动态变化的，西方国家有关言论自由的静态的理论和实践都无法解释处于动态变革中的中国言论自由制度的特征。

中国社会的政治基础是中国共产党的领导。中国社会的政治框架可以描述为“人民—中国共产党—社会组织”这种模式，这种关系主要表现在《党章》总纲第 1 段中。[②] 由于中国共产党是中国社会的政治基础，中国的言论

① 例如法国《查理周刊》中有关侮辱伊斯兰教先知的内容与伊斯兰国家的政治基础和价值观所产生的严重冲突，导致该杂志社被穆斯林屠杀的悲剧。*Paris attacks: 'I am not Charlie'* By Patrick Jackson BBC News, 13 January 2015, http://www.bbc.com/news/world-europe-30790412.

② 《中国共产党章程》总纲第 1 段：“中国共产党是中国工人阶级的先锋队，同时是中国人民和中华民族的先锋队，是中国特色社会主义事业的领导核心，代表中国先进生产力的发展要求，代表中国先进文化的前进方向，代表中国最广大人民的根本利益。党的最高理想和最终目标是实现共产主义。”

自由制度的根本目标便是对中国共产党执政的合法性和权威性的支持和维护，以及对中国共产党的指导思想的宣传、诠释和建设。改革开放之后，中国的社会组织形式开始发生重大变革，即在“人民—中国共产党—社会组织”的基础上又开始借鉴西方的“个人—私权与市场—社会组织”这种社会组织形式。[①] 中国社会的这两个社会组织架构同时存在的政治制度是具有创新性的中国特征。“个人—私权与市场—社会组织”是以“人民—中国共产党—社会组织”这一政治基础为前提和保障的，中国共产党是前者能够发展与完善的理论指导者和过程设计者。两者之间的关系在《宪法》中的体现便是“坚持中国共产党的领导”，[②]“公民的合法私有财产不受侵犯”，[③] 以及构建有中国特色的市场经济制度。[④]

因此，在改革开放政策实施之后，中国的言论自由制度是在这两种社会政治基础同时存在的情况下来构建和发展的，应该避免将单一的市场经济制度作为中国言论自由构建的唯一理论依据和制度基础。这种辩证关系体现为坚持四项基本原则和反对资产阶级自由化的具体要求。[⑤] 这也决定了中国的言论自由制度与西方单一的以“个人—私权与市场—社会组织”为社会框架的言论自由制度有很大区别。

（二）中国言论自由的法律表现

基于上述具有中国特色的政治基础，中国言论自由制度有其不同于西方言论自由制度的特殊性。

首先，根据“人民—中国共产党—社会组织”这一政治基础来构建中国的言论自由制度，这要求言论尤其是政治性言论要承担起维护和完善这一政治基础的法律责任。[⑥] 这与美国言论自由制度中的越是表达政治观点越

① 《中国共产党章程》总纲 第 14 段“中国共产党领导人民发展社会主义市场经济……”

② 《宪法》序言，第 7 段。

③ 《宪法》第 13 条。

④ 《宪法》第 15 条。

⑤ 《中国共产党章程》总纲 第 12 段。

⑥ 《宪法》第 1 条：“中华人民共和国是工人阶级领导的、以工农联盟为基础的人民民主专政的社会主义国家。社会主义制度是中华人民共和国的根本制度。禁止任何组织或者个人破坏社会主义制度。”

自由的情形有非常大的不同。美国政治制度中私权利主体尤其是资本家将政府视为最主要的敌人，因而宁可忍受言论自由所带来的一系列危害而要维护媒体监督政府的自由。[①] 而在中国以试图造谣、诽谤和其他方式煽动推翻或者破坏国家政权和中国社会主义制度的言论是不能享有言论自由的保护的。[②] 这决定了中国的政治性言论有正确和错误之分，而不像美国政治制度中所宣扬的“没有错误的言论和观点”的主张。[③] 其中一个明显的对比便是中国有专门的法律对国旗和国歌给予保护，[④] 而美国司法判决认为焚烧国旗的行为是言论自由而受到保护。[⑤] 同样，中国有宗教信仰自由，但是却没有组织邪教以及传播邪教信息的自由。

例如，在“张某某利用邪教组织破坏法律实施案”中，[⑥] 张某某从境外互联网上转载含“法轮功”有害信息的文章到自己的QQ空间，供他人观看、分享，其转载的六篇文章先后被98人点赞、5人转发、1人评论。被告人张某某犯利用邪教组织破坏法律实施罪，判处有期徒刑一年六个月，并处罚金人民币三千元。张某某上诉主要称：其行为没有造成危害社会的事实，而且公民拥有言论自由的权利，是受到国家法律保护的，因此，其行为没有触犯国家法律，应当宣告无罪。二审法院维持了原判。

---

① 例如托克维尔本人对美国的新闻出版业没有好感，不赞成当时美国新闻出版业中充斥的暴力与庸俗的特征。但是他认为美国的新闻出版业对于美国民主是必不可缺的，如他所说的：“我坦白承认，我对出版自由并没有那种因事物本身十分良好而产生的完全坚定的爱好。我之所以爱好出版自由，主要是因为它能防止弊端，其次才是因为它本身好。”[法]托克维尔：《论美国的民主》（上卷），董果良译，203页，北京，商务印书馆，1991。

② 《宪法》第28条：“国家维护社会秩序，镇压叛国和其他危害国家安全的犯罪活动，制裁危害社会治安、破坏社会主义经济和其他犯罪的活动，惩办和改造犯罪分子。”《刑法》第105条，第二款。

③ 美国司法判例和相关学者认为在美国的第一修正案之下，从不存在“错误”的观点。其目的是保护公民参与公共意见塑造的自由，为了所有人都可以试图让政府对他们的观点有所回应。[美]罗伯特·波斯特：《民主、专业知识与学术自由——现代国家的第一修正案理论》，左亦鲁译，中文序，北京，中国政法大学出版社，2014。在Gertz v. Robert Welch, Inc., 418 U.S. 323 (1974)案中美国最高法院认为，在第一修正案下没有错误的观点这样的事情。不管观点看起来多么恶毒，我们不能依靠法官和陪审团的良心来纠正它，而应该通过同其他观点的竞争来纠正。

④ 1990年颁布了《国旗法》，2017年颁布了《国歌法》。

⑤ Texas v. Johnson, 491 U.S. 397 (1989).

⑥ 江苏省盐城市中级人民法院刑事裁定书，(2016)苏09刑终98号。

国家主权与政权安全利益是一个国家的根本利益，应该给予最高级别的保护。即使像美国这样的标榜言论自由是最高自由的国家，在面对斯诺登和阿桑奇揭露有损美国国家主权和政权安全的根本利益的信息时，也不遗余力地力图将两人抓捕治罪。[①] 如果有人利用网络信息服务进行损害国家主权或者政权利益的行为，按照《全国人民代表大会常务委员会关于维护互联网安全的决定》（二）的规定，可以对行为人追究刑事责任，网络服务提供者有义务和责任对这些行为和内容进行监督、阻止、保留证据以及向有关部门进行及时汇报。[②]《互联网信息服务管理办法》第 16 条规定："互联网信息服务提供者发现其网站传输的信息明显属于本办法第十五条所列内容之一的，应当立即停止传输，保存有关记录，并向国家有关机关报告。""发现"一词表明网络服务提供者有主动查找和监视的义务，否则要承担相应的法律责任，包括责令整改、吊销经营许可证以及关闭网站等。[③] 在实践中，提供内容服务的网站，像新浪、百度以及腾讯等都有几百人的团队来实时地对其所传播的内容进行监管，并及时接收政府主管部门的相关指令来对网络内容进行规制。[④]

其次，"个人—私权与市场经济—社会组织"这一政治基础对中国言论自由制度有新的要求，在这一点上与西方国家存在相似性，即商业性言论受到越来越严格的规制，对损害他人私权利和损害市场秩序的言论要严格加以限制。在法律上的表现为我国《宪法》的第 13 条对公民财产权的保障和第 38 条对公民人格和尊严等人身权利的保障。[⑤] 在保障市场秩序方面的宪法基础则是《宪法》第 15 条，"国家实行社会主义市场经济。国家加强经济立法，完善宏观调控。国家依法禁止任何组织或者个人扰乱社会经济秩序。"这些基于市场经济秩序的对言论自由加以限制的宪法要求在相关的

① 有关斯诺登事件可参见维基百科全书 https://en.wikipedia.org/wiki/Edward_Snowden。有关阿桑奇相关信息可见维基百科全书 https://en.wikipedia.org/wiki/Julian_Assange.

② 《互联网信息服务管理办法》第 16 条。

③ 《互联网信息服务管理办法》第 23 条。

④ Weiguang Wu, "The Rationale of China' s Media Regulation Policy in the Process of the Institutional Transformation", Notre Dame Journal of International & Comparative Law, 7(2017),112. Available at: https://scholarship.law.nd.edu/ndjicl/vol7/iss1/5.

⑤ 《宪法》第 38 条。

部门法律中也加以落实。例如《民法总则》中对公民人身权和财产权的保护，[①]知识产权中对知识产权的保护需要而对言论自由的限制，[②]《物权法》中对有形财产的保护，[③]《证券法》以及相关法律法规中对证券交易秩序保护而对言论自由的限制，等等。[④]并且在私权利保护的这一方向上还不断再加强和推进。[⑤]

网络用户利用网络服务提供者所提供的信息传播服务侵犯他人知识产权时，网络服务提供者应该如何承担责任是一个重要的和复杂的问题。一方面，知识产权是重要的财产性权利，自改革开放以来开始构建中国的知识产权制度至今，中国的知识产权保护的整体趋势是不断加强。尤其是2016年11月4日《中共中央　国务院关于完善产权保护制度依法保护产权的意见》发布之后，中国对知识产权保护有提升到一个新高度。[⑥]这种大趋势必然也反应到网络服务提供者对其用户侵犯他人知识产权的行为的监管义务和共同侵权责任上。另一方面，知识产权中所包含的具体知识产权种类很多，包括专利、商标和著作权等一系列权利，那么对于不同的权利，网络服务提供者的责任也应该是不同的。因此，不可能有一个简单的和普适的注意义务标准，而需要根据不同的知识产权体系来分别判断和实施。

例如，在广东碧鸥投资有限公司等与广州市碧欧化妆品有限公司不正当竞争纠纷上诉案中，[⑦]法院判决认为“在市场活动中，经营者有公开评论他人产品、服务或者商业活动的言论自由。但是，经营者的评论自由并非不受限制，在正当的商业评论和不正当的商业诋毁之间，存在法律界限。这一界限在于，经营者必须出于正当目的，客观、真实、公允和中立地进行评论，不得误导公众和损害他人商誉。特别是针对与自己存在直接竞争关系的经

① 《民法总则》第3条。

② 《著作权法》第2条，《反不正当竞争法》第10条，等等。

③ 《物权法》第4条。

④ 《证券法》第63条、第78条。

⑤ 《中共中央、国务院关于完善产权保护制度依法保护产权的意见》（2016年11月4日）中强调“产权制度是社会主义市场经济的基石，保护产权是坚持社会主义基本经济制度的必然要求。有恒产者有恒心，经济主体财产权的有效保障和实现是经济社会持续健康发展的基础。”

⑥ 《中共中央、国务院关于完善产权保护制度依法保护产权的意见》（2016年11月4日）九、加大知识产权保护力度。

⑦ 广东省高级人民法院民事判决书(2017)粤民终517号。

营者进行评论的话，更应负有谨慎注意义务。如果经营者为了谋求自身竞争优势或者破坏竞争对手的竞争优势，捏造、散布虚假事实，使得公众对其他经营者及其产品产生误解、质疑、偏见，或者使得公众对其他经营者及其产品产生负面印象和负面评价，造成其他经营者的商业信誉和商品商誉受损的，属于反不正当竞争法前述条文规制的范畴。”

再次，关于学术性言论的自由。中国的学术性言论为两个政治基础服务，一是对中国共产党这一政治基础的服务，二是对私权与市场这一政治基础的服务。根据第一个政治基础，中国学术性言论自由要坚持和维护中国共产党的权威性和合法性，在宪法中的体现是《宪法》序言第7段。这方面与西方国家有很大的不同，即在中国不能以学术性言论自由为依据来发布损害中国共产党的权威性和合法性的言论，这一政治主张在《宪法》中有明确的要求，[①]并且以文件的形式要求学校教师来遵守。[②]根据第二个政治基础，中国的学术性言论与西方的学术性言论自由有相似性，既有学术研究的充分自由，又有对学术性言论的学术性审查和判断。[③]

最后，有关社会伦理方面的言论自由，中国与美国有很大区别。在美国，违反社会伦理的言论在法律上有较大的自由，而主要依赖社会组织的自治性规制，其道德规范主要来自于基督教精神，这是基于私权利价值观而自然产生的结果。而中国社会中的政治基础即中国共产党对社会道德伦理方面有明确的要求。一是关于民族和宗教问题的，这一政治主张和政治任务体现在《党章》总纲第20段之中，[④]并通过《宪法》加以制度化和法治化。[⑤]

① 《宪法》第24条。

② 《教育部关于建立健全高校师德建设长效机制的意见》（教师[2014]10号），“高校教师不得有下列情形：损害国家利益，损害学生和学校合法权益的行为；在教育教学活动中有违背党的路线方针政策的言行；……”

③ 《高等教育法》第10条、第42条。

④ 《中国共产党章程》总纲，第20段“中国共产党维护和发展平等团结互助和谐的社会主义民族关系，积极培养、选拔少数民族干部，帮助少数民族和民族地区发展经济、文化和社会事业，实现各民族共同团结奋斗、共同繁荣发展。全面贯彻党的宗教工作基本方针，团结信教群众为经济社会发展做贡献。”

⑤ 《宪法》前言，“中华人民共和国是全国各族人民共同缔造的统一的多民族国家。平等、团结、互助的社会主义民族关系已经确立，并将继续加强。在维护民族团结的斗争中，要反对大民族主义，主要是大汉族主义，也要反对地方民族主义。国家尽一切努力，促进全国各民族的共同繁荣。”《宪法》第4条、第52条和第36条。

二是关于社会文化的问题。中国共产党要领导中国人民发展社会主义先进文化，要求坚持四项基本原则，自觉抵制资产阶级自由化。[①] 这一政治任务和价值追求也通过宪法和相关法律来加以制度化和法治化。[②] 因此，中国对于这类言论的规制还主要依赖政府依法规制而不是社会组织的自律性规制，因为塑造新型的社会伦理道德是执政党的重要政治任务和目标，而依赖社会组织的自律性规制在目前的中国既不现实也没有形成成熟和稳定制度。这方面一个典型的事例便是有关公众人物的名誉保护与言论自由之间的冲突问题，我国的做法与美国有很大的不同。美国由于是“个人—私权与市场—社会组织”这样的社会组织形式，为了言论自由这一更高的自由而对公众人物的名誉权和隐私权等人格权采取的是弱保护形式。[③] 而与美国对公众人物的单一政策不同，中国将公众人物分为两类，一类是基于“人民—中国共产党—社会组织”这一政治基础上所产生的公众人物，例如国家和民族英雄以及革命烈士的名誉，他们要给予专门的立法和司法保护。[④] 另一类是基于市场经济产生的公众人物，例如企业家和体育娱乐明星等，在司法实践中对他们的名誉权保护越来越让位于言论自由。[⑤]

例如，在“汪峰与韩炳江名誉权纠纷案”中，[⑥] 一审法院认为，“由于汪峰系具有一定社会知名度的音乐人，属于公众人物的范畴。汪峰的此种身份容易成为大众关注的焦点，具有吸引舆论的特质，使得社会对其评论具有全方位、多角度、纵深性、持久性的特点，其亦有更多的机会通过媒体对相关报道或评论加以澄清，因此，其理应对社会评论具有更大的容

---

① 《中国共产党章程》总纲第 16 段，第 12 段。

② 《宪法》第 28 条。

③ 例如在 Snyder v. Phelps, 562 U.S. 443 (2011) 案中，美国最高法院以言论自由为理由拒绝对本案中牺牲在阿富汗的阵亡士兵的名誉给予保护。

④ “人民法院依法保护“狼牙山五壮士”等英雄人物人格权益典型案例”，http://www.court.gov.cn/zixun-xiangqing-28421.html；以及《民法总则》第 185 条；另外有媒体报道《英雄烈士保护法》也在立法进程之中，“全国人大常委会组成人员热议英雄烈士保护法草案”，新华网 2017 年 12 月 25 日，http://www.npc.gov.cn/npc/cwhhy/12jcwh/2017-12/25/content_2035086.htm.

⑤ 例如《郑某与金陵晚报社、南京日报报业集团名誉权纠纷案》，[上海市第二中级人民法院，(2011) 沪二中民一（民）终字第 1670 号] 等。

⑥ 北京市第三中级人民法院民事判决书，(2016) 京 03 民终 2764 号。

忍义务。本案中，韩炳江所作的“赌坛先锋”的评论虽然有些尖锐，但由于该评论并非无中生有，且未超过损害汪峰人格尊严的必要限度，因此，法律不宜对此类评论加以苛刻地限制，而汪峰作为公众人物应对上述评论加以容忍和理解。”因此驳回了原告侵犯其名誉权的诉讼请求，二审维持原判。

在西方自由主义和历史虚无主义等不良思想影响下，有人利用网络媒体以言论自由为借口对英雄人物进行侮辱、诽谤或者恶搞，这不但是对这些英雄烈士的亲属情感的伤害，更是对公共利益的损害。道理很简单，英雄烈士都是在中国各个时期为了国家和民族利益做出巨大牺牲和贡献的人，如果这些英雄烈士不被后人所尊重和敬仰，而且还可以随意侮辱、诽谤和恶搞，那么一旦国家和民族有难，需要我们每个人冒着生命危险去战斗和奉献时，谁还能挺身而出呢？文学家郁达夫在《悼鲁迅》中有言：“没有伟大的人物出现的民族，是世界上最可怜的生物之群；有了伟大的人物，而不知拥护爱戴崇仰的国家，是没有希望的奴隶之邦。”因此，英雄烈士是一个国家和民族的永远的英雄、偶像和精神财富，需要世世代代的中国人来敬仰、尊重和保护，这也是社会主义核心价值观中的爱国主义要求。

2018 年 5 月 1 日开始实施的《英雄烈士保护法》第 22 条规定禁止歪曲、丑化、亵渎、否定英雄烈士事迹和精神。英雄烈士的姓名、肖像、名誉、荣誉受法律保护。任何组织和个人不得在公共场所、互联网或者利用广播电视、电影、出版物等，以侮辱、诽谤或者其他方式侵害英雄烈士的姓名、肖像、名誉、荣誉。任何组织和个人不得将英雄烈士的姓名、肖像用于或者变相用于商标、商业广告，损害英雄烈士的名誉、荣誉。公安、文化、新闻出版、广播电视、电影、网信、市场监督管理、负责英雄烈士保护工作的部门发现前款规定行为的，应当依法及时处理。该法第 23 条规定网信和电信、公安等有关部门在对网络信息进行依法监督管理工作中，发现发布或者传输以侮辱、诽谤或者其他方式侵害英雄烈士的姓名、肖像、名誉、荣誉的信息的，应当要求网络运营者停止传输，采取消除等处置措施和其他必要措施；对来源于中华人民共和国境外的上述信息，应当通知有关机构采取技术措施和其他必要措施阻断传播。网络运营者发现其用户发布前款规定的信息的，应当立即停止传输该信息，采取消除等处置措施，防止信息扩散，保存有关记录，并向有关主管部门报告。网络运营者未采取停止传输、消除等处置措施的，依照《网络安全法》的规定处罚。

因此，根据《英雄烈士保护法》，网络服务提供者对其所传播的网络信息中有该法第22条中所禁止的内容的，有义务进行主动的监督和采取相应的措施来阻止该内容的传播，消除该内容的影响，并要保存有关记录，向有关主管部门报告，以便相关主管部门对直接行为人做进一步处理。

在《英雄烈士保护法》颁布的前后，最高法院还发布了保护英雄人物人格权益的若干典型案例。[①]例如在淮安市检察院诉曾某侵害烈士名誉公益诉讼案中，[②]2018年5月12日下午，江苏省淮安市某高层住宅发生火灾，消防战士谢勇在解救被困群众时坠楼，壮烈牺牲。5月13日，公安部批准谢勇同志为烈士并颁发献身国防金质纪念章。5月14日，中共江苏省公安厅委员会追认谢勇同志为中国共产党党员，江苏省副省长、省公安厅厅长刘旸签发命令追记谢勇同志一等功，淮安市政府追授谢勇“灭火救援勇士”荣誉称号。5月14日，被告曾某对谢勇烈士救火牺牲一事在微信群中公然发表“不死是狗熊，死了就是英雄”。“自己操作失误掉下来死了能怪谁，真不知道部队平时是怎么训练的”。“别说拘留、坐牢我多（都）不怕”等侮辱性言论，歪曲烈士谢勇英勇牺牲的事实。该微信群共有成员131人。谢勇的父母亲等近亲属表示对曾某的侵权行为不提起民事诉讼。公益诉讼起诉人淮安市检察院向淮安中院提起诉讼，请求判令曾某通过公开媒体赔礼道歉、消除影响。江苏省淮安市中级人民法院认为：对侵害英烈的名誉、荣誉的行为，英烈的近亲属可以依法向人民法院提起诉讼。因谢勇烈士的近亲属表示对曾某的侵权行为不提起民事诉讼，故淮安市检察院依法有权作为公益诉讼起诉人提起诉讼。英烈精神是社会主义核心价值观的体现，侵害英雄烈士的名誉、荣誉，损害社会公共利益的，应当承担民事责任。曾某利用微信群，发表带有侮辱性质的不实言论，已经超出了言论自由的范畴，

---

① 《最高法院发布保护英雄人物人格权益典型案例》，来源：最高人民法院网，发布时间：2016-10-19，http://www.court.gov.cn/zixun-xiangqing-28411.html.

② (2018)苏08民公初1号。

侵害了谢勇烈士的名誉及社会公共利益。遂判决曾某在本地市级报纸上公开赔礼道歉。

在涉及第二类公众人物的言论自由时，尽管对这类公众人物的名誉权或者隐私权等私权利的保护范围和程度有所限缩，但是如果明显侵犯这些公众人物的民事权利，行为人也是要承担侵权责任的。例如，在“田朴珺与王帅名誉权纠纷案”中，[①]法院判决认为“以王帅身份信息注册的微信公众号“兽楼处”（微信号：×××）发表的《兽爷回顾/田小姐撩汉往事》（含《田朴珺撩汉往事，世界就这样被野路子的女人抢走的》）、《田朴珺撩汉往事，世界就这样被野路子的女人抢走》的文章，指向田朴珺的词语用到了“婊子”“跪舔”等负面性评价词汇，具有明显侮辱性质，对田朴珺人格尊严进行了贬损，导致田朴珺社会评价降低，构成对田朴珺名誉权的侵害。即使如王帅所述系引用别人文章中的词语，引用者在引用的过程中亦有审查、判断义务，对明显侵权的内容不能以引用他人所述予以免责，故一审判决认定上述文章构成侵权，该认定正确。关于《兽爷/和田小姐打官司》的文章，经本院审查，文章内容未对诉讼过程进行夸大或曲解，因此不构成对田朴珺名誉权的侵害，田朴珺要求删除该文章，本院不予支持。”

第二节 网络环境中隐私权的保护

一、隐私利益的产生与本质

网络环境中的隐私权保护问题是最敏感的问题之一。但是隐私权所保护的法益即隐私到底是什么？隐私权的内容和边界到底如何确定？这些却一直是个难题。要想正确理解和把握网络环境中的隐私和隐私权保护问题，必须首先对这些基本问题有正确的认识。在我国，学者们经常将西方的相

① 北京市第三中级人民法院民事判决书，(2017) 京 03 民终 7480 号。

关制度进行简单的移植，[①]或者凭直觉将一些价值归属于隐私利益上，而没有仔细分析和研究其产生的价值和制度目的。这使得我国的隐私权制度的根基非常脆弱。因此，我们在这里首先讨论隐私利益的产生和其本质。

（一）隐私利益的产生

隐私利益的产生和发展应该与社会成员之间的竞争与合作关系有直接的联系。人与人之间竞争与合作同时存在的复杂关系构成了社会的基本形态。对这种关系的规范也是社会制度的根本目标和价值，即如何形成公正的和有效率的社会组织，减弱个人自私性所导致的囚徒困境给这个群体的共同利益造成的损害。出于竞争和合作的双重目的，处在多个社会群体中的社会成员之间各自在判断自己的独占信息利益和共享信息利益的划分。“人们的隐私偏好不是简单地反映为控制和屏蔽信息，而是表现出对分享和控制之间的变化的和精确的调整的倾向。”[②]而现代信息技术被广泛应用之前，社会成员主要的信息工具是自己的表达器官，其通过物理措施就可以保护独占信息利益。例如利用居所或者衣物隔离信息传播渠道，或者对自己表达器官的控制来保护自己的独占信息利益。如 16 世纪西方格言所说的，“不知道如何掩饰的人就不知道如何存活（Nescit vivere quinescit dissimulare）”。[③]学者库兰指出社会成员在社会生活中经常有公共谎言的偏好，“在每种场合，你都面对着公开与隐藏之间、自我坚持和社会包容之间、坚持自己的品格和保护自己的形象之间的选择。这总有选择不诚实的好理由，其好处要多于从毫不掩饰和明显的诚实中获得的利益。”[④]显然，这种虚假信息偏好的目的是使得社会成员在相应的社会关系中获得他所认为的竞争或者合作利益。“我们个人之所以选择虚假偏好（preference falsification）原因是因为他的

---

① 王利明、杨立新、姚辉编著：《人格权法》，144 ～ 149 页，北京，法律出版社，1997。

② Helen Nissenbaum, *Privacy in Context: Technology, Policy, and the Integrity of Social Life*. California：Stanford Law Book, 2010, p. 151.

③ Timur Kuran, *Private Truth, Public Lies: The Social Consequences of Preference Falsification*. Boston：Harvard University Press, 1995, p. 40.

④ Timur Kuran, *Private Truth, Public Lies: The Social Consequences of Preference Falsification*. Boston：Harvard University Press, 1995，p. 4.

公开偏好影响对他的评价和对待。”①

人与人之间存在着合作关系时，合作主体对于信息交流的偏好是分享与合作有关的信息，从而使得该群体形成信息优势，那么在这种群体中成员对于隐私利益的关切相对较弱。例如市场中的企业是最重要的竞争主体，企业之间存在着竞争关系，而企业内部成员之间则主要是为了企业这一群体的竞争优势而形成的合作关系。在企业内部，对于与该企业竞争利益有关的雇员隐私关切就较弱，企业管理者掌握着雇员的相关个人信息。②例如我国《劳动法》第 8 条有相应的规定，“用人单位有权了解劳动者与劳动合同直接相关的基本情况，劳动者应当如实说明。”而企业之间则以商业秘密为代表的制度设计来保护其信息利益。总之，隐私利益与在某一群体中社会成员对于独占信息利益和共享信息利益之间的划分和控制有直接关系。权利人对这种独占信息利益所产生的情感诉求经常被诸如自由、尊严或者人格自治等概念所描述或者取代。

（二）隐私利益的本质

具体说来，在任何一个社会群体中，某一成员与其他成员处于竞争关系时，他便对其信息利益具有独占偏好。而当某一成员与其他成员处于合作关系时，他便对其信息利益具有共享偏好。例如在我国多次发生的男医生与女病人之间有关身体裸露是否侵犯病人隐私权的纠纷中，③其争议焦点是女病人的身体裸露是否为治疗目的的必要，因为如果是治疗目的的必要，那么女病人和男医生之间便是为了应对疾病的合作目的，因而病人需要承担信息共享义务。反之，如果不是治疗目的的必要，那么这种裸露便是男医生出于对性的竞争这一动机而实施的，那么病人和医生之间便是围绕着性的竞争关系而不是合作关系，这时女病人便享有对这一信息利益的独占。

---

① Timur Kuran, *Private Truth, Public Lies: The Social Consequences of Preference Falsification*. Boston：Harvard University Press, 1995, p. 26.

② 例如欧洲人权法院判决认为企业雇主监视雇员在专为工作开设的电子邮件中的通信内容是合法的，并没有侵犯雇员的隐私权。CASE OF BARBULESCU v. ROMANIA (Application no. 61496/08) JUDGMENT STRASBOURG 12 January 2016.

③ 《做检查女患者被要求脱衣 女病人权益谁来维护？》，2001 年 3 月 6 日，北京青年报，http://news.sohu.com/42/76/news144257642.shtml.

因此，隐私利益的本质是社会成员在某一特定社会群体中应当享有的独占信息利益，是个人独占信息利益与该社会群体所需要的共享信息利益之间的恰当分配。由于不同社会群体的性质和功能不同，以及面临的公共利益也会发生变化，那么相同的信息在一个群体中是隐私，在另一个群体中可能就不是。当像国家这样的社会群体面临着战争或者国防安全这种重要利益时，公民的信息独占利益便会相对变小，而让位于为此目的的信息共享利益。如美国学者里根所说的，“隐私是一种自私的价值，其为了安全这一集体利益而需要牺牲。”[①] 因此，隐私利益是具有较强功利选择特征的法益。当网络技术为我们提供了新的组织媒介时，在这种新组织形式下，隐私权的制度目的一定要适应这种媒体下的新型社会组织形式。

（三）隐私利益的判断

隐私权制度的本质功能是通过对社会成员的独占信息利益与该社会群体之间的共享信息利益所产生的冲突进行协调来实现这一社会群体的共同利益和个人利益之间的合理存在。因此，确定隐私利益应该以特定的社会群体来衡量。

确定隐私利益应该遵循以下步骤。首先，作为一般原则，在判断隐私利益是否存在时，应该基于权利人与相对人在特定社会群体中的关系来确定。不同的社会群体有不同的组织目的，成员之间的关系也就不同。[②] 通过该特定社会群体存在的目的和功能来确定其应该享有的共同利益，并根据该共同利益来确定所涉及的信息应该属于权利人所独占的信息利益还是属于共享信息利益。例如雇员是否是乙肝病毒携带者这一信息在不同类型的

---

① Priscilla Regan, *Legislating Privacy: Technology, Social Values, and Public Policy.* North Carolina：The University of North Carolina Press，2009. 转引自 Helen Nissenbaum, *Privacy in Context: Technology, Policy, and the Integrity of Social Life*. California：Stanford Law Book, 2010, p. 108.

② 例如高某某与中国政法大学关于在某国际会议中将高某某的个人联系信息印发的行为是否侵犯其隐私权的争议中，特定社会群体是围绕着这个国际会议所形成的临时性社会群体。《高某某诉中国政法大学隐私权纠纷案判决书》北京市昌平区（县）人民法院，(2015) 昌民初字第 3682 号。

企业中就可能属于不同的信息类别。[①] 如美国学者尼森鲍姆所指出的，“隐私权既不是针对秘密的权利也不是针对控制的权利，而是针对个人信息的恰当传播的权利。”[②] 需要注意的是现代社会的发展历程表明人类之间越来越倾向于合作，因此也就意味着越来越倾向于共享信息而不是独占信息。

其次，根据该社会群体的主要目的来确定该社会群体的共同利益，并以此来作为确定其成员隐私利益的基础，这类似于尼森鲍姆所主张的“场合的特性”。“场合的特性为隐私提供了基石，产生评价侵犯隐私的共同情感和路径。”[③] 例如国家作为最重要的社会群体有其重要的存在目的、功能和国民的共同利益的诉求。企业作为私权利社会中最基本的社会群体，有其存在的目的、功能和共同利益的追求。那么同一个社会成员在这两个社会群体中的隐私利益便也会不同。不同的国家或者地区，由于不同的政治经济或者文化制度导致在这种国家以及其中的特定社会组织中的社会成员对于信息利益是应该独占还是应该共享的选择上而不同，那么也就导致了对隐私利益的不同理解。例如当我国的《反家庭暴力法》将反家庭暴力视为国家、社会和家庭的共同利益时，[④] 那么家庭内部发生的与家庭暴力有关的信息便不再是家庭这个群体内某些成员的隐私利益而是属于国家和社会群体中一定程度的共享信息了。[⑤]

再次，在确定该社会群体的目的、功能和共同利益之后，再对其中成员的独占信息利益和共享信息利益进行区分和确定。被广泛应用的“对隐私的合理期望”这一在司法实践中判断隐私利益的做法也只能在确定群体的共同利益和其成员的个人利益之间的关系后才能正确适用。如尼森鲍姆所说的，“应该清楚的是，在无数的司法裁决和政策制定中很有用的‘对隐私的合理期望’原理是与场合的特性在概念上有紧密的联系。像其他的‘合

---

① 《郭某某与常德市职业技术学院附属第一医院暨常德市第三人民医院隐私权纠纷上诉案判决书》，常德市中级人民法院民事判决书，(2012) 常民四终字第 166 号。

② Helen Nissenbaum, *Privacy in Context: Technology, Policy, and the Integrity of Social Life*. California：Stanford Law Book, 2010, p. 127.

③ Helen Nissenbaum, *Privacy in Context: Technology, Policy, and the Integrity of Social Life*. California：Stanford Law Book, 2010, p. 150.

④ 《反家庭暴力法》第 3 条。

⑤ 《反家庭暴力法》第 13 条。

理人’标准一样，它有一个植入性的但是又不是明确的规则要求，因为它要求法官或者其他裁判者进行事实上的裁判，这不仅仅有一个期望而且还是一个合理的期望。因为我们无法想象裁判者们在面对某一具体的案例或者裁决时会立即进行大规模的调研或者观察来确定什么是合理的，所以我们认为他是通过对良知和自由裁量的适用来确定什么是合理。”[①]

最后，信息技术的不断发展，社会成员主动地或者被动地形成各种新的社会群体，在这些新的社会群体中，社会成员的独占信息利益与该社会群体的共享信息利益将产生冲突，那么在判断是否赋予社会成员以隐私权来保护其独占信息利益的问题上，需要首先对该社会群体的发展趋势进行价值判断。如美国最高法院在 Kyllo 案中所说的，“认为美国宪法第四修正案所保护的隐私程度丝毫不受技术进步的影响是愚蠢的……我们今天所面临的问题是技术力量对所保护的隐私领域的界限在哪里？”[②] 总的来说，人类在信息技术的帮助下越来越群体化，那么也就越来越倾向于信息的分享。[③] 例如在大数据技术应用中，对个人隐私的关切是一个突出的问题，但是如果我们承认大数据技术将进一步整合社会资源，增强社会成员之间的合作关系，那么就应该降低对个人隐私利益的期望。[④]

（四）隐私权的产生

当信息传播主要还是依赖人的自然器官时，社会成员可以依赖自己的物理措施来基本上实现对隐私利益的保护，这种隐私利益被称为物理性隐私（physical privacy）。保护物理性隐私是以通过禁止他人未经许可对本人的身体、住所或者私人物理空间的侵入来实现的。[⑤] 由于对自己居所和身体自

---

① Helen Nissenbaum, *Privacy in Context: Technology, Policy, and the Integrity of Social Life.* California：Stanford Law Book, 2010, p. 233.

② Kyllo v. United States, 533 U.S. 27 (2001).

③ 如学者奈格雷所说的，隐私是一个“明显的时代性的”概念。Glenn Negley, “Philosophical Views on the Value of Privacy”, Law and Contemporary Problems, 31(1966), 转自：Patrick O’Callaghan, *Refining Privacy in Tort Law*. Berlin：Springer, 2012，p. 3.

④ 关于个人信息是应该属于隐私权还是财产权有过很多争论，见吴伟光：《大数据技术下个人数据信息私权保护论批判》，载《政治与法律》，2016(7)。《民法总则》第 111 条和第 127 条对此采纳了模糊和授权立法的规定应该是明智的选择。

⑤ Terence Craig, Mary E. Ludloff, *Privacy and Big Data.* California：O’Reilly, 2011, p. 14.

由的保护就可以达到保护其隐私利益的目的，所以这一时期并没有明确意义上的隐私权制度，而是以对物理性空间的保护来间接保护个人的隐私利益，即所谓的侵入原理（trespass doctrine）。在美国历史上这一时期则表现为侵犯隐私利益和侵犯其他人权的违宪行为往往是重叠的，是对宪法保护领域的实际和物理性的侵入。这包括“个人、（包括）其身体和个人的服装；房屋、（包括）公寓、宾馆房间、车库、办公室、商店以及仓库；纸张，像书信；以及其他财产，像汽车。”①

而当信息技术的发展使得社会成员发现已经无法通过居所、衣物等物理设施甚至是表情管理保护自己的独占信息利益时，就开始诉求公权力对这种利益加以救济，隐私权观念开始出现了。沃伦和布兰代斯的《隐私权》一文的出现便是这种背景下的表现。19世纪后半叶是美国社会变革激烈的时期，工人大众都可以买得起的“便士报”开始出现并流行，报纸内容上也开始通俗化甚至是庸俗化。而沃伦和布兰代斯写这篇论文的背景便是有这种类型的报纸将沃伦侄儿的婚礼情况进行了照片报道。②当被报道者无法通过自己的私力保护来限制这种行为时，便对隐私权有了诉求。

因此，隐私权主要保护的是信息性隐私（information privacy）。所谓信息性隐私是指当本人的信息被其他信息技术收集、存储以及分享时，本人因此而产生的对隐私利益的期望。美国历史上的表现便是像窃听以及红外线等技术开始被侦查机关使用时，不需要发生传统意义的侵入便可以获得公民的居所或者电话中的信息，这时依赖宪法第四修正案对物理空间的保护来保护个人隐私利益已经开始力不从心了。美国最高法院便开始以“对隐私的合理期望（reasonable expectation of privacy）”来代替侵入理论对隐私利益加以重新确认和保护。中国对隐私利益的关注和保护也是从针对通信服务开始的，我国1982年《宪法》中没有隐私权概念的出现，而是对通信自由和通信秘密给予宪法上的保护。直到2009年的《侵权责任法》才在一般意义上明确规定了隐私权。“对隐私的合理期望”标准也是我国司法

① Donohue Laura, “Anglo-American Privacy and Surveillance”, Journal of Criminal Law and Criminology, 96(2006), 1070., SSRN: http://ssrn.com/abstract=2020411.

② Barbas Samantha, “The Death of the Public Disclosure Tort: A Historical Perspective”, Yale Journal of Law & The Humanities, 22(2010), 177 ～ 178. http://ssrn.com/abstract=1604302.

实践中判断是否侵犯隐私权的主要标准，但是应该注意的是这里的“合理”应该根据中国的价值观和社会发展方向来判断。

二、中国隐私权制度的特殊性

（一）中国隐私权制度的产生

自新中国成立到改革开放政策实施之前30年的时间内，中国并没有隐私权制度，但是这并不意味着中国人的隐私利益完全不受保护，而是体现出当时的制度特征和信息技术的背景。改革开放之前的30年，中国社会在政治上强调集体主义，在经济上施行国有和计划经济制度。这一时期政治制度的特征之一是强化中国社会的组织性，以便解决中国社会两千年来所形成的上层专制，下层粗率的社会组织状态这一问题。[①] 相对于社会成员来说，政府机构应该具有信息优势，否则将损害社会群体的紧密性和效率性。因此在当时的社会制度中，公民相对于国家所享有的独占信息利益较弱，而共享信息利益较强，国家相对于公民具有制度规范上的信息优势。在市民社会层面，公民参与的主要社会群体是家庭以及国有或者集体性经济单位。家庭中的隐私利益主要是物理性隐私，因而可以主要依赖居所这一物理空间来保护。而在国有或者集体性经济组织中的公民相对于组织的隐私利益以及公民相对于国家的隐私利益则相对较弱，因为需要赋予公权力组织较高的信息优势来实现组织或者社会的有效治理，那么在这些社会群体中，公民的隐私利益较弱，而且也不是以私权利的方式给予保护。在以大众传媒为信息传播媒介的社会这一群体中，由于这一时期的中国采取的是严格的媒体国家控制，除了政府以及准政府机构之外的社会组织或者公民个人并没有媒体资源，那么公民之间便几乎不存在信息性隐私利益的冲突。而公民与这些媒体产业主体之间的有关信息利益的冲突又以保障公权力的

① 如学者黄仁宇等所描述的，“概括言之，中国政治体系的早熟在当日不失为一种成就，可是中国人也必须为此付出代价。从外表形式看来，在基督之前有了这些设施，国家的机构便形成流线型，可是其下端粗率而无从成长发展，以日后标准看来尤其如此。”黄仁宇：《中国大历史》，37页，北京，生活·读书·新知 三联书店，2007。

信息优势为价值取向，因此也不会产生对信息性隐私利益的保护需要。

自 1978 年开始的改革开放标志着中国逐步从制度层面构建以市场经济为基础的民主法治社会。社会成员的竞争秩序开始从公权力为主要渊源向私权利为主要渊源的转变，而公民的隐私利益开始突出并向私权利保护转变。但是隐私利益成为中国社会的主要关切还是互联网络发展之后，由于市场化媒体产业的逐利性和互联网络的自媒体特征，使得大量网络用户都提高了自己获得和披露他人信息的能力，这对公民的信息性隐私利益有很大挑战，也相继出现了有关隐私权保护的法律法规和案例。[①] 我们应该注意到，改革开放之前的 30 年和之后的 30 年并不是相互排斥和否定的关系，而是继承和发展的关系。改革开放政策是采纳市场经济制度来进一步强化中国社会成员之间的合作性、团结性和认同性，这与改革之前的政治目标是一致的。而对于隐私利益的确认和隐私权的保护也需要为中国社会群体的这一大目标服务，这便是中国社会对隐私利益的忧虑和理想。

例如在对待中国是否采纳类似欧洲的“被遗忘权”制度这样的问题时，我们可以发现中国的价值观与欧洲在这一点上有明显区别。欧洲人认为被遗忘权的正当性是基于“遗忘与原谅（forget and forgive）”这样的理念上，而中国人则持有“前事不忘后事之师”以及“明鉴历史开辟未来”的理念。由于媒体的稀缺性，人类历史似乎总是重要人物的历史，而历史是每个人的，我们每个人都有权利也有义务成为历史记录中的一份子，这样才能为未来的社会群体成员提供更多的历史信息和人类智慧。让社会进步的力量应该不是利用遗忘权或者隐私权的躲避而是通过积极的担当来改变社会成员观念。英国思想家罗素在近 100 年前便批评中国人的三个缺点：冷漠、贪婪和懦弱，[②] 中国共产党用了几十年的时间来改变中国人的这些弱点，今天不能以隐私保护为理由而退步。因此欧洲的被遗忘权制度不一定适合于中国。

例如在“任甲玉诉北京市百度网讯科技公司侵犯名誉权、姓名权、一般人格权纠纷案”中，[③] 法院判决认为“任甲玉在本案中主张的应‘被遗忘’

① 张新宝：《我国隐私权保护法律制度的发展》，载《国家检察官学院学报》，2010(18)。

② Bertrand Russel, *The Problem of China*, 173 页，北京，中国编译出版社，2011。

③ 北京市第一中级人民法院（2015）一中民终字第 09558 号。

（删除）信息的利益与任甲玉具有直接的利益相关性，而且，其对这部分网络上个人信息的利益指向并不能归入我国现有类型化的人格权保护范畴，只能从一般人格权的角度寻求保护，但是由于任甲玉主张的该利益不具有正当性和受法律保护的必要性，不应成为侵权保护的正当法益，故任甲玉依据一般人格权主张所谓‘被遗忘权’的有关诉讼请求应予以驳回。”

（二）中国隐私权制度的特殊性

中国既不需要像欧洲国家那样将隐私权神圣化地视为整个国家和社会成员之间竞争秩序的基石之一，也不需要像美国人那样将隐私权主要视为保护私权利而对抗国家公权力的制度工具。概括起来，中国的隐私权制度应该有两方面的价值取向。一是促进社会成员之间信息利益的共享，提高社会治理的效率性和公平性，从而增强中国社会的整合性和一体化以及公民的认同感和归属感，进一步解决中国社会下端粗率这一历史问题。二是平衡各个社会群体中成员之间对信息利益的竞争能力，通过隐私权制度来保护处于弱势一方的社会成员的信息利益，从而构建合作型的和有道德的社会关系。

首先，中国近现代制度变迁的重要使命之一便是努力实现国家主权的完整和独立，并认为国家主权的完整和独立是中国人权的基础和保障。因此，中国并不需要像欧洲那样超越国家主权的隐私权观念。中国隐私权制度的目的和形成条件与美国更加不同，这是因为政府在中国社会中的政治地位和功能与美国有很大区别，在以政府主导的社会治理过程中，公民与政府之间有关信息利益的分配上就应该倾向于政府，而政府具有利用这些信息优势来促进社会改革和提高组织效率的制度责任。例如有关银行服务的实名制、移动通信的实名制以及微博账号中的实名制等措施中都有有关公民隐私权保护的争议和关切，但是这些实名制可以大幅度降低政府对社会的治理成本，提高社会组织效率性和公民行为的自律性。“隐私价值是与其他价值相互竞争的。个人隐私利益的增加意味着法律执行效力的下降或者是信息不足的社会。认识到这些加强隐私权的主张所产生的后果，绝不是完全反对这些主张，而是建议应该仔细分析它们所带来的价值以及因此失去的价值。”[①] 因此，中国的隐私权制度应该是倾向与政府和社会共享信息利益的制度设计。

例如在“冒凤军诉中国电信集团黄页信息有限公司南通分公司等隐私权纠纷案”中，[②] 关于电信黄页中公开用户的信息是否侵犯其隐私权的问题，江苏省南通市中级人民法院认为，“电信如皋分公司与冒凤军签订合同中约定为：冒凤军开通号簿列名服务及 114 列名服务，是双方真实意思表示，该合同内容合法有效。……虽然传统黄页编印习惯未列至组级地址，但本案中该号簿为原告所在乡镇所属村组的电话号码簿，如果仅列至镇级地址显然无法体现号簿的特征和作用，本案中的号簿对传统号簿列明的地址出现了突破，既是一种客观上需要，也是信息公开的一种尝试，在相关行政规章未作出明确规定前，确认超出了简要地址范畴没有依据。本案中电信集团南通分公司、电信如皋分公司在一定范围和限度内公开了冒凤军的部分信息资料，主观上没有侵权的故意和过失，客观上是为了响应政府号召，完善和健全农村信息服务平台，且在号簿发放过程中做到了签名发放、无偿发放，编印号簿既不是为谋利，也不是向无关的第三者透露相关信息资料，从侵权的构成看也不能认定侵害冒凤军的隐私权。原审判决认定事实清楚，适用法律正确，审判程序合法，判决内容合理，应予维持。”

其次，在市民社会群体中，在隐私权制度上要倾向于促进社会信息的交流和沟通。一方面，为了促进社会的沟通、整合和同质性而弱化对个人独占信息利益的保护，另一方面，防止具有信息优势的一方出于私利而通过媒体手段对其他公众的独占信息利益的过度挤压，构建合作型的社会道德秩序。我们知道美国社会在这一社会组织层面上是向社会群体共享信息利益倾斜的，当公民隐私利益和言论自由冲突时，言论自由享有优先性的，也就是说美国社会注重通过媒体传播来形成更为紧密的和一致性的社会群体。而欧洲国家在这一点上与美国社会有较大区别，欧洲国家刻意保护公民的独立性和自主性，对被动加入或者扩大社会群体的行为持负面态度。与美

① William H. Rehnquist, “IS AN EXPANDED RIGHT OF PRIVACY CONSISTENT WITH FAIR AND EFFECTIVE LAW ENFORCEMENT?”, University of Kansas Law Review, 23(1974), 3.

② 江苏省南通市中级人民法院（2011）通中民终字第 0952 号。

国和欧洲社会不同的是，作为一个单一制国家，中国社会两千余年的组织形式是上端集权下端粗率的中央集权和自然经济模式，没有形成紧密的和高度一致性的市民社会，而这种缺失正是中国近现代形成现代国家的障碍之一。因此，目前中国的重要任务之一就是要利用媒体传播特别是新媒体技术强化中国社会成员之间广泛的联系性，减弱不同地区或者不同人群之间的隔阂，增强整个社会的认识的共识性和利益共同性。这一目的的达成必然要加强媒体的传播和组织功能，减弱像隐私权这样的私权利对信息传播的阻碍和隔离。例如有学者所批判的，隐私保护是一种社会的倒退；人是社会性的，人从社会中汲取营养，隐私保护应该是使得公民能够更好地参与社会而不是相反。[①] 也有女权主义者认为对隐私的过度保护不利于防止妇女免受家庭暴力的威胁。[②] 因此，在这一社会组织层面上，中国公民的隐私利益应该相对弱化，为了社会共同利益可以减弱隐私权对媒体组织传播信息的阻碍。

例如在“郑某某等与李某某等隐私权纠纷上诉案”中，[③] 一审法院认为，“自然人享有隐私权，自然人的隐私权受法律保护；当事人对自己提出的主张，有责任提供证据。本案双方争议的焦点在于李某某、赵某某、黄某某安装摄像头是否侵犯了郑某某、王某的隐私权。根据法院查明的事实，李某某、赵某某、黄某某所安摄像头之拍摄范围属于公共区域，并不能拍及郑某某、王某家中私人区域，郑某某、王某陈述之理由并不合理，其亦未能充分举证证明其隐私权受到损害之事实和李某某、赵某某、黄某某存在侵犯其隐私权之主观过错，故法院综合考虑全案事实，依法认定李某某、赵某某、黄某某的行为不构成侵害隐私权，对于郑某某、王某的诉讼请求，法院不予支持。”据此，一审法院于 2017 年 12 月判决：驳回郑某某、王某的全部诉讼请求。二审法院维持了一审判决。

但是对未成年人等特殊群体的隐私利益要给予特别的保护，网络公司在其网络平台的有关未成年人的隐私保护上有更高的义务。例如在“付某某诉某网络公司、某教育中心名誉权、隐私权纠纷案”中，[④] 法院判决认为，

---

① Daniel J Solove, *Understanding Privacy.* Boston: Harvard University Press, 2008, p. 80.

② 同上书，p. 81.

③ 北京市第二中级人民法院民事判决书 (2018) 京 02 民终 2622 号。

④ 中国法院网 https://www.chinacourt.org/article/detail/2018/06/id/3324950.shtml.

“网络服务提供者在刊载网络信息时，应特别注意对未成年人个人隐私和个人信息的保护。某网络公司旗下的某网站作为网络服务提供者，转载《探访北京戒网瘾学校》相关内容的照片和文章中，未经法定代理人同意使用未成年人付某某的正面全身照且对其面部图像未进行模糊处理。两张照片均可清晰的辨认出是付某某本人，并配有‘一名上网成瘾的女孩’和‘这名女孩到这里戒瘾’等文字，侵犯了未成年人隐私权。因某网络公司在国内的影响力，该组照片和文章被大量点击和转载，造成了付某某名誉权受到侵害的事实。依据民法有关规定，判决某网络公司在其某网站上发布向付某某赔礼道歉声明，赔偿付某某精神损害抚慰金一万元、公证费二千五百元、律师费三万元。”

最后，在市场经济中，公民基本上处于两种类型的社会群体中，一是企业法人这种社会群体的雇员；二是消费者，与提供这些商品或者服务的企业成为社会群体。在第一种社会群体中，关系到企业雇员在企业群体中的个人独占信息利益与企业共享信息之间的冲突问题。由于企业本身是市场竞争主体，获得竞争优势是企业的共同利益，为了这一共同利益而形成企业管理者与雇员之间的一揽子雇佣协议，雇员接受雇主的指令，雇主通过对企业的管理来提高其竞争力，雇主也拥有对企业的剩余控制权。企业中雇员的隐私利益往往与企业自治权之间存在着冲突，因为对于企业组织成员的隐私利益保护越大，企业管理者对企业的治理能力越被限制，企业雇员也就越有利用信息优势而产生消极劳动的机会主义和道德风险。在美国，企业主具有相对较高的自治权，因此雇员在企业中的隐私利益较弱。而在欧洲，作为人权的隐私权限制着企业主对雇员的管理，因此能够获得更多的隐私保护。由于中国市场经济伦理道德正在构建之中，企业主还没有较高的伦理道德基础，而雇员的市场谈判能力也较弱，对于隐私保护问题，如果赋予企业主较高的自治权，那么可能会对雇员隐私利益产生不合理的剥夺。[①] 因此，在中国，通过公力救济来对企业中的雇员隐私利益给予适当

---

① 例如我国一些企业有员工上班期间上厕所次数不得超过两次，每次不得超过 5 分钟的规定以及限制结交男女朋友的奇怪规定，等等。这都是企业管理者在利用管理权侵害雇员的隐私利益。《“上厕所不超 2 次”规定底气何来》，http://opinion.people.com.cn/GB/363551/372702/index.html.

保护是必要的，以纠正雇员在公司的不利竞争地位，促进企业管理者与雇员之间形成良性的合作关系，而不是相互防范的敌对关系。

在消费者和商家之间的有关隐私利益的冲突上，应该采取的隐私政策是减弱消费者和商家之间有关隐私利益的冲突性，增加其合作性，从而减弱市场的内生成本，提交市场的交易效率和企业的竞争力。[①] 因此在商业活动中，尤其是在大数据技术时代，对于个人信息的收集和使用上，不应该过于注重抽象意义上的隐私利益的保护而应注重其使用的目的和结果，是否有利于市场交易的准确性和效率性，从而有利于提高中国社会资源配置的效率性和公平性。在大数据技术下，“计算能力使得大海捞针不但是可能的而且是可行的……但是为了找到针得先有大海。为了获得某种洞察力，得先有足够的数据量。”[②]

例如在“王卫宁诉云南省电信公司昆明分公司隐私权纠纷案”中，[③] 关于未经主叫用户的明确同意，被叫用户的来电显示功能显示其电话号码，电信公司是否侵犯主叫用户的隐私权问题，二审法院判决认为，“对于隐私权的保护并不是无限的。上诉人作为主叫方对其所使用的个人电话号码享有保密权，并有权拒绝告知索取号码的他人。但同时被叫方在接听电话前，同样有权知道是谁给自己打电话，以便决定是否接听来电，这与主叫方保护个人生活安宁、免受他人侵扰的意图一致。此时，主叫方与被叫方形成了通话关系，在这个通话关系中，双方的权利与义务对等，不能因为片面保护主叫方的隐私权而放弃被叫方的知情权。且在这个通话关系中，是主叫方主动拨打被叫方的电话号码，其行为就等于向被叫方放弃了拒绝告知号码的权利，即再就已放弃的权利进行主张不应得到法律保护。在设置来电显示的

---

① 例如在百度与朱烨有关利用网络用户的使用信息推送定向广告是否侵犯网络用户隐私权的争议中，百度公司的涉案行为并没有直接损害网络用户在接受服务过程中与百度之间的竞价能力，因此百度的行为不应该被认为侵犯网络用户的隐私权。《上诉人北京百度网讯科技有限公司与被上诉人朱烨隐私权纠纷案民事判决书》，江苏省南京市中级人民法院，（2014）宁民终字第 5028 号。

② Executive Office of the President, *BIG DATA: SEIZING OPPORTUNITIES, PRESERVING VALUES,* MAY 2014, p. 6.https://www.whitehouse.gov/sites/default/files/docs/big_data_privacy_report_may_1_2014.pdf.

③ 云南省昆明市中级人民法院（2004）昆民二终字第 785 号。

情形下，主叫方的电话号码只是让特定的被叫方得知，而不是让社会公众得知，此时对于主动拨打对方电话的主叫方来说，其个人隐私并未受到侵害，反而是被叫方的个人生活空间被他人介入，被叫方当然拥有知情的权利。”

在这类案件中，隐私利益的分界线有时并不是十分清晰，而依据我们之前的价值选择，应该倾向于信息社会共享的方向，因此本案二审的判决结果是正确的。

主要参考文献

[1] Weiguang Wu, The Rationale of China's Media Regulation Policy in the Process of the Institutional Transformation, *Notre Dame Journal of International & Comparative Law*,7(2017). Available at: https://scholarship.law.nd.edu/ndjicl/vol7/iss1/5.

[2] [美] 罗伯特·波斯特：《民主、专业知识与学术自由——现代国家的第一修正案理论》，左亦鲁译，北京，中国政法大学出版社，2014。

[3] Bertrand Russel, *The Problem of China*. 北京，中国编译出版社，2011。

[4] Helen Nissenbaum, Privacy in Context: Technology, Policy, and the Integrity of Social Life. *California: Stanford Law Book*, 2010.

第四章

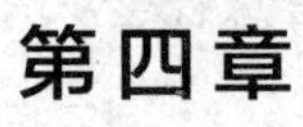

与网络有关的公平竞争问题与法律规制

第一节 与网络有关的不正当竞争行为及法律规制

一、竞争行为的界定以及竞争关系的划分

网络技术催生了网络经济和众多的新产业和新商业模式。新产业和新商业模式之间往往会相互竞争并产生冲突，而对这些冲突往往又没有明确的法律规范来调整，因此《反不正当竞争法》成为最重要的法律规范。[①]2017年修订的《反不正当竞争法》中专门增加了第12条：有关网络的不正当竞争行为的规制。但是由于网络经济的快速发展，新商业模式的不断创新，这

① 《中华人民共和国反不正当竞争法》（1993年9月2日第八届全国人民代表大会常务委员会第三次会议通过　2017年11月4日第十二届全国人民代表大会常务委员会第三十次会议修订—2019年4月23日第十三届全国人民代表大会常务委员会第十次会议修正。）

一条款已经无法满足市场规范的需要，大量与网络经济有关的案件又不得不依赖《反不正当竞争法》第 2 条的一般规范来调整。鉴于市场经济活动的创新性、活跃性和复杂性，期望《反不正当竞争法》能够事无巨细地事前规范是不现实的，而能够对《反不正当竞争法》的基本原理和原则有正确的理解，并做到以不变应万变才可能是解决问题之道。因此，如同以往章节一样，本节还是从一般原理开始介绍《反不正当竞争法》的基本原则和法律适用。

（一）竞争行为的界定

市场经济本质上是对竞争关系的一种制度性选择，即以私权利为竞争自由的边界、以市场交易为主要竞争行为的政治经济制度。市场经济制度中经营者竞争的是交易能力，商品是体现交易能力的载体。[①] 经营者通过不断提高商品性价比来提高其交易能力，这是市场经济制度所认可和鼓励的竞争方式，并且将除此之外的其他竞争方式加以排除，这些被排除的行为都是广义上的不正当竞争行为。在市场经济中，经营者和消费者都是竞争者，通过对交易能力的竞争来实现合作的制度目的。在实际判例中，我们经常会看到侵权与不正当竞争竞合的案例，其不仅仅表现在商标领域，在著作权等案件中也有这种表现，[②] 因为侵权行为都是广义上的不正当竞争行为。

因此，《反不正当竞争法》中的“竞争”这一重要概念，不应该被理解为经营者之间围绕着某种具体商品的竞争，而是应该理解为“交易能力”这一抽象客体的竞争，而商品仅仅是体现“交易能力”的载体。由于市场中经营者的任何经营行为都是竞争行为，经营者与竞争者便是同一概念，即使只有一个经营者，它也是竞争主体，因为他与消费者处于竞争关系之中，它努力从消费者手中获得更多对价。《反不正当竞争法》第 2 条中对经营者的定义已经表明经营者与竞争者是同义语。

对不正当竞争行为的理解便是经营者以不正当方式来提高其交易能力的行为，它们既包括《反不正当竞争法》中所明确禁止的典型不正当竞争行

---

① 本章中的商品包括服务，除非有特别的说明。

② 例如在“合一信息技术（北京）有限公司诉优视科技有限公司等不正当竞争纠纷案”[北京市海淀区人民法院民事判决书 (2013) 海民初字第 24365 号] 中原告以不正当竞争而不是著作权侵权作为诉因，并得到法院的支持。

为，也包括根据该法第2条规定应该禁止的其他非类型化的不正当竞争行为。

（二）《反不正当竞争法》中竞争关系的划分

目前在司法实践中，当原告和被告之间发生纠纷时，被告经常提出的抗辩理由之一便是被告与原告的商品不同类，因而没有竞争关系，因此不存在不正当竞争行为。而裁判机关也经常依赖这一逻辑将原告和被告之间的竞争关系根据商品的相似性而划分为狭义竞争关系和广义竞争关系，或者直接竞争关系和间接竞争关系。有狭义竞争关系的经营者一般是指双方所提供的商品在市场上具有相同性或者非常近似，即所谓的具有可替代性。而具有广义竞争关系的竞争者则是指双方的商品在市场上不具有相同性或者近似性，双方商品可替代性差。这种确定竞争关系的做法既无法涵盖受《反不正当竞争法》调整的所有竞争关系，也没有法律上的实际意义。因此最近几年在司法实践中，司法机关也认识到这种竞争关系的局限性，已经开始进行扩张解释。

例如在"上海汉涛信息咨询有限公司诉北京百度网讯科技有限公司等不正当竞争纠纷案"中，[①] 法院判决认为，"百度公司辩称，大众点评网自称是'城市生活消费平台'，而百度公司是搜索引擎服务商，百度地图、百度知道提供信息亦是其百度搜索服务的一部分，百度地图提供基于位置的服务，故百度公司与汉涛公司不存在竞争关系。本院认为，在现代市场经营模式尤其是互联网经济蓬勃发展的背景下，市场主体从事多领域业务的情况实属常见。对于竞争关系的判定，不应局限于相同行业、相同领域或相同业态模式等固化的要素范围，而应从经营主体具体实施的经营行为出发加以考量。反不正当竞争法所调整的竞争关系不限于同业者之间的竞争关系，还包括为自己或者他人争取交易机会所产生的竞争关系以及因破坏他人竞争优势所产生的竞争关系。竞争本质上是对客户即交易对象的争夺。在互联网行业，将网络用户吸引到自己的网站是经营者开展经营活动的基础。即使双方的经营模式存在不同，只要双方在争夺相同的网络用户群体，即可认定为存在竞争关系。"

---

① 上海市浦东新区人民法院民事判决书 (2015) 浦民三 (知) 初字第 528 号。

在“兰建军、杭州小拇指汽车维修科技股份有限公司诉天津市小拇指汽车维修服务有限公司等侵害商标权及不正当竞争纠纷案”中，[①]法院判决认为，“经营者之间是否存在竞争关系是认定构成不正当竞争的关键。《反不正当竞争法》第2条规定：‘经营者在市场交易中，应当遵循自愿、平等、公平、诚实信用的原则，遵守公认的商业道德。本法所称的不正当竞争，是指经营者违反本法规定，损害其他经营者的合法权益，扰乱社会经济秩序的行为。本法所称的经营者，是指从事商品经营或者营利性服务（以下所称商品包括服务）的法人、其他经济组织和个人。’由此可见，反不正当竞争法并未限制经营者之间必须具有直接的或具体的竞争关系，也没有要求经营者从事相同行业。反不正当竞争法所规制的不正当竞争行为，是指损害其他经营者合法权益、扰乱经济秩序的行为，从直接损害对象看，受损害的是其他经营者的市场利益。因此，经营者之间具有间接竞争关系，行为人违背反不正当竞争法的规定，损害其他经营者合法权益的，也应当认定为不正当竞争行为。”

从以上两个判例中，我们可以发现法院已经认识到应该宽泛的理解竞争关系，并开始等同看待经营者和竞争者，但还是没有明确将竞争关系和反不正当竞争法的立法目的联系起来，使得这种竞争关系的划分在帮助《反不正当竞争法》的实施上意义不大。我们认为，《反不正当竞争法》中的竞争关系应该分为以下三种。

第一种是对向竞争关系，是指经营者与消费者之间因为交易而产生的竞争关系，在这种关系中，经营者与消费者是面对面的基于交易能力的竞争。《反不正当竞争法》第8条和第10条中所列举的行为是这种竞争关系的典型。在对向竞争关系中，《反不正当竞争法》的立法目的主要是保护消费者免受经营者不正当竞争行为的侵害，塑造和维护相应的商业道德。

在“捷豹路虎（中国）投资有限公司诉上海市浦东新区市场监督管理局等复议决定案”[②]中，被告浦东市场监管局于2016年11月11日作出浦市监案处字〔2016〕15×××0320号《行政处罚决定书》，认定：当事人捷豹路虎公司为路虎品牌车辆的国内总经销商，其进口到国内销售的2014

① 天津市高级人民法院(2012)津高民三终字第0046号。

② 上海市浦东新区人民法院行政判决书(2017)沪0115行初291号。

年款路虎DISCOVERY4（第四代发现）系列越野乘用车（以下简称涉案车辆）包括3.0升SDV6柴油版、3.0升V6SE汽油版、3.0升V6HSE汽油版和3.0升V6HSELuxury汽油版四种车型。

当事人将从www.landroverhub.com上下载的英文版宣传册和车辆配置信息翻译成中文，制成宣传册，对涉案车辆的配置、功能等内容进行介绍、宣传，同时发布在当事人的网站上。宣传册中的内容包括“无论在沥青路面上驰骋……岩石表面跋涉……以确保在任何情况下均能发挥最佳驾驶性能”“……五种模式设置……大岩石/圆石慢行模式……”宣传册上的车辆配置信息中，四种车型的标准装备均包含中央电子差速锁及驾驶员座椅侧向支撑调节功能。（1）关于全地形反馈适应系统。经核查，涉案车辆四种车型均配置了该系统，但不包含“大岩石模式”，该模式需加装双速分动箱方能实现。宣传册中虽已明示双速分动箱属于可选配置，但并未明示全地形反馈适应系统中的大岩石模式需加装双速分动箱才能实现，极易使人误以为涉案车辆配置的全地形反馈适应系统具有五种模式。（2）关于中央电子差速锁。当事人提交的上海市机动车检测中心鉴定报告载明，单速分动箱中的“T-3型托森中央差速器”是一种机械式防滑差速器，需配合EDS（Electronic Differential System）系统共同作用，实现中央电子差速锁功能；双速分动箱中配备的“摩擦片式自锁式中央差速器"是一种电子控制式的防滑差速器，可以在仪表盘中以“锁头”开闭方式显示中央电子差速锁的工作状态。浦东市场监管局认为，无论是标准装备车辆还是选装了双速分动箱的车辆，均具备中央差速锁。虽然标准装备车辆上的“T-3型托森中央差速器”配合EDS系统可实现中央电子差速锁功能，但在车辆仪表盘上无法显示相应的符号和工作状态，当事人将其表述为“中央电子差速锁”并不准确和恰当，也未作备注说明。（3）关于驾驶员座椅侧向支撑调节功能。经核查，四种车型中只有3.0升V6Luxury汽油版的驾驶员座椅（温莎豪华真皮座椅）具有侧向支撑调节功能，3.0升SDV6柴油版、3.0升V6HSE汽油版两种车型可通过选配温莎豪华真皮座椅实现该功能，3.0升V6SE汽油版车型无法通过选配实现。案发后，当事人先后对宣传册及企业网站上相关内容进行了修改。

浦东市场监管局认为，当事人的上述行为违反了《反不正当竞争法》第9条第一款的规定（2019年修改后的《反不正当竞争法》第8条第一款），遂根据该法第24条第一款的规定，决定责令停止违法行为，消除影响，并处罚款人民币9万元。原告捷豹路虎公司不服，向被告浦东区政府申请行政复议，被告浦东区政府于2017年2月27日作出浦府复决字（2016）第443号行政复议决定，维持上述《行政处罚决定书》。

原告不服该行政复议决定，提起行政诉讼。法院认为原告的涉案宣传行为构成虚假宣传。被告浦东市场监管局所作的被诉行政处罚决定认定事实清楚、证据确凿，适用法律、法规正确，符合法定程序，原告要求撤销该行政处罚决定的诉请缺乏事实和法律依据，驳回原告捷豹路虎（中国）投资有限公司的诉讼请求。

第二种是经营者之间的直接竞争关系。其是指在这一关系中一方经营者为了提高自己的交易能力而不正当地利用了其他具体经营者的某种法益，或者不正当地给其他具体经营者的法益造成损害或者经营自由造成妨碍，从而双方形成了直接的竞争关系。在这种关系中，双方经营者所经营的商品是否相同或者相似既不是充分条件也不是必要条件。这类似在体育比赛中，两个处于不同比赛项目的选手，其中一个人抢了另一个人的功能饮料，尽管两人不是参与相同项目的比赛，但是为了提高自己的比赛成绩而抢夺他人功能饮料的行为却形成了直接竞争关系。在司法实践中，属于直接竞争关系的不正当竞争行为的案件占据绝大部分。《反不正当竞争法》第6条、第9条、第11条和第12条中所列举的不正当竞争行为都属于这一类竞争关系中的不正当竞争行为。在这种竞争关系中，保护具体经营者的法益是其直接目的。

第三种是经营者之间的间接竞争关系。其是指经营者并没有利用某一具体经营者的法益或者给某一具体经营者的经营自由造成干扰，但是由于经营者的行为所产生的负外部性破坏了公平的竞争秩序而导致了其他经营者的竞争优势相对受到了损害。以马拉松比赛的例子来说明，如果其中有选手使用了违禁药品而取得了好成绩，那么其他选手的竞争力便相对受到了损害。这种使用禁药的行为便产生了负外部性，法律便需要加以禁止，否则会使得诚实选手受到损害。当这种情形出现时，两个经营者之间便处于间接的竞争关系之中。《反不正当竞争法》第 7 条所禁止的不正当竞争行为便属于这一类。在这种竞争关系中，保护公平的竞争秩序是其直接目的。

在网络经济中所发生的大量不正当竞争行为都不属于《反不正当竞争法》中所列举的典型不正当竞争行为，都需要该法第 2 条的一般条款来裁判。那么，通过上述三种竞争关系的分类便可以将具体的不正当竞争行为归入上面的某一种类之中，并根据该种类不正当竞争行为的特征和立法目的来裁决。

二、不正当竞争行为与规制

（一）对向竞争关系中的不正当竞争行为

1. 恶意引诱消费者的行为，又被称为诱捕顾客的行为。恶意引诱消费者的行为是利用了消费者在信息或者理性上的不足或者情感上的弱点而引诱消费者不当消费的行为，这类经营行为本质上是不道德的，因而也是不合法的。这类不正当竞争行为也往往与消费者权益保护法中对消费者保护的要求竞合。《反不正当竞争法》第 10 条（第 3 项）规定经营者采纳抽奖式的有奖销售，最高奖的金额不得超过五万元。其目的便是防止过高的奖金会对消费者产生恶意的引诱，使得其消费目的发生了改变。

2. 欺骗消费者的行为。因为其违背了交易的本质，损害了消费者的权益，因而也是违反商业道德的行为。在《反不正当竞争法》第 8 条中列举的不正当竞争行为都属于这类竞争关系中的行为。美国贸易委员会在回答《联邦贸易委员会法》第 5 条“在商业中或者对商业有影响的不公平的或者欺骗行为是违法的”这一条款中的“欺骗”一词的含义时，认为“如果不实的陈述（misrepresentation），疏忽（omission）或者其他行为对消费者在当时的情境下的合理行为产生了误导，并对其造成了损害，那么这种行为或者做法便是欺骗的”。[①] 我国最高人民法院的司法解释中认为经营者具有

① FTC Policy Statement on Deception, October 14, 1983, Appended to Cliffdale Associates, Inc., 103 F.T.C. 110, 174 (1984). https://www.ftc.gov/system/files/documents/public_statements/410531/831014deceptionstmt.pdf, 2019 年 3 月 14 日最后访问。

下列行为之一，足以造成相关公众误解的，可以认定为《反不正当竞争法》第 8 条第一款规定的引人误解的虚假宣传行为：（1）对商品作片面的宣传或者对比的；（2）将科学上未定论的观点、现象等当作定论的事实用于商品宣传的；（3）以歧义性语言或者其他引人误解的方式进行商品宣传的。以明显的夸张方式宣传商品，不足以造成相关公众误解的，不属于引人误解的虚假宣传行为。人民法院应当根据日常生活经验、相关公众一般注意力、发生误解的事实和被宣传对象的实际情况等因素，对引人误解的虚假宣传行为进行认定。①

欺骗消费者的行为往往还与假冒其他驰名商标或者老字号的行为同时发生，因此在这类不正当竞争行为中既直接损害消费者利益也同时损害其他经营者的利益，可以同时属于对向竞争关系和直接竞争关系中的不正当竞争行为。

例如在北京育知同创科技有限公司与北京千锋互联科技有限公司不正当竞争纠纷上诉案中，②二审法院认为，“关于上诉人在其网站上使用被上诉人的两名签约教师（王明月、陈艳秋）信息的行为是否构成虚假宣传，对此，本院认为，根据《最高人民法院关于审理不正当竞争民事案件应用法律若干问题的解释》第 8 条第一款第（3）项规定，以歧义性语言或者其他引人误解的方式进行虚假宣传的，足以造成相关公众误解的，构成引人误解的虚假宣传行为。上诉人主张由于其实行免费试听制度，故相关公众实际上并不会对授课教师产生误解，对此，本院认为，是否构成引人误解的虚假宣传行为，应当以经营者的宣传方式是否具有使相关公众产生误解的可能性为判断标准，而非以相关公众交易中是否实际产生误解为判断标准。上诉人与被上诉人双方属于同一行业的经营者，均为计算机技术培训机构，公司网站上关于师资情况的介绍是相关公众据以选择培训机构的重要因素。在被上诉人对上诉人公司网页进行公证之时，王明月、陈艳秋仍为被上诉人的签约讲师。上诉人在其网站使用被上诉人聘请的讲师信息，将其描述

① 《最高人民法院关于审理不正当竞争民事案件应用法律若干问题的解释》(法释〔2007〕2 号)，第 8 条。

② 北京知识产权法院民事判决书 (2016) 京 73 民终 977 号。

为上诉人的签约讲师，显然存在较大的造成相关公众误解的可能性，不正当地利用了被上诉人的竞争优势，对被上诉人合法权益造成了损害，构成虚假宣传的不正当竞争行为。”

3. 胁迫或者骚扰性交易行为。这类交易行为之所以是不正当的，是因为它过分强化竞争关系，而损害了经营者和消费者双方之间本质上的合作要求。例如在飓风之后商家是否可以将人人急需又短缺的矿泉水高价卖给居民？有人从经济学的观点分析认为价格是供求程度的反应，允许商家高价销售矿泉水可以发现最需要矿泉水的消费者，从而使得矿泉水这一稀缺资源通过交易配置到最有效率的地方。但这强化了经营者的贪婪性和社会成员之间基于金钱的竞争关系，损害了作为社会共同体应该具有的相互帮助和合作的美德关系，① 因而应该是一种不正当竞争行为。欧盟的《不正当商业行为指令》第 8 条和第 9 条禁止压迫型商业行为，只要某种“不当影响”导致或者可能导致消费者作出其本不应该作出的决定。例如“通过骚扰、强迫，包括使用暴力或者不当影响，显著性地损害或者可能显著性地损害一般消费者针对产品的选择或者行为自由，因而导致或可能导致消费者作出本不会作出的交易决定。”②

4. 利用相对优势地位强迫交易的行为。1993 年的《反不正当竞争法》第 6 条规定，“公用企业或者其他依法具有独占地位的经营者，不得限定他人购买其指定的经营者的商品，以排挤其他经营者的公平竞争。”这一条针对的是对强迫交易行为的禁止。例如在“陈敬增与华港燃气公司不正当竞争纠纷案”中，③ 法院认为被告为当地唯一经营管道燃气供应的公司，在管道燃气方面属于公用企业且在该市场具有独占地位，其在销售天燃气的同时，以供气紧张时不给外购燃气具供气为限定条件，限定消费者购买华港燃气公司自己销售的燃气具，该行为违反了《反不正当竞争法》第 6 条。但是在 2017 年《反不正当竞争法》修改时，为了不与《反垄断法》第 32 条等规定

---

① 关于这一问题的伦理道德的讨论，见 Michael J. Sandel, *Justice—What's the Right Thing to Do?* . London：Penguin Books, 2009, pp. 3–10.

② Unfair Commercial Practices Directive, Article 8 &9, https://eur-lex.europa.eu/legal-content/EN/TXT/?uri=celex%3A32005L0029，2018 年 11 月 14 日最后访问。

③ 河北省高级人民法院民事判决书 (2015) 冀民三终字第 78 号。

重复而删除了《反不正当竞争法》中的第 6 条。1993 年的《反不正当竞争法》第 12 条规定，“经营者销售商品，不得违背购买者意愿搭售商品或者附加其他不合理的条件。”这一条在 2017 年修法中也被删除了，而依据《反垄断法》第 17 条第（5）项来规范。

（二）直接竞争关系中的典型不正当竞争行为

1. 经营者为了提高自己的交易能力而可能以不正当的行为直接损害其他经营者的法益，这些法益如果有明确的私权保护，这些不正当行为便属于侵权行为，而如果没有明确的私权来保护，则往往通过《反不正当竞争法》来保护。

经营者有些法益没有具体的私权加以保护的原因主要有三个。一是该法益不便赋予其明确的私权利来保护。例如商业秘密目前还没有所谓的商业秘密权来保护，那么就依赖《反不正当竞争法》给予保护。企业商誉也是重要的法益，但是法律上并没有赋予明确的商誉权，因而也是依据《反不正当竞争法》第 11 条对企业商誉的保护。二是由于立法迟延应该给予而还没有给予私权保护的法益。例如欧盟针对数据库有专有权保护，[①] 而在我国对数据库没有专有权利来保护，也需要依赖《反不正当竞争法》来保护，目前主要依据该法第 2 条的一般条款来保护。[②] 对于自然人形象的商品化权益，在德国是将其作为著作权法中的邻接权给予明确保护；[③] 在中国则没有明确的权利来保护个人形象的商业利益，就需要依赖《反不正当竞争法》第 6 条第（2）项中作为一种没有赋权的法益来给予保护。[④] 在网络经济中，流量是新出现的没有明确私权利保护的法益，因而也需要依赖《反不正当竞争法》给予保护，即在 2017 年的修法中增加的有关网络方面的第 12 条

---

① The Directive 96/9/EC of the European Parliament and of the Council of 11 March 1996 on the legal protection of databases.

② “微梦诉淘友不正当竞争案”北京知识产权法院民事判决书 (2016) 京 73 民终 588 号。“腾讯申请抖音多闪行为保全案”天津市滨海新区人民法院民事裁定书 (2019) 津 0116 民初 2091 号。

③ 参见 [德]M. 雷炳德：《著作权法》，张恩民译，539 ～ 541 页，北京，法律出版社，2005。

④ 参见《姚明与武汉云鹤大鳖鱼体育用品有限公司侵犯人格权及不正当竞争纠纷案判决书》（湖北省高级人民法院民事判决书（2012）鄂民三终字第 137 号）。

第（1）项所列举的行为。三是立法技术和政策的局限性所造成的无法获得私权保护的法益。例如对未注册商标、知名商品包装以及有关字号的保护等，这些法益在像美国这样采纳商标权使用取得主义的国家是可以直接以商标权来保护的。但是在中国没有注册的商标或者标识的法益便没有商标专用权给予保护，而往往通过《反不正当竞争法》第 6 条的商业外观（trade dress）来获得保护。

（1）商誉的保护。在网络经济中，与商誉有关的不正当竞争行为较多。商誉是经营者提高自己交易能力的重要因素，因而是重要的财产法益。商誉的产生与积累是经营者劳动与管理智慧的结晶，如果其他经营者未经许可便可以随意冒用，那么不但对消费者是一种损害，更是对诚实经营者的损害。如果法律对此不加以禁止，那么就会出现劣币驱逐良币的“竞劣”现象出现，整个市场的良性竞争秩序就会被破坏。我国《反不正当竞争法》第 6 条是禁止这类不正当竞争行为的主要条款。另外，我国《商标法》第 13 条对驰名商标的保护也是依据对不正当竞争行为的禁止来实现的。

例如在“天津中国青年旅行社诉天津国青国际旅行社擅自使用他人企业名称纠纷案”[①] 中，法院裁判认为：“《反不正当竞争法》第五条第（3）项规定 [现行《反不正当竞争法》第六条第（2）项]，经营者不得采用擅自使用他人的企业名称，让人误认为是他人的商品等不正当手段从事市场交易，损害竞争对手。因此，经营者擅自将他人的企业名称或简称作为互联网竞价排名关键词，使公众产生混淆误认，利用他人的知名度和商誉，达到宣传推广自己的目的的，属于不正当竞争行为，应当予以禁止。天津国青旅作为从事旅游服务的经营者，未经天津青旅许可，通过在相关搜索引擎中设置与天津青旅企业名称有关的关键词并在网站源代码中使用等手段，使相关公众在搜索“天津中国青年旅行社”和“天津青旅”关键词时，直接显示天津国青旅的网站链接，从而进入天津国青旅的网站联系旅游业务，达到利用网络用户的初始混淆争夺潜在客户的效果，主观上具有使相关公众在网络搜索、查询中产生误认的故意，客观上擅自使用“天津中国青年旅行社”及“天津青旅”，利用了天津青旅的企业信誉，损害了天津青旅

① （最高人民法院审判委员会讨论通过　2014 年 6 月 26 日发布）指导案例 29 号。

的合法权益，其行为属于不正当竞争行为，依法应予制止。”

（2）对网络流量的保护。网络经济在很长一段时间内表现为流量经济，网络企业积累足够的流量是其进一步开展各种商业活动的基础。网络企业往往需要花费大量的资源来获得用户的青睐，从而获得足够的流量。因此流量是提高网络企业交易能力的重要资源，需要得到保护，其他经营者不得以不正当手段攫取其流量。

例如在百度诉搜狗不正当竞争案[①]中，原告经营的网站 www.baidu.com 是国内知名的搜索引擎网站，被告是搜狗输入法的开发者，并经营搜狗搜索引擎网站 www.sougou.com。2014 年，百度公司发现上网用户在安装搜狗输入法软件后，在百度的搜索框中使用搜狗输入法输入关键词，在搜索栏下方会自动弹出与搜索关键词相关词汇的下拉菜单，点击下拉菜单中的任何词，网页会自动跳转到搜狗公司经营的搜狗搜索结果页面。百度公司认为，搜狗公司上述行为系故意仿冒、混淆搜索框和搜索结果，搭便车以劫持百度公司流量，对百度搜索引擎具有针对性，构成不正当竞争。搜狗则强调这一功能系技术创新。法院经审理认为，搜狗输入法实则是利用搜狗输入法在搜索引擎使用中的工具地位，借助用户已经形成的百度搜索使用习惯，诱导用户在不知情的情况下点击候选词进入搜狗搜索结果页面，造成用户对搜索服务来源混淆的可能，不当争夺、减少了百度搜索引擎的商业机会，其行为构成不正当竞争。

（3）对企业数据的保护。在网络经济中，数据被认为是核心价值，如同工业社会中的石油一样是一种生产资料。方兴未艾的人工智能技术和产业的基础和核心是数据，因为没有数据的提供，智能是没有价值的。如同没有信息提供，再高智商的人也无法作出相应的判断。关于数据的产权问题目前在法律上还没有明确的规定。《民法总则》第 111 条规定自然人的个人信息受法律保护，但是没有明确个人信息的产权归属问题，更没有涉及企业法人的数据的权利归属问题。但在司法实践中已经多次发生企业之间有关数据的使用而产生的冲突和纠纷，对于数据这类财产性法益，由于还没有明确的产权保护，因而一般也通过《反不正当竞争法》来保护和规范使用。

① 北京海淀区人民法院（2015）海民（知）初字第 4135 号民事判决书。

例如在“微梦诉淘友不正当竞争案”[①]中，法院认为“上诉人淘友技术公司、淘友科技公司未经新浪微博用户的同意，获取并使用非脉脉用户的新浪微博信息，节省了大量的经济投入，变相降低了同为竞争者的新浪微博的竞争优势。对社交软件而言，存在明显的用户网络效应，使用用户越多则社交软件越有商业价值。脉脉作为提供职场动态分享、人脉管理、人脉招聘、匿名职场八卦等功能的交友平台，用户信息更是其重要的商业资源，其掌握用户的数量与其竞争优势成正相关。上诉人淘友技术公司、淘友科技公司获取并使用非脉脉用户的新浪微博信息，无正当理由地截取了被上诉人微梦公司的竞争优势，一定程度上侵害了被上诉人微梦公司的商业资源，被上诉人微梦公司基于其 Open API 合作开发提供数据方的市场主体地位，可以就开发方未按照《开发者协议》约定内容、未取得用户同意、无正当理由使用其平台相关数据资源的行为主张自己的合法权益。”

2. 妨害经营者经营自由的行为。经营者有参与市场竞争和选择自己经营模式的自由，即市场自主原则。这一原则在《行政许可法》第 13 条第（1）项中有规定，“公民、法人或者其他组织能够自主决定的”便不设行政许可。经营者的经营自由可以追溯到《宪法》第 42 条中对劳动权利的保障。在欧盟，反不正当竞争法的法律渊源是有关四大自由的欧盟基础法律，即商品自由、服务自由、表达和信息自由以及经商自由。[②]因此，经营者的经营自由是一项重要的法益需要得到保护，其他竞争者不能以不正当手段加以损害。《德国反不正当竞争法》第 4 条第一款规定“从事那些足以通过施加压力、以蔑视人类的方式或通过其他不适当的不实影响，侵害消费者或其他市场参与人的决定自由的竞争行为”是不正当竞争行为。

直接妨碍经营者经营自由的行为主要有三种类型：利用身份关系限制他人的经营自由；利用技术手段限制、干扰或者破坏他人经营自由；通过权利滥用干扰其他经营者的经营自由。

（1）以身份关系来限制其他经营者的经营自由。以身份关系来限制经

① 北京知识产权法院民事判决书 (2016) 京 73 民终 588 号。

② 参见 [德] 弗诺克 · 亨宁 · 博德维希主编：《全球反不正当竞争法指引》，黄武双等译，57 页，北京，法律出版社，2015。

营者的经营自由是违反市场经济的基本价值观的，因为市场经济制度本质上是去身份化和非人格化的社会组织，即“陌生人组成的文明社会。”[①]如梅因所说的，“人类社会进步的过程，迄今为止，是从身份到契约的过程。”[②]在我国发生的典型案例便是“海带进口案”[③]中，最高法院在判决中认为，“在市场经济环境下，任何人只要不违反法律都可以和其他任何人开展竞争，劳动力或者说人才的流动也是市场竞争的必然要求和重要方面，人才流动或者说‘职工跳槽’后与原企业争夺商业机会，可以有效地形成和促进竞争。因此，马达庆在职期间筹划设立新公司为离职后的生涯做准备的行为，并非不合常理，其在离职后以圣克达诚公司的名义与山东食品公司开展竞争，也无可厚非，不能因其与原公司争夺商业机会就推定其具有主观恶意，本案有证据证明的马达庆和圣克达诚公司的有关行为并不违反诚实信用的原则和公认的商业道德。”

如果企业与雇员之间有竞业禁止协议，那么根据协议，企业可以限制雇员的经营自由。但是，在美国加州连这种竞业禁止协议限制都是被禁止的，以促进人员在企业之间的顺利流动。在加州，有判例认定雇主禁止其前雇员接受雇主的客户订单的协议是非法的；[④]前雇员只要没有利用非法行为或者不正当竞争行为便可以从其前雇主那里招募雇员；[⑤]以及“在离职之后的一年内不得在 40 英里范围内为自己或者为了其他人而与雇主竞争”的合同条文是无效的。[⑥]

（2）利用技术手段来限制、干扰或者破坏其他经营者的经营自由。这种类型的不正当竞争行为在互联网络领域发生较为频繁，因为代码技术赋予了经营者干预其他经营者经营自由的能力。这些不正当竞争行为有时对直接消费者表面上是有利的，因而具有迷惑性。

例如在“北京奇虎科技有限公司等与北京搜狗信息服务有限公司等不

① [美]詹姆斯·弗农：《远方的陌生人：英国是如何成为现代国家的》，张祝馨译，113 页，北京，商务印书馆，2017。

② [英]梅因：《古代法》，沈景一译，97 页，北京，商务印书馆，1997。

③ 最高人民法院（2009）民申字第 1065 号。

④ Morris v. Harris (1954) 127 Cal.App.2d 476.

⑤ Diodes, Inc. v. Franzen (1968) 260 Cal.App.2d 244.

⑥ Kolani v. Gluska (1998) 64 Cal.App.4th 402, 405.

正当竞争纠纷上诉案”[①]中，和“北京奇虎科技有限公司等与腾讯科技（深圳）有限公司等不正当竞争纠纷上诉案”[②]中，实施不正当竞争行为的经营者都提出了网络用户自愿采取这样行为的抗辩理由。但是如我们前面所讨论的对直接竞争关系中的不正当竞争行为加以禁止的制度目的是保护某具体经营者的法益，而不是消费者的法益。因此消费者是否自愿接受这种行为或者其是否直接受到损害并不是判断该类行为是否正当的直接因素。例如甲超市盗窃乙超市的商品并低价卖给消费者，尽管消费者是自愿购买这些商品的，并获得直接好处，但是仍然不能使得甲的盗窃行为正当化。

这类不正当竞争行为在司法实践中有三种典型，一是利用技术措施屏蔽或者干扰其他经营者通过视频投放广告的行为；二是利用安全软件阻碍其他经营者软件正常运行的行为；三是利用技术措施阻碍他人开发兼容性产品的行为。

例如在“搜狗诉奇虎阻碍浏览器安装设置不正当竞争纠纷案”[③]中，二审法院认为，“奇虎科技公司、奇虎三六零公司在360安全卫士软件运行过程中，通过‘5分钟优化体验逻辑’技术，在用户一键安装搜狗浏览器过程中作出不允许设置其为默认浏览器的选择后，再通过其他方式意图将搜狗浏览器设置为默认浏览器时，有时会存在不做任何提示的情况下，直接通过360安全卫士软件阻止用户的默认浏览器设置，使其操作无效。在奇虎科技公司、奇虎三六零公司未能提供证据证明搜狗浏览器的运行有可能影响到计算机安全的情况下，上述行为已经超出了安全软件发挥其正常功能的合理限度，损害了搜狗科技公司、搜狗信息公司的合法权益，已构成不正当竞争行为。”

在“腾讯与奇虎‘扣扣保镖’不正当竞争纠纷案”[④]二审中，法院认为，上诉人针对QQ软件专门开发了扣扣保镖，该扣扣保镖运行后对QQ软件进行深度干预，相关用户按照扣扣保镖提示进行相应操作后，使QQ软件相关功能键的全部或者部分功能无法使用，会改变QQ软件原有的运行方式，破

---

① 北京市高级人民法院民事判决书(2015)高民(知)终字第1071号。

② 最高人民法院民事判决书(2013)民三终字第5号。

③ 北京市高级人民法院民事判决书(2015)高民(知)终字第1071号。

④ 最高人民法院（2013）民三终字第5号民事判决书。

坏了该软件运行的完整性……上诉人为达到其商业目的，诱导并提供工具积极帮助用户改变被上诉人 QQ 软件的运行方式，并同时引导用户安装其 360 安全卫士，替换 QQ 软件安全中心，破坏了 QQ 软件相关服务的安全性并对 QQ 软件整体具有很强的威胁性。一审法院关于上诉人并非给 QQ 用户提供技术中立的修改工具的认定，并无不当。因此一审被告的行为构成不正当竞争行为。

在"'暴力加粉'干扰微信运营不正当竞争案"[①]中，法院判决认为，"被告方未经原告许可，将其研发的数据精灵软件包以服务平台和分销平台方式向用户兜售，并擅自将数据精灵软件的功能与原告微信软件在使用时形成交互关系，具体表现为两个方面：数据精灵软件上述 13 项特殊功能的实现需要不断向原告微信软件的服务器发送数据，从而实现二者之间数据与信息交换；同时，当用户购买数据精灵软件后，其按购买目的通常会使用数据精灵软件的上述 13 项特殊功能，从而与原告微信用户之间实现信息交流。被告方研发、推广、兜售数据精灵软件包构成对原告的不正当竞争，理由如下：被告方研发数据精灵软件包并将其 13 项特殊功能与原告微信服务形成交互关系，被告方的行为会大量增加原告微信服务的数据量和数据流，进而导致原告微信服务器的运营负担加大，为保持微信服务器运营的稳定性，原告显然会加大微信服务器的运营投入，从而给原告造成经济损失。原告微信服务最主要的功能是社交的功能，总结被告方数据精灵软件包的这 13 项功能，最主要是为了满足用户快速和超大范围发布信息，从而极易诱使用户群发商品或服务广告，如此一来，被告的行为会导致原告微信服务充斥数据精灵用户发布的各类商业广告，这会降低原告微信用户的用户体验；同时，被告的行为会造成原告微信用户误以为这是原告的行为，从而导致原告微信用户对微信服务产生不满，进而损害原告微信服务的商誉。针对数据精灵用户在原告微信服务中发布的各类信息，原告可能会收到越来越多微信用户的投诉，原告为应对与处理微信用户投诉，会投入成本解决这些问题，从而导致运营成本增加。"

（3）权利滥用而不当干扰他人经营自由的行为。这类不正当竞争行为

① 广东省深圳市中级人民法院民事判决书 (2017) 粤 03 民初 773 号。

包括滥用知识产权对网络平台或者其他电商恶意投诉来敲诈勒索的行为，是对他人经营自由的不当干扰的行为。[①]这类行为表面上是合法地行使其权利，但是其目的却是不道德的和不正当的，其结果也是有害的。在“拜耳与李庆、淘宝不正当竞争案”中，被告的行为便属于这种类型的不正当竞争行为。[②]权利不得滥用的要求在《民法总论》第132条中有明确规定，依据《反不正当竞争法》第2条中的商业道德条款来规范权利滥用行为是《民法总论》第132条在特别法中的适用。

在“许先本与童建刚、玉环县金鑫塑胶有限公司不正当竞争纠纷案”[③]中，法院认为，“投诉本身是权利人行使权利的一种体现，但是如果恶意利用投诉机制通过伪造、变造的依据以发起投诉，违反竞争原则、破坏竞争秩序，可能构成反不正当竞争法第2条的不正当竞争行为。本案中，童建刚系涉案外观设计专利的专利权人。根据专利法相关规定，我国对于外观设计专利采取初步审查方式，就专利本身是否符合新颖性特征并未进行实质性审查，因此，外观设计专利权本身具有较大的不稳定性，而国务院专利行政部门经过相应检索、分析和评价后作出的专利权评价报告则成为审查判断该专利权是否稳定的重要依据之一。童建刚作为涉案外观设计专利权人明知国务院专利行政部门就涉案专利作出的专利权评价报告的初步结论为“全部外观设计不符合授予专利权条件”“具体不符合授予专利权条件的缺陷如下：外观设计不符合《专利法》第23条第二款的规定”，仍然通过变造的方式将该评价报告的初步结论修改为“全部外观设计未发现存在不符合授予专利权条件的缺陷”并向淘宝公司发起投诉，致使淘宝公司错误认定其投诉成立，导致许先本的涉案商品链接被删除。因此，主观上，童建刚明知其专利权具有较大的不稳定性，仍然通过变造的依据发起投诉，其侵权主观恶意明显；客观上，童建刚的投诉造成了许先本的涉案商品链接被删，破坏了许先本的正常经营行为，也必然给许先本造成相应的经济损失，进而也损害了正常的市场经济秩序。综上，童建刚的恶意投诉行为构成反不正当竞争法第2

① 参见杜颖：《网络交易平台上的知识产权恶意投诉及其应对》，载《知识产权》，2019（7）。
② 杭州市余杭区人民法院民事判决书(2017)浙0110民初18627号。
③ 《拜耳与李庆、淘宝不正当竞争案判决书》（杭州市余杭区人民法院民事判决书(2016)浙0110民初11608号判决书）。

条的不正当竞争行为。”

在“虎牙与斗鱼苹果APP投诉禁令案”[①]中，自2018年8月28日起至2019年2月15日，鱼行天下公司就相同的事项向苹果公司投诉虎牙公司达23次。每次投诉邮件中均明确表示要求苹果公司将虎牙公司的直播程序从苹果应用商店下架，并且在2018年9月14日的邮件中确认其已知悉虎牙公司提交涉案三名主播的授权文件后，仍然继续向苹果公司进行投诉。该行为表明鱼行天下公司对虎牙公司的投诉是持续性进行的，不实现投诉目的不停止的。法院裁决认为，“鱼行天下公司上述持续投诉行为不具有正当性。理由如下：鱼行天下公司与虎牙公司都是经营游戏直播平台的运营商，具有竞争关系。鱼行天下公司依据其与涉案三名主播签署的文件向苹果公司投诉虎牙公司，本是合法行使权利的表现。但虎牙公司就鱼行天下公司的投诉内容已经提交涉案三名主播对虎牙公司的授权文件，表明其权利具有合法来源。鱼行天下公司如果认为三名主播对虎牙公司的授权是无效的，应当依法向有关司法机关提起诉讼，请求撤销该授权或确认该授权无效。但鱼行天下公司仍然坚持只通过向苹果公司持续不断发送投诉邮件，并在邮件中直接声称三名主播对虎牙公司的授权无效，要求苹果公司直接将虎牙公司涉案应用程序从苹果应用商店删除。鱼行天下公司的目的是希望通过持续不断的投诉，不停向苹果公司施压，最终迫使苹果公司将虎牙公司涉案应用程序直接从苹果商店删除，从而达到清除竞争对手，占领市场份额的目的，该行为不具正当性。”在这一案件中，被告不断向第三方APP平台投诉以达到不正当竞争目的的行为是一种权利滥用的行为。第三方为了保护他人的知识产权而采取了接到侵权投诉便下架涉嫌侵权产品的政策措施，其本意是保护知识产权人的合法权益，但是本案中被告却滥用了这一政策措施而达到不正当竞争的目的。

（三）间接竞争关系中的典型不正当竞争行为

1. 商业贿赂行为。《反不正当竞争法》第7条中所列举的暗中折扣和串通投标都属于商业贿赂行为。商业贿赂行为本质上是对市场经济中的竞

① 广州市南沙区人民法院民事裁定书(2019)粤0115民初1339号。

争规则的破坏，出现了“明规则”和“潜规则”两套竞争体系，后者对前者造成了干扰和破坏。这类竞争行为从直接结果上看并没有对某具体经营者的法益造成直接的损害，甚至有时直接参与的经营者还会从这些行为中获得好处，例如回扣或者贿赂。但是这种竞争行为却使得其他竞争者处于相对劣势竞争状态，诚实的经营者受到了间接伤害。保护公平竞争秩序是《反不正当竞争法》的主要立法目的以及相应的商业道德要求。

在电子商务中，消费者的网上评价是为其他消费者提供该商品真实信息的重要机制，但是有些商家以暗中优惠或者折扣的方式来引诱消费者给予好评，即贿赂评价行为，甚至已经出现了专门从事为经营者提供“炒信”服务的经营者。[①]这些都是广义上的商业贿赂行为，损害了整个公平竞争秩序。因此，《反不正当竞争法》在2017年的修改中在第8条第二款中明确列举了“虚假用户评价”这类不正当竞争行为。

在“浙江淘宝网络有限公司等诉杭州简世网络科技有限公司不正当竞争纠纷案”[②]中，法院认为，“两原告经营的淘宝网、天猫网两大平台系中国最大的网络零售交易平台，本院有理由相信该平台上的消费者在网络购物决策过程中已养成对信用评价数据的依赖和习惯。而被告简世公司经营的傻推网专门组织刷手实施虚假刷单，客观造成两原告平台上相关数据的不真实，直接影响、破坏了两原告构建的信用评价体系，因此导致消费者对两原告平台产生不信任，以致对经由两原告平台上所售的商品的质量产生合理怀疑，从而损害两原告的市场声誉与竞争力，亦即损害了两原告的利益。另一方面，被告简世公司成立并经营组织虚假刷单的平台，其目的就是谋取利益，且确已获利。事实上，被告简世公司组织刷单会提升刷单商品在两原告平台上的搜索排名，会提高发布刷单任务的淘宝、天猫卖家的真实销量，从而增加利润，被告简世公司从中收取会员费、手续费，直接获取利益。因此，综合以上分析，可以认定被告的涉案行为对两原告构成不正当竞争。”

2. 累赘竞争行为。累赘竞争行为是指经营者通过利用或者强化与商品效用无关的因素来提高交易能力，那么其他经营者为了保持或者提高其交

① 王瑞贺主编：《中华人民共和国反不正当竞争法释义》，27页，北京，法律出版社，2018。
② 浙江省杭州市西湖区人民法院民事判决书(2016)浙0106民初11140号。

易能力也面临着不得不参与到对这种无关因素进行竞争的困境中。而这种竞争本质上是浪费的，因为其增加了市场经营成本和交易成本，并没有使得消费者获得积极效用。这种异化性的竞争在生物学中被称为累赘原则（handicap principle）。[①] 反不正当竞争法应该对这种累赘竞争行为加以抑制。

例如，在较长一段时间内，市场上有对驰名商标或者品牌的评选和宣传行为，经营者通过这种方式来增强其交易能力。当这种竞争方式在市场上有明显效果时，其他企业便为了获得或者维持自己的竞争力也不得不参与到对这种名号的获得和宣传的评选之中。甚至有当事人与法官勾结来制作“驰名商标”判决，以达到不正当竞争的目的。[②] 那么，经营者的竞争目标就从对商品效用的竞争转移到对商标或者品牌是否驰名这一信息的竞争。实施这种竞争行为的经营者尽管没有直接损害其他经营者的法益，但损害了良好的竞争秩序，诚实的经营者遭受市场的惩罚，逼迫其他经营者也实施这种类似的竞争行为，产生了劣币驱逐良币的后果。因此这些行为是不正当的。

商品的过度包装行为也是这种典型行为。过度包装的商品本身并没有直接提高商品的效用，却提高了商品的交易成本，浪费了大量资源，对消费者没有实质性贡献，却损害了正当竞争秩序，因此本质上是不正当竞争行为。尽管这类行为已经有专门的法律来规范，即《国务院办公厅关于治理商品过度包装工作的通知》（国办发〔2009〕5 号），行政管理部门在实践中仍然可以依据《反不正当竞争法》第 13 条来对这类行为进行规范。

与网络有关的垄断行为以及规制

市场机制的核心是竞争机制，自由竞争是市场活力的源泉，是市场对资源配置起决定性作用的基础。当今世界大多数国家都出台了确保市场自

① Amotz Zahavi, “Mate Selection-A Selection for a Handicap”, *Journal of Theoretical Biology*, 53(1975), 213.

② 参见《王霖等受贿案》，安阳县人民法院刑事判决书 (2012) 安刑初字第 339 号。

由竞争的反垄断法律制度。我国1993年实施的《反不正当竞争法》所规定的11类禁止性行为，其中有5类实际上属于反垄断法意义上的垄断行为。[①] 经过多年努力，我国2017年颁布了《反垄断法》，该法2018年8月1日正式实施。2017年修订版《反不正当竞争法》则删除了与《反垄断法》重复的5类行为，实现了与《反垄断法》的衔接。我国《反垄断法》遵循国际经验，针对市场主体实施的排除、限制竞争行为，确立了垄断协议、滥用市场支配地位以及经营者集中这三大类反垄断支柱性制度。此外，结合我国经济发展的转轨特点，我国《反垄断法》还专章对滥用行政权力排除、限制竞争的行为进行了规范。经过2018年的机构改革，我国《反垄断法》的行政执法目前由国家市场监督管理总局内设的反垄断局负责，司法则纳入法院系统的知识产权审判工作。截至2018年，我国《反垄断法》实施十年取得了举世瞩目的成效，已经发展成为与美国、欧盟并列的全球三大反垄断辖区之一。伴随数字经济近年在全球的迅猛发展，与网络有关的反垄断法律问题也成为各国理论与实务界的关注热点。

一、垄断协议及其规制

（一）基本规则

垄断协议是指排除、限制竞争的协议、决定或者其他协同行为。垄断协议分为横向垄断协议和纵向垄断协议。具有直接竞争关系的经营者之间签订的协议被称为横向协议，经营者与交易相对人之间签订的协议属于纵向协议。我国《反垄断法》分别基于第13条和第14条，明确了原则上被禁止的若干种横向垄断协议和纵向垄断协议类型。依据《反垄断法》第13条，禁止具有竞争关系的经营者达成下列垄断协议：（1）固定或者变更商品价格；（2）限制商品的生产数量或者销售数量；（3）分割销售市场或者原材料采购市场；（4）限制购买新技术、新设备或者限制开发新技术、新产品；（5）联合

① 5类行为具体包括1993年版《反不正当竞争法》第6条（公用企业限定交易）、第7条（政府部门滥用行政权利）、第11条（掠夺性定价）、第12条（搭售）、第15条（串通投标）。

抵制交易；（6）国务院反垄断执法机构认定的其他垄断协议。依据《反垄断法》第 14 条，禁止经营者与交易相对人达成下列垄断协议：（1）固定向第三人转售商品的价格；（2）限定向第三人转售商品的最低价格；（3）国务院反垄断执法机构认定的其他垄断协议。整体而言，我国《反垄断法》针对垄断协议确立的是“原则禁止 + 例外豁免”的思路，即前述若干类型的协议是原则上被禁止的，但在例外的情形下，这些类型的协议又有可能被豁免。依据《反垄断法》第 15 条，经营者能够证明所达成的协议属于下列情形之一的，不适用第 13 条、第 14 条的规定：（1）为改进技术、研究开发新产品的；（2）为提高产品质量、降低成本、增进效率，统一产品规格、标准或者实行专业化分工的；（3）为提高中小经营者经营效率，增强中小经营者竞争力的；（4）为实现节约能源、保护环境、救灾救助等社会公共利益的；（5）因经济不景气，为缓解销售量严重下降或者生产明显过剩的；（6）为保障对外贸易和对外经济合作中的正当利益的；（7）法律和国务院规定的其他情形。《反垄断法》第 15 条还进一步规定，属于前款第（1）项至第（5）项情形，不适用第 13 条、第 14 条规定的，经营者还应当证明所达成的协议不会严重限制相关市场的竞争，并且能够使消费者分享由此产生的利益。

（二）横向垄断协议：算法合谋

1. 理论发展

算法在现代社会运用非常广泛，几乎在生活的各个方面影响着人们的行为。随着数字经济在全球的发展，越来越多的企业利用计算机算法去改善其定价模型、完善客户服务以及预测市场发展趋势。这种背景下，算法近年逐渐成为全球主要反垄断辖区关注的问题。比如 2015 年时任美国司法部（DOJ）助理检察长的 Bill Baer 提出，“我们不会容忍限制竞争的行为，不论其发生在烟雾缭绕的房间里，还是通过复杂的价格算法发生在互联网上。”[①]2017 年 2 月，英国竞争与市场管理局（CMA）的主席 David

① Former E-Commerce Executive Charged with Price Fixing in the Antitrust Division’s First Online Marketplace Prosecution, https://www.justice.gov/opa/pr/former-e-commerce-executive-charged-price-fixing-antitrust-divisions-first-online-marketplace .

Currie 提出，“执法部门需要确保广泛运用算法的结果是提升竞争而非排除竞争。”[①]2017 年 3 月，欧盟委员会竞争委员 Margrethe Vestager 则指出，“我们需要关注那些借助软件实现的更为有效的卡特尔”。[②]

2017 年 6 月，OECD 竞争委员会直接以“算法与合谋”为主题，组织各界围绕算法问题展开讨论。为确保该次论坛的顺利召开，OECD 秘书处准备了一份翔实的背景报告，该报告对相关法学与经济学研究成果进行了梳理。OECD 的报告重点分析了四种有利合谋实现的算法类型，监督算法（monitoring algorithms）、平行算法（parallel algorithms）、信号算法（signaling algorithms）以及“自我学习算法”（self-learning algorithms）。依据该报告，算法能够实现合谋结果的最为复杂的方式便是利用机器学习和深度学习技术，基于这些技术，甚至不需要竞争者之间设置达成合谋的具体算法就可能达成合谋的结果。也即是说，存在一种风险，即一些算法具有很强的预测能力，通过持续学习以及对市场主体行为（可能是人类作出，也可能是人工智能作出）的反复适应，在不需要人类干涉的情况下就可能形成合谋。报告指出，机器学习算法如何实际达成合谋结果，这点其实迄今我们并不清楚。但一旦市场条件倾向于合谋，则算法可以比人类更快地进行学习，从而通过高速的反复试错最终达成合作性均衡。自我学习算法更容易确定合谋者之间的共同利润最大化价格，这可能最大程度地损害消费者利益。我们很难知道自我学习算法是否已经在数字市场中导致了合谋结果或者这类合谋发生时是否能被我们发现，因为机器学习导致的合谋结果只能通过效果去观察，而无法通过形式去判断，即所谓的“虚拟合谋”（virtual collusion）。如果企业再进一步，通过深度学习算法自动设置价格以及其他商业决策，合谋结果将更难通过传统的反垄断工具予以阻止。深度学习算法的具体工作过程是个“黑箱”，由于其处理原始数据的方式复杂、快速

① David Currie on the role of competition in stimulating innovation , https://www.gov.uk/government/speeches/david-currie-on-the-role-of-competition-in-stimulating-innovation.

② Vestager, M., “Algorithms and Competition”, Speech at the Bundeskartellamt 18th Conference on Competition, 2017, https://ec.europa.eu/commission/commissioners/2014-2019/vestager/ announcements/bundeskartellamt-18th-conference-competition-berlin-16-march-2017_en.

以及精确（类似人类大脑），我们无从知晓算法决策背后的相关细节。因此，基于深度学习技术，企业甚至在没有意识的情形下便有可能达成合谋，这带来的问题是，企业是否因其使用深度学习算法而承担相应的违法责任。[①]

依据英国竞争与市场管理局2018年发布的一份研究，可以帮助竞争执法部门发现定价算法是否会导致默示合谋的一项因素是，算法在多大程度上让企业采用非常简单、透明以及可预测的定价行为（比如价格匹配或价格周期）。另一项因素是，类似定价算法的普遍存在。如果更多企业在同一市场中使用相同的定价算法，则市场更可能导向更高价格的结果。此外，竞争执法部门还可以检验算法是否可以对未来的利润进行权衡。如果算法的目标函数是非常短期的（例如，只在每次销售中实现最大化利润，而不考虑当前行为对未来利润的影响），则算法不太可能导致协调性结果。为实现默示合谋，算法必须愿意牺牲短期利润，以支持更长期、更有利可图的结果。即使对于使用很多变量长期学习利润最大化的最复杂的算法，仍然应该有一个设定的目标函数，供算法计算以确保其成功实现目标。目标函数原则上可以由竞争执法部门进行审查，这可以提供一些算法能否实现默示合谋的信息。[②]

2. 典型案例：美国 Uber 案

算法合谋相关反垄断案例在美欧已经出现，比如美国Uber反垄断案是涉及算法问题的典型案例。[③]2015年12月16日，美国康涅狄格州的一名居民Spencer Meyer，代表他自己以及类似情况的乘客，在美国纽约南区联邦地区法院向Travis Kalanick（Uber联合创始人、前任CEO）提起反垄断民事集团诉讼，主张Kalanick以及那些利用Uber定价算法的司机之间达成了合谋，限制了司机之间的价格竞争，损害了包括原告在内的Uber乘客的利益，违反联邦《谢尔曼法》（*Sherman Antitrust Law*）以及纽约州《唐纳利法》（Donnelly Act）。就横向合谋而言，原告主张，当司机同意Uber提

---

① OECD, *Algorithms and Collusion: Competition Policy in the Digital Age*,2017.

② CMA, *Pricing algorithms: Economic working paper on the use of algorithms to facilitate collusion and personalised pricing*, 2018.

③ Case No. 1:15-cv-9796 (JSR).

供的书面协议相关条款并接受使用Uber应用的乘客时，即表明他们同意参与一项合谋。司机通过Uber应用收取车费，Uber应用则基于Uber的定价算法为所有的Uber司机设置车费。原告认为，Uber司机抛弃了司机之间本应存在的竞争。原告认为，由于Uber的定价算法可以产生超竞争水平的价格，这为Uber司机提供了“一致的合谋动机”。原告认为，Kalanick作为价格固定合谋的组织者以及同时作为一名Uber司机，应承担相应法律责任。原告主张，他及其代表的集体已经受到被告垄断行为的损害。这是因为，如果Kalanick不协调Uber司机合谋固定车费，司机之间应该展开价格竞争，Uber的车费本应该比现在的价格“低得多”。原告还认为，Kalanick的设计降低了市场产出，正如独立第三方的研究显示，“提价”模型带来的影响是降低需求，从而使得价格人为地维持在高位。基于这些理由，原告认为Kalanick违反了美国联邦《谢尔曼法》以及纽约州《唐纳利法》。①

（三）纵向垄断协议：在线纵向限制

1. 理论发展

伴随互联网与电子商务的发展，线上市场出现了一些新型的纵向限制协议，引发了各国反垄断执法部门的关注。比如各国近年高度关注的价格政策，即“跨平台平价协议”（APPA）或被称为“零售最惠国”条款（MFN）。这是卖家与电子交易平台之间的协议，卖家承诺在该电子交易平台上收取的价格不会高于其在其他平台上收取的价格。这种做法可能引发的竞争问题类似于“最优惠价格保证”所导致的问题，即零售者要么匹配竞争对手的较低价格，要么退还差价给消费者。这类协议导致的主要竞争问题是竞争被缓和，而线上零售商降低其佣金费率的积极性也被降低（因为结果是他们在竞争中得不到任何好处）。这两种做法也很有可能促进共谋的产生，而其最有可能的损害结果是排斥或威慑潜在的折扣商。这些都是单边最优惠价格保证和零售最惠国条款可能产生的潜在反竞争效果。竞争执法机构一般

---

① 韩伟、胡铁：《美国Uber反垄断案争点：算法合谋》，载微信公众号“数字市场竞争政策研究”，2017年12月19日。

来说会认为最优价格保证缺乏一定的信誉，因为企业如果选择不匹配价格，该承诺就会受到损害。然而，在线上环境中，使用零售最惠国条款可以创设这种信誉。在多个线上零售商与同一个供应商签订最惠国条款的情况下更是如此。在这种情况下，最惠国条款固定了零售商之间的价格。现在的问题是，竞争执法机构是否能用他们处理限定最低转售价格（RPM）的方式解决零售最惠国条款的问题。然而，零售最惠国条款产生的损害可能超过传统限定最低转售价格产生的损害。这是因为，线上零售商控制着在市场中设定的最低价格，并且可以通过提高其佣金来操控该价格。这是零售最惠国条款可能引起的附加损害。[①]此外值得注意的是，评估纵向限制的潜在反竞争影响需要一些特定的分析。研究表明，纵向限制通常可导致零售价格的上升。实际上，经济学理论指出，通过纵向限制销售某种产品的零售商的数量，可以限制品牌内部的竞争，进而产生价格上涨的效果。相似的，顾名思义，限制最低转售价格也会产生价格上涨的效果。然而，价格上涨对消费者福利带来的消极影响需要与纵向限制带来的效率收益进行比较。零售商将控制产品质量、服务质量，根据消费者的需求配置货物等。应当考虑到制造商赚取的是批发利润。只有在可以销售更多单位数量产品或降低成本（通过规模经济或通过更低的分销成本）的时候，或者以某种方式提高批发价格的时候，对制造商来说适用纵向限制才是有利可图的。因此，分析的重点不应在零售价格上，而应在批发价格上。所以，如果怀疑某个特定的纵向限制并不是为了实现效率，而是缓和了品牌间的竞争，对其所产生的影响的最直接的评估方式，就是考察批发价格。这是一种比要求当事人证明效率更简单的筛查方式。然而，从各国的实际执法情况看，在多数情况下，甚至连对批发价格的考察也被证明是困难的。[②]

针对“跨平台平价协议”（APPA）的竞争政策问题，2015 年 OECD 竞争委员会还进一步组织召开了专题会议。依据该论坛，引发各界日益关注的是，在线平台利用跨平台平价协议去阻碍生产商在那些可以提供更具

① 江山、皮开源译：《在线销售的纵向限制》，载韩伟主编：《OECD 竞争政策圆桌论坛报告选译》，89 ～ 90 页，北京，法律出版社，2015。

② 同上。

竞争力的佣金率的竞争性平台上降低零售价格。这类协议消除了不同平台之间在向生产商收取佣金方面展开竞争的动机，从而抬高了佣金以及最终由消费者支付的价格。这类协议也可能阻碍新的低成本平台进入市场，减少创新，甚至促成共谋。会议表明，尽管目前的案例很少，对于在线平台利用协议去阻碍生产商，在那些可以提供更具竞争力的佣金率的竞争性平台上降低零售价格，这一竞争关注日益受到各界重视。此外，较之传统的纵向限制，对于限制生产商在线平台自由的协议所带来的竞争影响，整体而言大家对之还没有很好地理解。这类协议可能包括对条款、条件以及价格的限制。会议讨论了四种直接竞争损害理论。第一种也是最重要的一种，这些协议的适用意味着，不同平台无法为了提升它们的销量或预订量而实行差异化定价。对于那些基于一项 APPA 向平台支付佣金的生产商，竞争性平台没有动力降低其佣金。基于一项 APPA，平台可以提升其佣金而不用担心这会造成价格差异从而导致其业务流失。这意味着，即使存在有效的品牌间竞争，除了消除品牌内价格竞争，APPA 还能显著抬高平台上生产商的价格。第二种，尽管 APPA 可以鼓励那些基于质量而非价格展开竞争的高成本平台进入市场，但阻碍了低成本平台进入市场。价格差异化的缺失，妨碍了消费者在价格与质量之间进行更好的权衡取舍。第三种，存在 APPA 的情形下，各平台之间不太可能在向生产商提供更优质服务方面展开竞争，因为这类协议使得生产商无法通过将消费者导向提供更好的服务（如反欺诈保护）的平台而从中获益。第四种，APPA 可能促成共谋。具体而言，或者通过提高生产商监督共谋协议遵守的能力，促进生产商之间在零售价格上达成共谋；或者通过创设一项针对共谋佣金的平台背离行为的自动惩罚机制，促进平台之间在佣金方面达成共谋。此次会议还讨论了竞争执法部门评估 APPA 的各种法律方法。在某些案件中，APPA 被认为是固定价格的横向共谋。在另一些案件中，它们则被认定为纵向价格限制。有专家认为，这些限制应被视为目的限制（restrictions by object），当企业证明该类协议产生了抵消性效率时方可被豁免。也有人认为，评估竞争效果需要采取个案分析法，有针对性的救济措施可以让消费者受益。讨论表明，不同司法辖区对 APPA 的处理方式存在差异。在某些案件中，APPA 被视为竞争对手之间为了固定价格而达成的协议。然而，更为普遍的做法是，竞争执法部门将这些协议视为纵向价格限制。有专家认为，广义的 APPA 等同于转售价格维持协议。该专家主张对广义 APPA 的规制程度应该不亚于对 RPM 协议的规制程度，因为强有力的实例证明 APPA 应当被视为目的限制，只有当企业成功证明存在效率的情形下才能被豁免。然而，也有与会者认为，广义 APPA 的总体影响仍不清晰，应基于个案情况进行具体分析。这种效果为基的分析方法使得执法部门可以确定一些缩小一项 APPA 覆盖范围的救济措施，从而消除其反竞争影响。[①]

2. 典型案例：欧盟 Asus, Denon & Marantz, Philips 和 Pioneer 固定在线转售价格案[②]

2017 年 2 月，欧委会宣布对 Asus、Denon& Marantz、Philips 和 Pioneer 涉嫌违反欧盟竞争法的行为展开调查。欧委会关注的问题之一是，这些企业可能限制了那些销售家用电器、笔记本电脑以及 hi-fi 产品的在线零售商自行定价的能力。欧委会认为，由于很多在线零售商都使用与市场上领先竞争对手的零售价格自动匹配的定价软件，这可能使得这些涉嫌违法的价格限制行为更为严重。2018 年 7 月，欧委会宣布 Asus、Denon & Marantz、Philips 和 Pioneer 所从事的固定或限制在线零售商最低转售价格的行为违反欧盟竞争法，并处以总计高达 1 亿 110 万欧元的罚款。本案需要重点关注的就是算法的使用。具体而言，四家生产商通过使用定价算法（自动调节零售价，以匹配竞争对手的零售价格）强制性干涉在线零售商的定价行为。这种限制零售商定价的行为会给更宽泛意义上的电子产品整体在线价格带来不利影响。更为甚者，复杂监测工具的使用使得四个生产商能够有效追踪分销体系中的转售价格的设定，从而在转售价格有所降低的第一时间进行干预。这一价格干预不仅限制了零售商之间的有效价格竞争，还会导致消费者不得不承担更高的产品价格。[③]

---

① OECD, *Competition and Across Platform Parity Agreements*, 2015.

② http://europa.eu/rapid/press-release_IP-18-4601_en.htm.

③ IBid.

二、滥用市场支配地位及其规制

（一）基本规则

市场支配地位，是指经营者在相关市场内具有能够控制商品价格、数量或者其他交易条件，或者能够阻碍、影响其他经营者进入相关市场的能力的市场地位。要认定经营者具有市场支配地位，一般需要先界定相关市场。相关市场是指经营者在一定时期内就特定商品或者服务进行竞争的商品范围和地域范围。在反垄断执法实践中，相关市场范围的大小主要取决于商品（地域）的可替代程度。在市场竞争中对经营者行为构成直接和有效竞争约束的，是市场里存在需求者认为具有较强替代关系的商品或能够提供这些商品的地域，因此，界定相关市场主要从需求者角度进行需求替代分析。当供给替代对经营者行为产生的竞争约束类似于需求替代时，也应考虑供给替代。在界定相关市场的基础上，认定经营者具有市场支配地位，还应当考虑系列因素。

依据《反垄断法》第 18 条，认定经营者具有市场支配地位，应当依据下列因素：（1）该经营者在相关市场的市场份额，以及相关市场的竞争状况；（2）该经营者控制销售市场或者原材料采购市场的能力；（3）该经营者的财力和技术条件；（4）其他经营者对该经营者在交易上的依赖程度；（5）其他经营者进入相关市场的难易程度；（6）与认定该经营者市场支配地位有关的其他因素。《反垄断法》还确定了市场支配地位的推定制度，依据该法第 19 条，有下列情形之一的，可以推定经营者具有市场支配地位：（1）一个经营者在相关市场的市场份额达到二分之一的；（2）两个经营者在相关市场的市场份额合计达到三分之二的；（3）三个经营者在相关市场的市场份额合计达到四分之三的。该条还规定，有前款第（2）项、第（3）项规定的情形，其中有的经营者市场份额不足十分之一的，不应当推定该经营者具有市场支配地位。被推定具有市场支配地位的经营者，有证据证明不具有市场支配地位的，不应当认定其具有市场支配地位。值得注意的是，《电子商务法》的相关规定对电子商务经营者市场支配地位的认定也有一定的参考作用。比如依据《电子商务法》第22条，电子商务经营者因其技术优势、用户数量、对相关行业的控制能力以及其他经营者对该电子商务经营者在交易上的依赖程度等因素而具有市场支配地位的，不得滥用市场支配地位，排除、限制竞争。

针对拥有市场支配地位的市场主体，为确保市场有效竞争机制的维系，《反垄断法》对这类主体附加了特定的义务，即禁止拥有市场支配地位的经营者实施特定的行为。《反垄断法》第17条规定，禁止具有市场支配地位的经营者从事下列滥用市场支配地位的行为：（1）以不公平的高价销售商品或者以不公平的低价购买商品；（2）没有正当理由，以低于成本的价格销售商品；（3）没有正当理由，拒绝与交易相对人进行交易；（4）没有正当理由，限定交易相对人只能与其进行交易或者只能与其指定的经营者进行交易；（5）没有正当理由搭售商品，或者在交易时附加其他不合理的交易条件；（6）没有正当理由，对条件相同的交易相对人在交易价格等交易条件上实行差别待遇；（7）国务院反垄断执法机构认定的其他滥用市场支配地位的行为。

（二）数据拒绝开放

1. 理论发展

数字经济环境下，一个重要的反垄断问题是，拥有市场支配地位的企业对其保有的特定数据集合，能否拒绝向第三方开放，拒绝行为是否构成反垄断法上的滥用市场支配地位。这一问题可能涉及反垄断法上的“必需设施理论”（Essential Facility Doctrine）。该理论源自美国1912年的U.S. v. Terminal Railroad Association of St. Louis案，[①] 依据该理论，一旦某类设施被认定为市场竞争所“必需”，设施拥有者就必须以合理条件向第三方开放该设施的使用。必需设施理论的适用在全球一直存在争议，特定数据集能否构成必需设施也成为近年竞争法理论与实务界关注的前沿问题。

西班牙加泰罗尼亚竞争执法部门2016年发布的《数据驱动型经济：对竞争的挑战》报告指出，将数据视为基本或必要的投入品具有非常重要的

---

① 224 U.S. 383 (1912).

法律后果。特别是，如果数据被有效地概念化为一种基本要素，竞争执法部门可以在某些情况下强制任何拥有此类数据的主体，有义务确保其竞争对手获得此类信息。如果要将数据视为必要的投入品，必须存在以下情况：（1）缺乏替代方案；（2）存在技术、法律或经济性质的障碍，使得如果无法获得特点投入品，其他企业便难以展开有效竞争。[①] 依据 2016 年 OECD 的大数据论坛，在大数据被视为商业成功所需的一种重要原料或资产的市场中，一项竞争关注是，大量个人信息的聚集以及数据分析的深入会强化企业市场力量、锁定消费者以及提高市场进入门槛。诸如要求企业将其数据对外分享等极端救济措施的适用需要仔细权衡，只有不存在更少干预程度的替代救济措施的情况下才能使用这类措施。在竞争执法介入之前，竞争执法部门应当基于个案去考量特定商业行为多大程度上依赖于数据控制和数据分析。执法部门尤其应当考虑下列问题：在相关市场上，数据是否是可复制的？数据可否通过其他渠道收集？不同数据集合之间有多大程度的可替代性？数据多久会过时？潜在进入者展开有效竞争所需的数据规模多大？[②]

荷兰竞争执法部门 2017 年发布的一份研究报告则指出，如果数据被视为某种损害理论的基础，则可以参考欧洲法院（ECJ）有关“必需设施”的认定标准。报告指出，必需设施理论的适用标准非常高，如果要求特定企业承担与竞争对手进行交易且共享其所掌握的数据的义务，至少需要满足以下几项条件：第一，数据对于下游商品而言是必不可少的；第二，上游与下游市场均不存在有效的竞争；第三，拒绝共享数据会妨碍副产品的产生；第四，并不存在拒绝共享数据的客观原因。关于上述标准存在一个关键问题，即将其适用于数据驱动型市场是否合适，因为共享必需设施可能不利于创新发展。尽管在认定必需设施时确实会考虑各种因素，但是为维持有效竞争而要求拥有市场支配地位的企业承担必须交易的义务，有违合同自由原则，包括选择交易对象的自由以及处置自有财产的自由。因此，

① Autoritat Catalana de la Competència, *The Data-Driven Economy. Challenges for Competition*, 2016.

② OECD, *Big Data: Bringing Competition Policy to the Digital Era*, 2016.

不论是竞争执法部门还是法院，为保护有效竞争，在处理涉及拥有市场支配地位企业的案件时，应当综合衡量各种利益。报告指出，正如欧洲法院在 Bronner 案中所澄清，强制进行交易的义务可以在短期之内促进竞争，但长期来看，可能会减损竞争对手开发竞争性设施的积极性。另外，如果竞争对手很容易就可以获取所谓的必需设施，则拥有市场支配地位的企业投资必需设施的积极性也会受挫。因此，长远来看，允许拥有市场支配地位的企业独自保有其所研发的设施有利于竞争。值得注意的是，报告也指出，如果数据仅仅是副产品，而且企业可以通过机器以较低成本进行处理，则较之其他市场中的非数据资产的开放带来的负面影响，数据驱动型市场中的数据开放或者数据共享的负面影响可能相对较低。即便要求数据共享，企业仍可能具有充分的投资积极性。报告认为，这可能为一种主张提供支持，即相对于欧洲法院确立的必需设施认定标准，数据驱动型市场中认定数据作为必需设施的标准不需要那么严苛。[①]

2. 典型案例：美国 hiQ 诉领英案

数据拒绝开放的问题，在实际案例中已经被提出来，比如 2017 年美国发生的 hiQ Labs（简称 hiQ）与领英之间的数据争议案。[②]hiQ 是一家为客户提供雇员评估服务的公司，其服务基础是对市场上公开获取的数据进行统计分析。hiQ 的数据分析业务主要依托于微软旗下的职业社交网站领英的公开数据，过去数年其一直都在获取与使用领英网站上的公开用户数据。2017 年 5 月，领英向 hiQ 发函，要求其停止非授权性数据抓取以及其他违反领英用户协议的行为，禁止 hiQ 继续获取领英用户的公开信息（该案中领英并未就其网站上用户档案信息主张财产性权利）。领英同时还通过系列技术手段，阻止 hiQ 的自动数据收集技术获取相关数据。领英认为，hiQ 未获授权进入领英的计算机系统抓取相关信息，违反了《计算机欺诈与滥用法》（CFAA）。领英认为，hiQ 的数据收集行为威胁了领英用户的隐私。领英指出，即使那些选择公开其档案信息的用户，仍保留控制其数据的使用与可

① ECORYS, *Big data and competition*, 2017.
② Case No. 17-cv-03301-EMC.

见性方面的利益。尤其是，领英还指出，有些用户可能具有防止雇主或他人追踪其档案变更的利益。作为回应，hiQ 针对领英的行为提起诉讼。hiQ 认为领英的行为构成不正当商业行为，并提出普通法下的侵权与合同之诉，包括故意干涉合同以及违反“允诺禁反言”原则。此外，hiQ 还认为领英的行为违反了美国加州宪法有关保护言论自由的规定。hiQ 提出动议请求法院针对领英的行为作出临时禁令。经过分析，法院最终同意了 hiQ 有关临时禁令的动议。2017 年 8 月 14 日，美国加州北区联邦地方法院法官 Edward M. Chen 针对领英的行为颁布了临时禁令。

该案中，hiQ 主张，领英阻止其获得用户数据是基于非法的反竞争目的，领英试图将这些数据融入竞争性产品进而获利，该行为构成加州《反不正当竞争法》（UCL）下的不正当竞争。法院解释道，UCL 宽泛地禁止“非法、不公平或欺诈性的商业行为”。基于“一些立法性宣示的政策或者对于竞争具有实际或威胁效果的证据”，可以认定行为“不正当”。这类政策部分体现在美国联邦反垄断法中。但是，值得注意的是，UCL 下的“不公平”行为并非仅限于实际的反垄断违法行为，还包括“存在即将违反反垄断法的行为，或因其效果与实际违法的效果相同或具有可比性而违反了反垄断法的政策或精神的行为，或者存在以其他方式显著威胁或损害了竞争的行为”。hiQ 认为，领英的行为从两个方面违反了美国反垄断法的精神：首先，领英不正当地将其在“职业社交网络服务市场”的市场力量，“传导”到“数据分析市场”，使得领英滥用其在职业社交网络服务市场的支配地位，以获得在其他市场上不正当的竞争优势。其次，领英的行为违反了“必需设施原则”，该原则禁止具有垄断地位或试图垄断的企业拒绝将其控制的必要设施向其竞争对手开放。法院指出，《谢尔曼法》禁止企业传导其垄断力量去“封锁竞争或获得竞争优势，或者摧毁竞争对手”。本案中，法院认为 hiQ 似乎令人信服地主张了领英在职业社交网络服务市场拥有市场支配地位。此外，hiQ 提供证据证明，领英正试图进入数据分析市场与 hiQ 展开竞争。2017 年 6 月 21 日的电视新闻中，领英 CEO 宣布，领英会充分利用 5 亿用户的数据，确保个体用户获得工作讯息，帮助雇主用户了解其所需的职员技能以及潜在雇员信息。换句话说，领英已有迹象开发一种与 hiQ 的 Skill Mapper 产品

（该产品帮助雇主了解其雇员具有的相关工作技能）直接竞争的产品。因此，一个貌似合理的推论便是，领英终止 hiQ 获得其公开的用户数据，很大程度上可能是因为其试图将这类数据排他性地控制，用于其自身的商业目的。因此，hiQ 面临实际存在的威胁。该推论得到相关事实的支持，即领英启动相关竞争性产品的时间与其禁止 hiQ 获取公开用户数据的时间大体吻合。

领英指出，其终止 hiQ 获取其用户数据仅仅是为了保护用户的隐私。法院则认为，由于领英的用户数据仍向第三方开放，因此领英这一主张的真实性存疑。hiQ 也指出，其他相关诉讼中，领英认为其用户对于他们选择公开的信息并不存在隐私方面的利益。Perkins v. LinkedIn 案中（No. 13-cv-4303-LHK（N.D. Cal.）），领英的用户发起集团诉讼，认为领英在没有得到用户同意的前提下，不当收集了用户的联系人的电子邮箱地址，并且反复向用户的联系人发送邮件，邀请他们加入领英。领英在那个案件中则主张，其收集的信息仅仅是用户选择公开的信息。值得注意的是，hiQ 在本案中也只是收集那些用户选择公开的信息。

法院认为，领英也许能够证明其行为并非基于反竞争目的，其行为实际上并不存在违反反垄断法的威胁，其行为目的是保护用户隐私偏好以及维持用户的信任。但是，hiQ 提供了一些证据支持其主张，即领英有关禁止其获得数据的决定，目的是在数据分析市场中将 hiQ 这一竞争对手给排除掉，这一行为可能违反了《谢尔曼法》的政策或精神。法院认为，尽管 hiQ 还需要就其主张进一步提供证据，但对于临时禁令而言其已经对 UCL 下的主张本身提出了足够严重的问题。此外，法院也考虑了公共利益问题。法院认为，由于领英行为可能属于违反 UCL 的反竞争行为，因此作出临时禁令有利于公共利益。值得注意的是，虽然 hiQ 没有提出联邦反垄断法（即《谢尔曼法》）下的主张，而仅仅提出了加州 UCL 下的主张，但是法官仍然援引了联邦反垄断法中的理论对领英行为可能对竞争所产生的效果进行了初步分析，因为判例法表明，作为州法的 UCL 以《谢尔曼法》为指引。[①]

---

① 韩伟、胡铁：《hiQ v. LinkedIn 数据争议案中的竞争法问题》，载微信公众号“数字市场竞争政策研究”，2017 年 8 月 17 日。

（二）算法歧视

1. 理论发展

反垄断规则中，对于拥有市场支配地位的经营者，如果没有正当理由，对条件相同的交易相对人在交易价格等交易条件上实行差别待遇（或称为歧视待遇），可能构成滥用市场支配地位。差别待遇对市场竞争的影响大致有两方面，一方面是对行为人所处市场竞争的损害（一线竞争或横向竞争损害）；另一方面是对交易对手所处市场竞争的损害（二线竞争或纵向竞争损害）。

随着算法在经济生活中普遍适用，借助算法实施的差别待遇成为近年各国面临的新问题，即算法歧视的反垄断法适用问题。近年理论研究重点关注借助算法实现的价格歧视问题。传统环境下，价格歧视维系的条件主要涉及差异化定价以及有限的套利。随着数字经济的发展，特别是算法驱动型商业模式的不断出现，开始有学者讨论“完美价格歧视”（perfect price discrimination）问题。理论界所谓的价格歧视，互联网行业称为“价格最优化”（price optimization）或者“动态差异化定价”（dynamic differential pricing）。有研究指出，大数据、大分析（Big Analytics）有可能让在线卖家实施完美价格歧视（每个客户支付的价格都是其愿意支付的价格）。企业还可以利用大数据帮助其“自我学习定价算法”去实施最优的歧视性广告与定价。随着各类专业数据分析公司（data broker）的发展，这类公司除了收集与个人兴趣以及线上、线下行为相关的数据，还可以提供分析服务。不过研究也指出，要实现完美价格歧视仍面临诸多问题：（1）有限数据。企业必须开发一种能够发现客户“保留价格”（Reservation Price）的算法，但企业仍面临客户相关数据不足的问题，特别是特定客户的数据。（2）预测性与非理性。定价算法需要巨量数据，需要确认所有影响个体“保留价格”的相关变量，但消费者的每次购买过程都存在差异，比如所处时间、地点、性别、年龄、教育背景、物品展示顺序、相对价格等。因此，基于不完备数据进行的预测不可避免具有假设性质。（3）样本规模有限。算法需要充足的样本确保其假设的稳健性。如果算法无法基于个体行为与环境因素测算出个体的“保留价格”，则算法无法实施完美价格歧视。[①]

目前的研究还涉及“近乎完美行为歧视”。企业可以基于大量收集的个人数据，通过算法去确认影响个体购买产品的情绪（或倾向）。企业实施行为歧视，可以通过提升整体的消费量以及降低消费者剩余去提升企业利润。相关研究还梳理了可以帮助企业实施差别待遇，发现客户消费倾向的方法：（1）利用诱饵，比如在线网站就某种产品特定款型设置高价，通过价格悬殊让消费者更容易接受该类产品的主力款型价格，从而促进消费者对主力款型的购买；（2）价格操纵，比如网上对不同群体显示不同产品信息；（3）提升复杂性，比如提升产品在价格、质量参数等方面的复杂性，让消费者更难评估质量，进行产品比对；（4）水滴定价（drip pricing），比如网络交易过程中逐步向消费者公开需支付的更多费用；（5）不完美意志力，比如对更有耐心的客户提供折扣；（6）通过框架效应（framing effects）[②]降低可觉察的不公，比如通过提供折扣的方式实现价格歧视。[③]一般来说，维系价格歧视的核心条件包括限制套利以及了解客户的支付意愿。就数字经济对套利能力的影响而言，整体来说并不确定，这是因为一方面，数字产品的属性让企业可以对产品再使用进行限制，使得套利更为困难。另一方面，数字平台也创造了新的让转售产品更为有效的市场，比如分享经济，使得套利更容易。不过，数字经济的发展大大促进了企业了解客户支付意愿的能力。现今企业可基于收集的大量个人数据，通过算法确认影响个体的购物偏好。数据包括客户移动设备位置信息，家庭住址，所使用计算机类型，拥有或使用的设备类型，以往浏览历史，读过的文章，购买过的物品，浏览或下载过的内容，社交媒体上的留言、图片等。通过将这些信息与物联网中提取的数据进行整合，比如从汽车、厨房设备、保健设备中输出的信息，

---

① Ezrachi A., M. E. Stucke, *Virtual Competition: The Promise and Perils of the Algorithm-Driven Economy*. Boston: Harvard University Press, 2016, pp. 89–100.

② 即两种在逻辑意义上相似的说法却导致了不同的决策判断，或者由于不一样的表达导致不一样结果的现象。

③ Ezrachi A., M. E. Stucke, *Virtual Competition: The Promise and Perils of the Algorithm-Driven Economy*. Boston: Harvard University Press, 2016, pp. 101–116.

并且观察客户何时购买何时不会购买，这为企业提供了机会，即利用日益复杂的算法，对个体消费者的支付意愿进行建模与预测，进行精准的用户画像。因此，这一发展趋势，使得传统理论上无法实现的完美价格歧视也成为现今理论界关注的对象。

“欧洲监管中心”（CERRE）2017 年发布的项目报告《大数据与竞争政策：市场力量、个性化定价与广告》重点讨论了个性化定价问题。该报告指出，个性化定价的福利效应并不清晰。价格歧视并不必然损害福利或消费者剩余。而且，较之统一定价，价格歧视还可能提升福利以及 / 或者消费者剩余。因此，从经济学角度看，对个性化定价采取本身违法的禁止原则并不合理。价格歧视的竞争关注之一是，其可以被用作一种垄断工具。比如，一家在位企业可能通过设定很低的价格抢先进入某市场或打入某消费者群体。在位企业也可能通过提供忠实折扣去阻碍竞争对手进入市场。如果价格歧视取决于详细的消费者数据，并且在位企业排他性地获得这类消费者数据，则前述竞争关注会更为严重。这种潜在的排他性行为需要竞争执法部门予以规制，但并非需要对个性化定价本身予以禁止。因此，该研究的主要政策建议是：个性化定价策略应该是透明的，从而确保消费者对在线市场的信任，以给所有在线市场参与者带来积极影响。这可能要求出台更为详细的指南，去澄清一般消费者保护规则如何适用于个性化定价。这也要求所有欧盟成员国更为有效地实施消费者保护政策。比如，一经接到投诉，在线价格可能需要消费者保护部门有效监督。一种可选解决方案是对定价算法进行监管，但这似乎太过复杂且成本高昂，并且对企业通过复杂的定价算法实现创新的激励还可能造成负面影响。此外，要求企业披露算法也可能触及商业模式的核心，且可能涉及商业秘密。因此，这种思路似乎不具有可行性。另一种解决方案是运用自动化检测，比如通过虚拟的神秘顾客进行检测。对于在线企业的定价策略，该研究不推荐进行持续监督，而是进行定期监督。①

OECD2018 年的“电子商务”竞争政策圆桌论坛背景报告则指出，

① 韩伟、高雅洁译：《CERRE 2017 年〈大数据与竞争政策〉调研报告摘要》，载微信公众号“数字市场竞争政策研究”，2017 年 11 月 13 日。

电子商务市场也可能出现剥削性滥用问题，具体包括价格歧视、过高定价等。在当代竞争法律体系中，剥削性滥用通常不被视为竞争执法的优先事项，实际上也不属于某些司法辖区滥用行为的规范范围。然而，随着经济经济发展，反垄断理论与实务界对公平和不平等问题日益关注，这种背景下，针对剥削性滥用问题可能值得引起更多的关注。价格歧视是电子商务市场中特别受关注的问题，因为广泛的个人数据收集以及其考虑了顾客过去购物习惯和支付意愿的定价算法的使用，使得在线零售商可以为顾客提供个性化定价。结果是，一些客户为同一产品支付的费用高于其他客户，这使得零售平台可以在某些销售中获得更高的利润。OECD 报告指出，与数字经济的其他领域一样，考虑在电子商务市场中采取行动的执法者应该在两个方面进行平衡：一方面，需要更灵活地应用反垄断规则来解决新形式的滥用；另一方面，在创新发挥核心作用的快速发展的市场中，实施监管性的限制措施必需要有充分的合理性。政策制定者还应牢记可用的监管工具不止竞争法，如果竞争法无法提供令人满意的解决方案，消费者权益保护法、数据隐私或行业特定的立法，可能会提供更合适的法律救济措施。[①]

2. 典型案例：欧盟谷歌案[②]

现代经济的一个突出特征是，成功的网络平台企业往往同时活跃在众多不同但相互的关联的细分市场中。因此，在一个产品市场中占支配地位的企业，较之其他贸易伙伴，可以通过对其自己的子公司产品给予更优待遇，从而将其市场支配地位扩展或“杠杆化”到相邻的细分市场。欧洲委员会 2017 年处理的谷歌案没有直接涉及价格歧视问题，但涉及借助算法进行差别待遇的问题。

2017 年 6 月，因谷歌滥用搜索引擎市场支配地位，损害比较购物服务市场竞争，被欧委会处罚 24.2 亿欧元。该案中，谷歌搜索算法扮演着重要角色。欧委会认为，谷歌在整个欧洲经济区（EEA）的通用搜索服务市场

① OECD, *Implications of E-commerce for Competition Policy - Background Note*, 2018.

② http://ec.europa.eu/competition/elojade/isef/case_details.cfm?proc_code=1_39740.

占据支配地位。谷歌通过给予自己的比较购物服务非法竞争优势，在13个EEA国家滥用了市场支配地位。谷歌的行为给谷歌自己的比较购物服务与竞争性比较购物服务之间的竞争带来重大不利影响。该行为以竞争性比较购物服务失去流量为代价，进而使得谷歌自己的比较购物服务获取大量流量，最终损害欧盟境内消费者的利益。谷歌的行为扼杀了比较购物服务市场上的竞争，剥夺了消费者的选择权和获益于创新的权利。

当用户输入一个问题时，谷歌程序会运行两套算法："通用搜索算法"以及"专业搜索算法"。通用搜索算法用于对包含任何内容的网页进行排序。专业搜索算法是经过特别优化设计的，以帮助用户搜索到某特定类型的信息，比如有关新闻、当地商业或产品的信息。两类算法得出的搜索结果同时在谷歌的通用搜索结果页面显示。为了回应一项搜索请求，谷歌利用算法对通用搜索结果进行排序。谷歌特别依赖的一种算法被称为PageRank，该算法本质是根据可以跳转至某网页的链接数量和质量来衡量该网页的重要性。谷歌的比较购物服务是谷歌的专业搜索服务之一，回应用户搜索请求，谷歌会展示来自不同商业网站的各种产品以供消费者比较。为增进用户体验，谷歌对PageRank算法结果适用了各种调节机制。谷歌通过专用算法对那些不符合其网站管理指南的网站进行自动地识别与排序降级。少数情况下，谷歌的"作弊团队"以及"不良网址团队"的部分员工也会对部分不符合网站管理指南的网站进行手动降级。经分析，欧委会发现，欧洲经济区范围内的竞争性比较购物服务，容易被谷歌的专用算法即X算法（保密信息）与Panda算法（自2014年5月起被称为Panda 4.0）降级。

谷歌的比较购物服务与竞争性比较购物服务在谷歌通用搜索结果显示页面排位情况主要存在两个主要差异：（1）谷歌自己的比较购物服务不受其竞争对手所面临的排序机制，比如X算法与Panda算法这类调节算法的影响；（2）一旦用户发起搜索请求，谷歌自己的比较购物服务结果就会出现于谷歌通用搜索结果首页的高度醒目的位置，例如位于所有通用搜索结果的顶端，或处于通用搜索结果中为数不多的前几位。谷歌自身的比较购物服务与竞争性比较购物服务在谷歌通用搜索结果页面被展示的主要差异是，从谷歌的比较购物服务中获得的专业搜索结果，通过更为丰富的图形特征，包括图片与动态信息被展示。这些更为丰富的图形特征带来了更高的点击率。欧委会发现，实际上 2008 年以前，谷歌的比较购物服务在获得流量方面并不成功。截至 2007 年年初，谷歌自己的比较购物服务以每年 21% 的速度在失去流量，而谷歌的通用搜索服务则同比增长 23%。欧委会认为，谷歌的行为降低了从谷歌通用搜索结果页面导向竞争性比较购物服务的流量，提高了从谷歌通用搜索结果页面导向谷歌自己比较购物服务的流量。比如某主体（保密信息）指出，2010 年 10 月 28 日，从谷歌通用搜索结果页导向其法国网站的通用搜索流量突然降低了 80.4%。从谷歌通用搜索结果页面导向其法国网站的通用搜索流量保持这一低水平一直到 2010 年年底。该主体还指出，2011—2014 年，即 Panda 算法版本更新的同一时段，从谷歌通用搜索结果页导向其比较购物服务的通用搜索流量，出现了突然的下降。限制行为导致在行为发生的 13 个欧洲经济区国家中，导向谷歌自己的比较购物服务的流量都出现持续性上升。以 2008—2014 年为例，欧委会将在英国、德国、法国和荷兰的谷歌通用搜索结果页面中 Product Universals 和 Shopping Units 的触发率，与从谷歌通用搜索结果页面导向 Google Product Search 和 Google Shopping 的流量，进行了比较并指出，谷歌通用搜索结果页面中谷歌自己的比较购物服务的更高触发率与其服务所获取的更高流量相关。

欧委会经过评估分析，认为 X 算法和 Panda 算法对于降低从谷歌通用搜索结果页面导向竞争性比较购物服务的通用搜索流量发挥了作用。相比之下，谷歌自己的比较购物服务却从未被 X 算法降级。比如基于独立第三方公司 Sistrix 对英国、德国、法国、意大利以及西班牙情况的评估，以及欧委会基于 Sistrix 的数据的分析，可以发现，在 2010 年 8 月 2 日—2016 年 12 月 2 日之间，大部分最为重要的比较购物服务，它们的流量以及在谷歌通用搜索结果页的可见度：（1）峰值是 2010 年年底以及 2011 年年初；（2）在 Panda 算法在欧洲经济区国家推出后，突然下跌；（3）事后就没有出现持续性的恢复。最终，欧委会认定谷歌的滥用行为成立，予以罚款。

三、经营者集中及其规制

（一）基本规则

《反垄断法》意义上的经营者集中是指下列情形：（1）经营者合并；（2）经营者通过取得股权或者资产的方式取得对其他经营者的控制权；（3）经营者通过合同等方式取得对其他经营者的控制权或者能够对其他经营者施加决定性影响。我国《反垄断法》确立了经营者集中反垄断审查的事前申报制度，经营者集中达到国务院规定的申报标准的，经营者应当事先向国务院反垄断执法机构申报，未申报的不得实施集中。具体而言，依据 2008 年《国务院关于经营者集中申报标准的规定》，经营者集中达到下列标准之一的，经营者应当事先向国务院商务主管部门申报，未申报的不得实施集中：（1）参与集中的所有经营者上一会计年度在全球范围内的营业额合计超过 100 亿元人民币，并且其中至少两个经营者上一会计年度在中国境内的营业额均超过 4 亿元人民币；（2）参与集中的所有经营者上一会计年度在中国境内的营业额合计超过 20 亿元人民币，并且其中至少两个经营者上一会计年度在中国境内的营业额均超过 4 亿元人民币。该规定还指出，营业额的计算，应当考虑银行、保险、证券、期货等特殊行业、领域的实际情况，具体办法由国务院商务主管部门会同国务院有关部门制定。2009 年，商务部还联合人民银行、证监会、银监会、保监会，发布了《金融业经营者集中申报营业额计算办法》，比如该办法第 3 条规定，银行业金融机构的营业额要素包括以下项目：利息净收入；手续费及佣金净收入；投资收益；公允价值变动收益；汇兑收益；其他业务收入。依据《反垄断法》，审查经营者集中，应当考虑下列因素：（1）参与集中的经营者在相关市场的市场份额及其对市场的控制力；（2）相关市场的市场集中度；（3）经营者集中对市场进入、技术进步的影响；（4）经营者集中对消费者和其他有关经营者的影响；（5）经营者集中对国民经济发展的影响；（6）国务院反垄断执法机构认为应当考虑的影响市场竞争的其他因素。经过审查，经营者集中具有或者可能具有排除、限制竞争效果的，国务院反垄断执法机构应当作出禁止经营者集中的决定。但是，经营者能够证明该集中对竞争产生的有利影响明显大于不利影响，或者符合社会公共利益的，国务院反垄断执法机构可以作出对经营者集中不予禁止的决定。对不予禁止的经营者集中，国务院反垄断执法机构可以决定附加减少集中对竞争产生不利影响的限制性条件。

（二）数据驱动型并购

1. 理论发展

由于数据（特别是用户个人数据）在商业中的地位日益重要，当前全球很多并购交易涉及数据整合，甚至一些并购交易启动的目的就是数据整合。可以预期，在数字经济环境下，数据驱动型并购会成为全球并购的新趋势。

2016 年法国竞争管理局与德国联邦卡特尔局联合发布的《竞争法与数据》研究报告在梳理和数据相关的反竞争行为时，讨论了相关的并购问题。依据该报告，为了更好地获得数据，公司的首要战略是获得其他公司的数据集合，或者直接收购其他公司。在许多市场上，因为新公司的市场份额低，或是横向上没有业务重叠，在位企业和新企业之间的合并对市场结构产生的影响很小。不过，在数据相关市场，这样的合并可能使得新企业得以获得差异化的数据，提高在这一市场的数据集中度。在评估合并可能带来的限制竞争效果时，执法部门可能密切关注合并后企业通过整合不同领域的数据获得的优势。具体来说，如果数据的合并会让竞争对手难以复制数据库中可提取的信息，这会引发对数据的竞争关注。此外，两个在不同市场已经拥有强大市场地位的公司的合并，将会阻碍新竞争者进入这些市场。比如，拥有大量个人数据的线上服务供应商可能试图去并购计算机、智能手机或者软件生产商，来确保继续获得大量的数据。[①]

日本公正交易委员会 2017 年发布的《数据与竞争政策调研报告》则具

① 韩伟、李正、沈罗怡：《法德〈竞争法与数据〉调研报告介评》，载韩伟主编：《数字市场竞争政策研究》，192 ～ 214 页，北京，法律出版社，2017。

体讨论了与数据相关的并购审查中的考量因素。该报告指出，随着数据收集对企业经营活动越来越重要，拥有大量数据的 IT 企业渐渐通过跨行业合并开始进军很多不同的领域，如自动驾驶、金融服务等。近几年，与数据相关的企业合并越来越多。合并不仅仅包括横向和纵向合并，还包括混合合并。对于企业并购的申报，如果合并企业一方拥有大量的数据或者拥有收集数据的渠道，除了考虑数据的稀缺性和可替代性，报告指出还需要综合考虑以下五方面的问题：第一，对于提供免费服务的数字平台而言，隐私保护是竞争的重要方面，在这种情况下，如果隐私保护可以被视为产品质量的一个维度，那么降低隐私保护水平就可能带来排除或限制竞争的效果。在合并审查的过程中，可能有必要将隐私保护作为批准交易的条件，要求其不改变原有的隐私保护政策。一些案件中，对交易附加限制性条件，即如果交易各方的隐私政策不同，则一方所收集的数据不能用于另一方的经营活动。第二，数据主要被用于进行分析、研发 AI 技术及开发产品时，与数据收集、整合和使用相关的技术发展就是一种研发活动。那么，在合并审查过程中，尽管产品可能还在研发阶段，对竞争的影响还不确定，但仍有必要考察是否存在因数据积累或相关数据使用技术的发展而导致市场支配地位出现的风险。第三，通过免费服务等方式收集的大量数据，可以在短期内基于算法去改善产品功能。这种情形下，如果能确保网络效应作用下的基于对原始数据的收集与机器学习带来的产品功能改善的良性循环，一般不会导致在利用数据的产品市场中出现市场支配地位。第四，在数据作为产品重要原料的情况下，如果合并企业一方控制了数据收集的渠道，就存在出现市场支配地位的风险。第五，数据本身被单独交易的情形下，不论使用数据的产品所在的市场竞争环境如何，只要特定行为对数据交易的竞争带来不利影响，数据交易市场就应受到反垄断法的规制。此外，该报告也指出，有观点认为，尤其在混合合并情形下，如果基于数据对交易各方的业务存在广泛的用途，在合并审查中对交易方大范围的业务都进行审查，这会给交易方附加过重的负担。有建议则指出，在合并审查中，如果要将数据作为产品或技术发展的一种投入品进行合理的评估，还是有必要从市场封锁与排他性的角度进行适当的调查。[①]

数字经济发展的过程中，持有大量个人数据的企业利用数据挖掘分析用户的行为习惯、进行消费群体细分，得出有价值的商业信息，因此个人数据已经成为企业的一项重要资产。在数据在企业获取竞争优势中发挥越来越重要的作用的情况下，企业也开始越来越广泛和深入地收集和使用个人数据，而个人数据的使用与隐私密不可分。在这样的背景下，隐私保护在数据与竞争的问题中被一并提出来。欧盟数据保护监督委员会（EDPS）于 2014 年发布的报告《大数据时代背景下隐私与竞争力》指出，竞争执法、隐私保护和消费者保护相关法律的共同适用有助于应对大数据所带来的挑战，隐私政策可以成为企业的竞争优势，企业可以在竞争方面展开竞争。[②]企业通过合并实现数据集的合并，数据规模的扩大使得企业获得更强的市场力量，从而有动机降低隐私保护标准。2016 年法国竞争管理局与德国联邦卡特尔局联合发布的《竞争法与数据》研究报告也指出，在合并案件中，如果企业拥有很强的市场力量，那么数据隐私就可能与竞争相关。如果横向的竞争者之间将隐私作为产品质量的一个方面展开竞争，他们的合并可能降低产品质量。[③]

2. 典型案例：欧盟微软收购领英案[④]

2016 年发生的微软收购领英案，便是引起全球高度关注的数据驱动型并购交易。2016 年 10 月，欧盟委员会收到微软收购领英这一交易的反垄断申报，经过审查，2016 年 12 月欧委会对该交易作出附条件批准的决定。从微软收购领英案来看，数据驱动型并购交易中，数据相关的原料封锁以及隐私保护问题，将是今后各国反垄断执法部门关注的重点。

---

① 韩伟、李正：《日本〈数据与竞争政策调研报告〉要点与启示》，载《经济法论丛》，2018（1）。

② 尹冉冉、吴涵、黎辉辉：《欧盟〈数字经济中竞争政策面临的挑战〉调研报告介评》，载韩伟主编：《数字市场竞争政策研究》，33 ～ 53 页，北京，法律出版社，2017。

③ 韩伟、李正、沈罗怡：《法德〈竞争法与数据〉调研报告介评》，载韩伟主编：《数字市场竞争政策研究》，193 ～ 214 页，北京，法律出版社，2017。

④ Case M.8124 – Microsoft / LinkedIn, http://ec.europa.eu/competition/mergers/cases/decisions/m8124_1349_5.pdf.

该案中，针对“办公软件市场”，欧委会主要分析了涉及数据问题的原料封锁。市场调研期间，欧委会担心微软通过利用领英的完整数据进一步提升其在办公软件市场的支配地位。特别是，微软可以将其数据与日后可能成为适用于办公软件解决方案的机器学习的一种重要原料的领英完整数据予以整合。基于此，欧委会担心交易后微软会限制那些竞争性办公软件解决方案企业获得针对机器学习的领英完整数据，从而使得其他办公软件解决方案供应商更难有效竞争以及更难进行创新。经过评估，最终欧委会认为，交易在办公软件解决方案市场不会出现原料封锁方面的竞争问题。微软收购领英案中，针对“客户关系管理软件解决方案市场”，欧委会重点分析了合并后微软能否通过以下两方面的途径去排挤竞争对手：（1）向客户关系管理软件的客户捆绑销售领英的智能销售解决方案；（2）拒绝微软的竞争对手访问领英的数据库，从而阻止竞争对手基于前述访问通过机器学习开发高级的客户关系管理功能。针对客户关系管理软件解决方案市场，欧委会也主要分析了涉及数据问题的原料封锁。在市场调研期间，有竞争性的客户关系管理软件运营商投诉，在不久的将来，领英的完整数据，包括但不限于通过 Sales Navigator 展示的数据，会成为实现客户关系管理软件解决方案某些高级功能所需的机器学习的一种重要的原料。① 这一担忧主要由一家第三方企业提出，其认为交易后微软可以限制竞争性第三方获得客户关系管理软件解决方案所需的领英完整数据，从而让客户关系管理软件解决方案竞争对手更难参会竞争，也加大了市场创新的难度。欧委会评估了这一竞争关注，发现交易前，领英并没有将其完整数据或部分数据向第三方开放用于机器学习目的。这种环境下，上述竞争问题出现的前提是，即使交易不发生，领英也会将其完整数据对外开放。欧委会指出，首先，并不清楚即使交易不发生，领英是否会将数据向第三方开放。其次，如果领英没有动机将完整数据对外开放，如果微软在合并后获得领英的这些数据且通过这些数据改进其客户关系管理软件解决方案，则该交易甚至可能带来促进竞争的效果。因为该交易可能导致新产品的出现或者改进市场上

---

① 基于能够对数据的处理与排列进行学习的算法，机器学习可以得出对用户有用的预测性信息。当适用于客户关系管理软件解决方案时，机器学习可以挑选、整合以及处理客户关系管理软件客户的组织与其他数据，从而对客户关系管理产品用户提出下一步行动建议。

的既存产品，从而有利于消费者。因此，欧委会认为，并不确定在不久的将来领英的完整数据会成为一种重要的原料。①

值得注意的是，该案还涉及职业社交网络服务市场，欧委会在该市场对隐私保护问题也予以关注。微软的一些产品与服务（如个人电脑操作系统、办公软件等）是普遍适用的IT产品与服务。对于使用互联网服务的客户或企业雇员而言，领英的职业社交网络服务也很容易接触到。因此，微软的一些产品与服务被视为领英职业社交网络服务的互补品或者至少与之具有紧密的相关性。欧委会重点分析了封锁职业社交网络服务竞争对手的混合非协同效应，这部分便涉及隐私问题。具体来说，就对消费者的利益与选择的最终影响而言，欧委会考虑了职业社交网络服务市场是否会达到所谓的“倾覆点”（tipping point），从而让领英的平台在当前以及未来数年内都是欧洲经济区范围内唯一的职业社交网络服务供应商。欧委会认为，对消费者的负面影响将是双重的。首先，这会让消费者的选择实质性减少，因为领英的平台将作为用户在欧洲经济区范围内可接触的唯一职业社交网络，不会有新的市场进入者或者新的市场进入者出现的希望很渺茫。其次，封锁效应达到一定程度后，会导致那些用户隐私保护力度比领英更强的既存竞争对手被边缘化（或者让这类潜在竞争对手进入市场更为困难），交易也将限制消费者在选择平台时去考虑隐私保护这一重要的竞争维度。市场调研结果显示，隐私是一种重要的竞争考量参数，是消费者在选择职业社交网络服务时的重要考虑因素。欧委会市场调研的结果显示，在德国与奥地利，XING提供的隐私保护力度较之领英要更强。比如，在注册程序中，XING会要求用户通过点击一个按钮去接受其隐私政策与相关的条款与条件，但领英用户在点击加入按钮后便会自动接受其隐私政策。此外，当XING介绍新服务时，其有提醒新服务将如何收集或使用用户的数据，其会明确地寻求用户的主动同意。此外，不论个人用户是否同意，用户都可以持续使用XING的服务而不会影响其以前使用的任何功能。相反，当领英改变其收集、存储、处理或利用个人数据的政策时，其只会通知成员这些改变的内容，以及如果成员被通知后仍继续使用领英的服务则视为成员同意这些改

① 韩伟：《数据驱动型并购的反垄断审查》，载《竞争法律与政策评论》，2017（3）。

变。最终欧委会认为合并后的企业通过预装、整合以及拒绝对手获得微软的应用程序编程接口这些措施，可以封锁竞争性职业社交网络服务供应商，并会对欧洲经济区范围内市场的有效竞争带来负面影响。

主要参考文献

[1] [德] 弗诺克·亨宁·博德维希主编：《全球反不正当竞争法指引》，黄武双等译，北京，法律出版社，2015。

[2] 韩伟主编：《数字市场竞争政策研究》，北京，法律出版社，2017。

[3] Maurice E. Stucke, Allen P. Grunes, *Big Data and Competition Policy*. Oxford: Oxford University Press, 2016.

[4] Ariel Ezrachi, Maurice E. Stucke, *Virtual Competition: The Promise and Perils of the Algorithm-Driven Economy*. Boston: Harvard University Press, 2016.

[5] Mark R. Patterson, *Antitrust Law in the New Economy.* Boston: Harvard University Press, 2017.

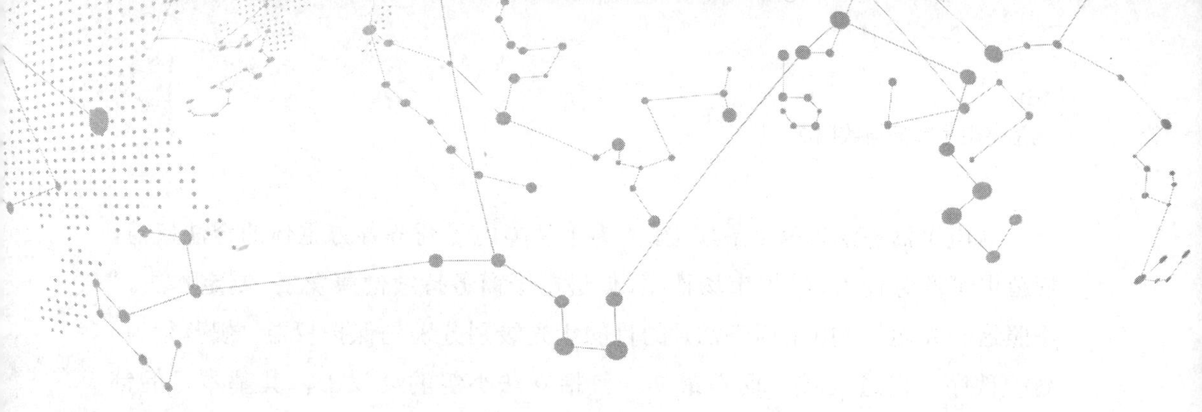

第五章

电子商务与消费者权益保护法

第一节 概　述

对消费者加强保护是新通过的《电子商务法》的核心目的之一。本来，在《电子商务法》立法之初，对消费者的保护并没有摆在那么重要的位置。很重要的原因在于，第一，《消费者权益保护法》早已有了比较多的成熟的规定，而且2013年的修订特别增加了一些在电子商务环境下对于消费者保护的条款，这样《电子商务法》中没有必要再重复规定；第二，《电子商务法》最初界定为产业促进法。促进产业发展，而不是消费者保护，是其最主要的关注点。但是随着立法工作的展开，电子商务经营过程中侵害消费者的事件屡屡被曝光，《电子商务法》的立法被推向了另外一个方向。保护消费者逐渐成为该法的重要内容，甚至优先于产业促进的目的。作为维护消费者利益的公益组织的消费者保护协会，在其中也发挥了重要的作用。

《电子商务法》第1条规定，“为了保障电子商务各方主体的合法权益，规范电子商务行为，维护市场秩序，促进电子商务持续健康发展，制定本法。”按照这一表述，《电子商务法》的目的优先级别分别是保护权益、规范行为、维护秩序、促进发展。而在最初，包括立法小组的会议上，其基本目的都是促进发展、规范秩序、保障权益；可以发现，最初促进发展摆在第一位，但最终立法出台的时候已经摆在了最后，保障权益反而摆在了第一。可见保障权益在电子商务法中的重要地位。当然，如果更进一步仔细看《电子商务法》条文，则会发现所谓的各方权益中，消费者的权益是摆在第一位的，具体是通过对电子商务平台以及平台上的电子商务经营者加以诸多义务而实现。这些义务在《电子商务法》第二章中有详细规定。电子商务平台经营者作为电子商务经营者的特殊主体，其义务更多更重。

本节对消费者权益保护法在电子商务时代的发展进行简要概述，主要围绕两个问题展开：首先是消费者的界定，其次是平台责任的兴起。至于平台责任下的各项具体平台义务，则放在下一章详细阐述。

一、消费者的界定

《电子商务法》中并没有对“消费者”的界定，《消费者权益保护法》里对消费者的定义也不是很明确，该法的第2条规定，“消费者为生活消费需要购买、使用商品或者接受服务，其权益受本法保护；本法未作规定的，受其他有关法律、法规保护。”因而，消费者通常被解释为需要有为个人生活消费的目的，如果单位买东西是办公所需，就不能适用《消费者权益保护法》。

实际上，《电子商务法》并非从消费者的权利的内容方面来加强对消费者的保护，它选择的是另外一条路径，即规定电子商务经营者的具体义务的方式，来反射消费者的权利。这种路径首先避免了与《消费者权益保护法》的重复。事实上，在电子商务领域中《消费者权益保护法》同样适用，不能说因为是网购就不同于线下的店购。商家同样要保证消费者的知情权、自由选择权、公平交易权、安全保障权等。其次，也对网店经营者是否要向线下店看齐以及如何向线下店看齐，给出了明确的答案。从这个角度看，《电子商务法》哪怕是把经营者的义务重复一遍，也是恰当的，因为电子商务经营者的经营环境确实与线下有所不同，而且为了适应网络环境监管的要求，电子商务法对于如何实现经营者的义务提出了一些更为具体的新要求。例如现行的《电子商务法》第 16 条规定，电子商务经营者自行终止从事电子商务的，应当提前三十日在首页显著位置持续公示有关信息。这明显超出线下店的要求，是出于对消费者的保护而强加的对于网店的义务。同样，该法第 17 条的规定，"电子商务经营者应当全面、真实、准确、及时地披露商品或者服务信息，保障消费者的知情权和选择权。电子商务经营者不得以虚构交易、编造用户评价等方式进行虚假或者引人误解的商业宣传，欺骗、误导消费者。"这里的前一句话是《消费者权益保护法》第 8 条和第 9 条的重复，后一句话在《广告法》或者《反不正当竞争法》里也能找到痕迹，但是在这里进行重复规定仍有意义，因为它明确地把刷单刷信行为列在制止之列，给电子商务经营者的相关行为划了一条红线。

职业打假人算不算消费者？司法实践并未达成统一。早些年多认为职业打假者有清理假货的积极意义，所以不应将他们排除在消费者之列。例如在"吴海林诉朱网奇销售无合法生产许可且虚假宣传的保健品构成欺诈请求加倍赔偿消费者权益保障纠纷案"中，[①] 关于吴海林知假买假是否为消费者的问题，法院认为，消费者是相对于生产者、销售者的概念，只要具有购买使用商品或者接受服务的消费行为，且不能被证明系用于销售的，就应当认定为消费者，不应以其知假买假的购物动机否定其消费者的身份。吴海林知假买假行为亦不能否认朱网奇经营的药房对消费者存在的欺诈行为。

例如在"陈春琴与杨超网络购物合同纠纷案"中，[②] 二审法院判决认为，"知假买假指的是消费者在明知将购买的商品是假冒伪劣产品时，仍然对这一商品进行购买。职业打假人是指专门以知假买假后索赔获利为职业的人。根据《最高人民法院关于审理食品药品纠纷案件适用法律若干问题的规定》

① 江苏省无锡市中级人民法院，江苏省无锡市崇安区人民法院（2013）锡民再终字第 0002 号。
② 上海市第二中级人民法院民事判决书（2018）沪 02 民终 1473 号。

第三条的规定，因食品、药品质量问题发生纠纷，购买者向生产者、销售者主张权利，生产者、销售者以购买者明知食品、药品存在质量问题而仍然购买为由进行抗辩的，人民法院不予支持。上述规定明确将知假买假者列入法律保护的范围，对于职业打假人则并未作出明确规定，并未将职业打假人排除在知假买假者之外。据此，本院对于陈春琴关于杨超系知假买假或职业打假人，不受《消费者权益保护法》及《食品安全法》保护的上诉理由不予采纳。”

但是近年来打假行为的负面效应也逐渐凸显。司法判例又开始有所回头。例如在“董婷婷与广州网铭贸易有限公司网络购物合同纠纷案”中，[①] 商户怀疑董婷婷为职业打假人，法院最后支持了商户；在“隋君杰与大连海云天海产品贸易有限公司等网络购物合同纠纷案”中，[②] 济南市中级人民法院认为，“隋君杰 2017 年在一审法院提起诉讼多达十四起，均涉及网络购买海米或烤虾等海产品，并均要求十倍价款赔偿。隋君杰多次、大量购买干货海米，其数量已经远远超出正常食用和消费的范围，足以说明隋君杰购买涉案的海米、虾干并非为生活所需，而是以牟利为目的。综上所述，隋君杰在本案中不具备消费者身份，不能适用《消费者权益保护法》中“消费者”才能享有的主张十倍赔偿的权利。”

二、网络平台法律责任的兴起

《电子商务法》对平台的义务通过法律进行了加强和固化。关于这些义务以及责任，我们在下一章还会进行详细论述。但是在进行论述之前，我们有必要提及互联网时代的发展历程以及互联网平台的法律责任在这一过程中的演变。

放眼全球以及中国的互联网的发展历史，几乎不会有人怀疑平台责任在全球都在逐步趋严。就内容管制而言，平台责任至少经历了三个阶段：第一阶段，以美国的 1996 年的《通讯正当法》（Communication Decency

① 南昌市中级人民法院民事二审判决书，（2018）赣 01 民终 455 号。
② 济南市中级人民法院民事二审判决书，（2018）鲁 01 民终 7421 号。

Act，简称 CDA）为代表，这一时期平台对第三方侵权内容的发布承担很轻的责任（知识产权除外）。这属于互联网发展初期，政府显然是为了促进互联网信息产业的发展，而刻意给平台企业提供了宽松的法律环境。第二阶段，则以 1997 年德国的《多媒体法》等为代表，[①] 要求平台对于网络的内容应该承担适当的监管义务——尤其如果平台可以对内容进行适当控制，并且从中获益的话。这一阶段对应的是互联网已经发展到了一定的阶段，有能力进行适当的技术监管并承担相应的社会责任的阶段。第三阶段，则以欧盟法院 2014 年在 Google Spain SL &Google Inc v Agencia Espa ola de Protección de Datos（AEPD） & Costeja González 被遗忘权案件和欧洲人权法院 2015 年在 Delfi 诉爱莎尼亚案中确立的新规则为代表，[②] 属于严格责任阶段。这一阶段平台不仅仅要对第三方转发的内容进行过滤和监管，还要考虑未来的风险，采取前置性的防范措施，提高网络平台对违法内容的审查和监管义务。

中国的互联网平台的责任加重，可以结合《电子商务法》的出台，《侵权责任法》第 36 条关于网络服务提供商的通知删除义务的重构来看。立法者和行政监管部门都已经意识到，平台治理与传统的治理有所区别，平台在中间由于具有强大的技术力量以及信息采集优势，如果还像互联网发展初期那样对于第三方的内容不需要承担任何责任，将导致大量的侵权现象无从治理或者治理不力。平台因而被赋予更多的期望，要求进行更多的作为，承担更多的责任。

我国的典型案例是快播案。[③]

---

① 德国“多媒体法”的正式名称是《为信息与通讯服务确立基本规范的联邦法》(Gesetz zur Reg elung der Rahmenbedingung en fü Info rmatio ns ～ und Kommunikatio nsdienste) , 简称“信息与通讯服务法”(Info rmatio ns ～ und Kommunikationsdienste ～ Gesetz ～ luKDG)。关于该法案的介绍，可见唐绪军:《破旧与立新并举 自由与义务并重——德国“多媒体法”评介》，载《新闻与传播研究》，1997（3）。

② Google 案，案号 C-131/12，Delfi 案，案号 Delfi AS v. Estonia (2015) ECtHR 64669/09。

③ 吴铭等制作、复制、出版、贩卖、传播淫秽物品牟利罪刑事判决书，一审北京市海淀区人民法院案号：（2015）海刑初字第 512 号，二审北京市第一中级人民法院，案号：（2016）京 01 刑终 592 号。

第二节 《电子商务法》中的消费者权益保护

一、对消费者个人信息保护

《电子商务法》第 23 条是宣示性条款，“电子商务经营者收集、使用其用户的个人信息，应当遵守法律、行政法规有关个人信息保护的规定”，这一条没有实际意义，主要是强调与《网络安全法》的衔接。该法第 24 条则规定得更为具体，“电子商务经营者应当明示用户信息查询、更正、删除以及用户注销的方式、程序，不得对用户信息查询、更正、删除以及用户注销设置不合理条件。电子商务经营者收到用户信息查询或者更正、删除的申请的，应当在核实身份后及时提供查询或者更正、删除用户信息。用户注销的，电子商务经营者应当立即删除该用户的信息；依照法律、行政法规的规定或者双方约定保存的，依照其规定。”这里的规定对消费者的保护比《网络安全法》有进一步的加强。主要在于《网络安全法》中赋予个人信息的修正权和删除权是基于发现个人信息错误，但是并没有明确个人对其个人信息有主动查询的权利，而《电子商务法》则把这种权利明确，这样就把《网络安全法》中个人信息保护的相对被动的权利变成了可以积极主动行使的权利。

当然，《电子商务法》第 24 条中的“用户注销”的权利会带来实践中的疑惑，因为其规定的是消费者提出该请求后，商家需要“立即”注销，但与此同时，该法第 31 条还规定了平台经营者为期三年的信息保存义务，对于平台上的商品服务信息和交易信息需要留有记录。这样，合规的正常理解就应该是消费者提出注销请求之后，至少从前台看该消费者已经被注销，其记录从前台看已经消失。但是为了纠纷解决和诉讼证据的需要，后台仍然应该至少保留三年。理论上说，三年之后后台的记录也应该删除。但这样的要求会给企业带来合规成本，消费者也难有渠道知道内情，因而很不现实。

例如在“庞理鹏与北京趣拿信息技术有限公司等隐私权纠纷上诉案”

中，[①]2014 年 10 月，庞理鹏因订购机票导致个人信息泄密，被泄露具体的信息包括姓名、尾号 9949 的手机号、行程安排（包括起落时间、地点、航班信息）等。而庞理鹏以前曾经通过去哪儿网订过机票，且是东航的常旅客，现有证据显示东航和去哪儿网都留存有庞理鹏的手机号。同时，中航信作为给东航提供商务数据网络服务的第三方也掌握着东航的相关数据。从机票销售的整个环节看，庞理鹏自己、趣拿公司、东航、中航信都是掌握庞理鹏姓名、手机号及涉案行程信息的主体。之后庞理鹏以隐私权受到侵害为由要求相关公司承担侵权责任。二审法院判决认为，“2013 年新颁布的《消费者权益保护法》第 29 条第二款中明确规定，经营者及其工作人员对收集的消费者个人信息必须严格保密，不得泄露、出售或者非法向他人提供。经营者应当采取技术措施和其他必要措施，确保信息安全，防止消费者个人信息泄露、丢失。这是在立法层面上对消费者个人隐私和信息的保护，也是对经营者保护消费者个人信息的强制性规定。经营者违反了该条规定，即视为其存在过错。本案中，东航和趣拿公司作为各自行业的知名企业，一方面因其经营性质掌握了大量的个人信息；另一方面亦有相应的能力保护好消费者的个人信息免受泄露，这既是其社会责任，也是其应尽的法律义务。诚然，对个人信息的保护是一个逐步的过程，从社会现实来讲不宜苛责过甚。但从本院现有证据看，东航和趣拿公司在被媒体多次报道涉嫌泄露乘客隐私后，即应知晓其在信息安全管理方面存在漏洞，但是，该两家公司却并未举证证明其在媒体报道后迅速采取了专门的、有针对性的有效措施，以加强其信息安全保护。而本案泄露事件的发生，正是其疏于防范导致的结果，因而可以认定趣拿公司和东航具有过错，理应承担侵权责任。”

二、对消费者人身和财产安全的保障义务

《电子商务法》第 38 条是很受关注的一条，直到《电子商务法》在立法过程中的第四次审议，各方争议仍然不断。[②]现在的表述为：“电子商务

① 北京市第一中级人民法院民事判决书 (2017) 京 01 民终 509 号。

② 人大官网上的新闻直播会记录，可参阅 http://www.npc.gov.cn/npc/zhibo/zzzb36/node_27356. htm，访问时间：2019 年 1 月。

平台经营者知道或者应当知道平台内经营者销售的商品或者提供的服务不符合保障人身、财产安全的要求，或者有其他侵害消费者合法权益行为，未采取必要措施的，依法与该平台内经营者承担连带责任。”

对关系消费者生命健康的商品或者服务，电子商务平台经营者对平台内经营者的资质资格未尽到审核义务，或者对消费者未尽到安全保障义务，造成消费者损害的，依法承担相应的责任。

该条第一款可以被认为是对《电子商务法》第 13 条的进一步阐述，平台在存在过错的情况下，应该对商户的商品或者服务的品质问题承担连带责任。尽管作为平台而言，可能仍然会受到“应该知道”的范围的困扰，但是这一条款由来已久，包括《消费者权益保护法》第 44 条的第二款的规定，与此保持了高度的一致性。所以可以认为该条第一款不过是对于原来的消费者权益保护法的重述。第二款则不然，在《电子商务法》立法进程中恰逢两例滴滴网约车恶性事件爆发，都涉及无良的网约车司机以及无辜的女乘客。① 大多数舆论和媒体都把矛头指向滴滴公司在网约车业务发展过程中只顾追逐利益，而无视乘客安全问题，这无疑也影响到了《电子商务法》的立法。

在 2018 年 6 月底出台的《电子商务法》三审稿中，第 38 条第二款是将平台责任定性为“连带责任”，即受害者可以将平台一起列为被告，并先行进行损害赔偿的偿付，然后再由平台追究商家的责任。这一规定确实方便了消费者，但是也将网络平台的责任扩大到了可能难以控制的程度，因而电子商务企业几乎齐声反对。② 随后这一措辞在《电子商务法》四审稿中改成了“补充责任”——即将平台的责任限于商家的责任之外，无力赔偿的那一部分。这种改变又受到消费者权益保护协会的猛烈抨击，认为这是立法的倒退，将消费者权益置于可有可无之地。③ 最终的“相应的责任”实际上是这两方力量妥协的产物。

---

① 河南空姐被滴滴司机杀害案，可参阅 http://baijiahao.baidu.com/s?id=1600242233613870189&wfr=spider&for=pc 浙江临清女生被滴滴司机被害案，可参阅 http://zj.qq.com/a/20180826/009346.htm，访问时间均为 2019 年 1 月。

② 可参阅《人民日报》2018 年 8 月 29 日《电子商务法草案：更好保护消费者合法权益》，http://www.npc.gov.cn/zgrdw/npc/cwhhy/13jcwh/2018-08/29/content_2059825.htm.

③ 可参阅刘文学：《电商立法：迎着问题和争议而上》，载《中国人大》，2018（20）。这一段的诸多表述，源于电商法的诸多研讨会。

但是，立法的仓促导致该法第 38 条第二款对双方来说可能有不同的解读。主要分歧至少有两个，第一是“相应的责任”如何解释，可能应该局限于民事责任中，是对于“补充责任”“连带责任”或者“按份责任”等的笼统概括，也可能并非局限于民事责任，而是对于民事责任、行政责任和刑事责任的笼统替代。不过，就立法进程以及《电子商务法》的结构看，这里的责任应该局限于民事责任，因为对于行政责任该法的第 83 条已经有规定。第二个分歧在于这一款承担法律责任的必要前提是未尽到资质审核义务和安全保障义务而造成损害，还是未履行其中一个义务就已经足够了？现在相对合理的理解是这一款其实应该包含两种情况，即未尽到资质审核义务造成消费者损害的，应该承担补充责任，而未尽到安全保障义务造成消费者损害的，极有可能应该承担的是责任。[①]

三、对电子商务企业精准营销的限制

《电子商务法》第 18 条规定，“电子商务经营者根据消费者的兴趣爱好、消费习惯等特征向其提供商品或者服务的搜索结果的，应当同时向该消费者提供不针对其个人特征的选项，尊重和平等保护消费者合法权益。电子商务经营者向消费者发送广告的，应当遵守《中华人民共和国广告法》的有关规定。”

这一条第二款仍然可以认为是重述，而第一款主要是防止单向的精准营销，或者通俗所说的“杀熟”。在大数据时代，电子商务经营者利用大数据算法，通过收集用户画像、支付能力以及支付意愿等进行“千人千面”的广告或者定价推销已经成为现实，并且也代表着未来的大数据应用的具体方向。而消费者感觉到的可能是“一人一价”，甚至出现“会员价”高于正常价格的情况。[②]

---

① 见李小武：《网络平台的安全保障义务研究》，载《上海法学研究》集刊，2019 年第 13 卷。

② 参阅吴晓宇：《携程杀熟事件背后：用户习惯被大数据出卖，重装软件仍受影响》http://baijiahao.baidu.com/s?id=1601868978183938189&wfr=spider&for=pc，访问时间：2019 年 1 月。量子歆：《为什么携程、滴滴都喜欢大数据杀熟，大数据的原罪究竟是什么？》，http://baijiahao.baidu.com/s?id=1601587386892762883&wfr=spider&for=pc，访问时间：2019 年 1 月。

由于大数据分析过程均在商家的后台完成，具有较高的隐蔽性，可能存在消费者受歧视待遇但自己无法察觉的情形。因此，《电子商务法》要求经营者利用大数据分析进行个性化搜索结果展示时，同时提供不针对特定消费者个人特征的产品或服务的选项。这一规定一方面考虑到了技术应用的实践，并不是单纯阻止精准营销的应用，因为这样立法可能导致先进技术不能进入市场；另一方面则要求提供非个性化的界面对比，有助于保障消费者的知情权以及公平交易的权利，并避免“歧视”情况发生。不过，由于《电子商务法》第 2 条第三款将“金融类产品和服务，利用信息网络提供新闻信息、音视频节目、出版以及文化产品等内容方面的服务”，排除在电子商务法的适用范围之外，所以“今日头条”即便是定向营销产品，可能也因为属于内容服务而不在《电子商务法》管辖范畴之内。根据《电子商务法》第 77 条的规定，如果经营者存在违反第 18 条第一款规定的情况，即存在定向营销而未提供一般营销信息的，需承担限期改正，没收违法所得以及罚款的行政责任。

四、限制电子商务企业的搭售行为

《电子商务法》第 19 条规定，“电子商务经营者搭售商品或者服务，应当以显著方式提请消费者注意，不得将搭售商品或者服务作为默认同意的选项。”，从表面上看，这仅仅是将《反不正当竞争法》第 11 条的规定沿用到电子商务的销售中。但是这一规定与之前的规定相比还是更进了一步，其不仅要求电子商务经营者对于搭售需要以显著方式提请消费者注意，同时还明确了默认同意属于禁止性规范。在《电子商务法》实施之后，电子商务企业的默认搭售的行为，即便消费者可以选择不进行搭售，仍然是法律所禁止的。也就是说，立法者不希望消费者在网购过程中陷入商家“搭售”的套路和陷阱之中。根据《电子商务法》第 77 条的规定，如果经营者违反禁止搭售的规定，将需承担限期改正，没收违法所得以及罚款的行政责任。

五、及时退还押金义务

根据《电子商务法》第 21 条的规定，电子商务经营者按照约定向消费者收取押金的，应当明示押金退还的方式、程序，不得对押金退还设置不合理条件。消费者申请退还押金，符合押金退还条件的，电子商务经营者应当及时退还。根据《电子商务法》第 78 条的规定，电子商务经营者违反该规定，未向消费者明示押金退还的方式、程序，对押金退还设置不合理条件，或者不及时退还押金的，由有关主管部门责令限期改正，可以处五万元以上二十万元以下的罚款；情节严重的，处二十万元以上五十万元以下的罚款。

这些规定，明显是针对共享经济（如共享单车、共享充电宝等）等新型电商模式所涉及的向消费者收取押金的情形。考虑到中国的小黄车、小桔车大举进入中国城市，疯狂扩张然后又被收购或者破产的事实，消费者在企业面临困境的情况下可能发现最初的押金已经无法索回。要求电子商务经营者对押金退还的方式和程序进行明确并及时退还，无疑是保护消费者，防止企业逃避责任的一种有效手段。在《电子商务法》生效之前，一些地方已经依据《消费者权益保护法》来要求电子商务企业及时退还消费者的押金。

例如在“广东省消费者委员会、省消委会诉陈等与广州悦骑信息科技有限公司案”中，[①]法院判决认为“被告广州悦骑公司将押金用于生产、经营，虽无法律禁止性规定或约定排除，但根据诚实信用原则，被告广州悦骑公司将消费者缴付的押金用于生产、经营，应以不超出责任财产承受能力为限，超出责任财产的承受能力的，应有保证及时退还消费者押金的足够担保。否则，挪用消费者押金的行为属于恶意，有关责任方应承担责任。被告广州悦骑公司不能在满足上述条件的情况下使用消费者押金，应将消费者支付的押金作专款专用，以免造成退还不能的后果。被告广州悦骑公司的恶意行为，侵犯了广大消费者的财产权、知情权。被告广州悦骑公司辩称，消费者都是通过 APP 注册后缴纳押金，都是固定的合同相对人，并非不特定的消费者，不属于民事公益诉讼所保护的对象。但“小鸣单车”APP 是向符合条件的所有消费者开放，想用“小鸣单车”的消费者都可成为其用户，故“小

① 广东省广州市中级人民法院，(2017) 粤 01 民初 445 号。

鸣单车”的消费者既有现实的又有潜在的，并非仅指已在“小鸣单车”APP注册的消费者。被告广州悦骑公司的行为既侵害了已知消费者的合法权益，亦对潜在消费者的合法权益构成损害危险，故其损害的是不特定消费者群体的合法权益。被告悦骑公司的侵权行为，打击了消费者的消费信心，破坏了诚信经营的市场秩序，动摇了互联网经济繁荣的信任基础，危及了社会公共利益。原告省消委会的委托诉讼代理人关于“人人都是消费者，故而消费者利益是社会公共利益重要组成部分”的辩论意见，与日常生活经验相符，应予赞赏。原告省消委会作为经广东省人民政府批准在广东省设立的消费者协会，根据《民事诉讼法》第55条、《消费者权益保护法》第47条、《最高人民法院关于审理消费民事公益诉讼案件适用法律若干问题的解释》第1条之规定，有权提起本案诉讼。

六、保证金制度

《电子商务法》第58条规定，“国家鼓励电子商务平台经营者建立有利于电子商务发展和消费者权益保护的商品、服务质量担保机制。电子商务平台经营者与平台内经营者协议设立消费者权益保证金的，双方应当就消费者权益保证金的提取数额、管理、使用和退还办法等作出明确约定。消费者要求电子商务平台经营者承担先行赔偿责任以及电子商务平台经营者赔偿后向平台内经营者的追偿，适用《中华人民共和国消费者权益保护法》的有关规定。”这一条是建议性条款，电商平台企业可以利用这一条来订立保证金制度，一方面是保护消费者，另外一方面是应对可能突发的危机事件。

早在2011年，商务部制定的《第三方交易平台服务规范》中就已经有类似的保证金制度的雏形。当时该规范鼓励网络第三方交易平台和平台经营者向消费者提供“卖家保证金”服务，保证金用于消费者的交易损失赔付，保证金的金额、使用方式应事先向当地工商行政主管部门备案并公示。保证金制度使消费者在找不到卖家的情况下，可从第三方平台获得先行赔付，从而保障了消费者的权益。

电子商务中的保证金制度来自于商业实践。最早在美团和DQ的纠纷中，[①] 美团就先启动了先行赔付制度。这一事件为监管部门所效仿，因而在《第三方交易平台服务规范》中予以明确，不过《第三方交易平台服务规范》仅仅是推荐性建议，而且规范的层级明显比《电子商务法》低。电子商务法借鉴了之前的做法，但是并没有要求到工商部门备案，而是将这一制度同样视为平台规则的一部分，要求双方进行协商。不过，尽管保证金制度值得推广，《电子商务法》仍然显示其包容与克制，仅仅将其推荐给平台企业作为一种运营参考。

例如在“常山县天牛电动车商行与浙江淘宝网络有限公司网络服务合同纠纷案”中，[②] 法院判决认为“根据原、被告签订的《淘宝平台服务协议》《消费者保障服务协议》，被告在消费者向其投诉后，作为独立第三方介入调处纠纷，系正当行使合同权利。在原告怠于履行售后责任的情况下，被告根据消费者提供的维修费用凭证及案涉产品的质量，作出的调处决定符合《浙江省“三包”商品目录》规定，亦未违反交易双方的约定，不存在故意或者重大过失。在原告怠于履行调处决定且保证金不足的情况下，被告通过自有资金先行向消费者赔付，并在原告保证金充足后划扣相应费用，符合合同约定。”

七、电子商务企业的规则制定公开及公示义务

相对于消费者而言，电子商务平台上的商家以及电子商务平台本身具有强势地位。这种强势地位的根源是因为双方的信息不对称。平台掌握大量的交易数据，很清楚消费者的消费习惯，而消费者对于平台的定价以及其营销策略可能一无所知。因而《电子商务法》对平台企业以及平台上的商家，规定了具体的规则制定程序公开的义务。

首先是电子商务经营者在停业前 30 天的持续公告义务。《电子商务法》第 16 条规定，“电子商务经营者自行终止从事电子商务的，应当提前 30 日在首页显著位置持续公示有关信息。”这一条的规定针对的是电子商务企

① 参阅 http://s.dianping.com/topic/6719525，访问时间：2019 年 10 月。
② 杭州互联网法院民事判决书 (2018) 浙 0192 民初 30 号。

业可能随时不正常消失而置消费者不顾的情况。这一条要求电子商务企业及时进行公告，同时要求平台也承担相应的监管，如果违反将根据第 76 条第 2 款进行行政处罚。从罚款金额看，平台所受到的惩罚更重，实际上是要求电子商务平台对于其平台商家的“跑路”进行监管。这一条规定有几个地方值得注意，第一是电子商务经营者是“自行终止”，不包括因外力所迫，比如行政机关查封，或者司法机关裁判而被关闭的情况，也不包括平台根据平台罚则而对商户进行惩罚下线的情况。所以并非所有的门店关闭都必然受到这一条的约束。第二是公示必须提前30天，并且公示在首页显著位置，何谓首页显著位置，还需要执法机关和司法裁判的进一步澄清。

其次是电子商务平台经营者的规则制定过程中的公示义务。《电子商务法》第 33 条规定，“电子商务平台经营者应当在其首页显著位置持续公示平台服务协议和交易规则信息或者上述信息的链接标识，并保证经营者和消费者能够便利、完整地阅览和下载。”平台规则是在用户协议、隐私政策之外对于平台治理起重要作用的一类规则。简单地说，用户协议是面向作为个体的消费者或者用户的；隐私政策的对象和用户协议雷同，也面向每一个使用者；而平台规则的对象则比较广，包括用户、商家以及未来的用户、商家以及可能与平台销售或者服务相关的任何机构或者个人。几乎每一类平台都有或明或暗的规则存在。比如，微信程序中的朋友圈人数的上限是 5040，关注的公众号的上限是 100，微信语音不能转发，照片转发一次不能超过 9 张，微信红包不能超过 200 元，等。这些规则一方面限制了平台的产品的功能；另一方面在发生消费者权益纠纷时，往往成为重要的解决依据。

实践中，包括司法裁判过程中经常发生这样的情况，即平台规则可能随时进行更换，消费者在纠纷解决过程中或者诉讼过程中发现有利于自己的规则已经进行了有意变更。有利于消费者的证据无法留存。因而，现在的这一条尤其是保证经营者和消费者能够进行阅览和下载，防止了商家或者平台随意更改规则并且不留痕的情况。平台规则一直以来就是监管部门重视的领域，商务部早在 2011 年就制定了《第三方交易平台服务规范》，这一规范也成为《电子商务法》立法时的重要参考。

《电子商务法》第 34 条规定，“电子商务平台经营者修改平台服务协议和交易规则，应当在其首页显著位置公开征求意见，采取合理措施确保有关各方能够及时充分表达意见。修改内容应当至少在实施前7日予以公示。平台内经营者不接受修改内容，要求退出平台的，电子商务平台经营者不得阻止，并按照修改前的服务协议和交易规则承担相关责任。”这一条是对于平台规则的修改的程序要求，即平台的修改不仅需要公开征求意见，还需要采取合理措施确保各方意见的充分表达。但是这一条存在一些不合理性，比如遇到一些临时紧急行政命令或者监管部门强令平台企业进行整改的情况，实际上平台经营者是受到外界的压力被迫进行合规改变，这时候所谓的采取合理措施确保各方意见充分表达以及7天前予以公示的提法就失去了意义。这一条的第二款为平台内企业自由退出平台提供了保障，实际上是希望平台能尽量地公平公正地对待平台内的商家，但是这种规定如果考虑到平台本身处于强势，而平台内企业并没有多少议价能力的大背景下看，可能仅仅是一种宣示，并没有实际意义。

主要参考文献

[1] 电子商务法起草组：《中华人民共和国电子商务法条文释义》，北京，法律出版社，2018。

[2] 刘金瑞：《合理设定电子商务平台责任，保障电子商务健康有序发展》，载《中国信息安全》，2018(8)。

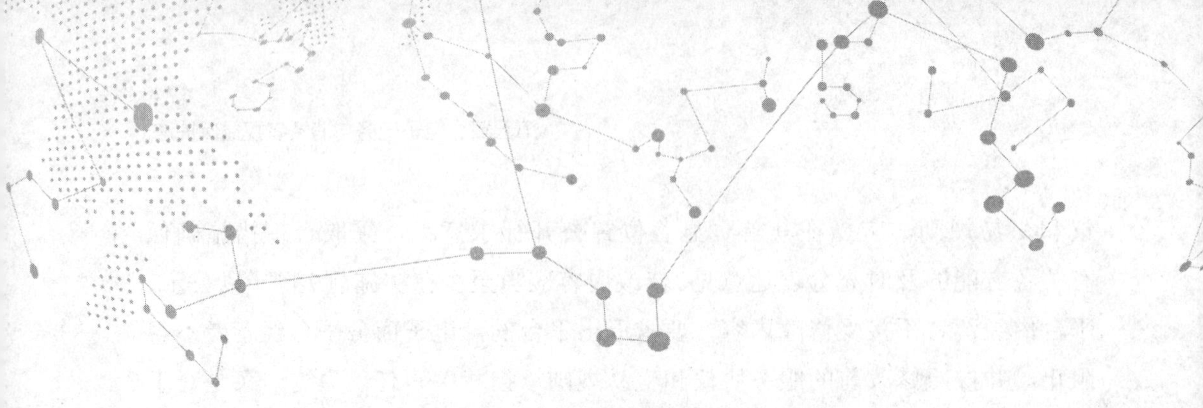

第六章

电子签名法

第一节 电子签名的概念与特征

一、电子签名的概念

电子签名（electronic signature）也称为电子签字，指能够对电子记录进行签字的各种方式的总和。在电子商务领域中传统的书写或者印章等签名方式无法适用，因而产生了电子签名方式。电子签名目前主要是以数字签名的形式表现的，但是还可以有其他形式并且使用各种不同的技术，例如仿生识别器，（biometrics-based identifier）、指纹或者虹膜扫描技术、人脸识别以及其他电子签名技术，等等。[①]

① Smedinghoff J T, Bro H B, "Moving with Change: Electronic Signature Legislation as a Vehicle for Advancing E-commerce", *Journal of Computer & Information Law,*17(1999),730.

《联合国电子签名示范法》将电子签名定义为："在数据电文中，以电子形式所含、所附或在逻辑上与数据电文有联系的数据，它可用于鉴别与数据电文相关的签名人和表明签名人认可数据电文所含信息。"[①]欧盟的《电子签名指令》中将电子签名定义为："以电子形式存在的数据附加在另一个电子数据上或者与其逻辑上联系在一起，而起到认证的作用。"[②]这个定义与《联合国电子签名示范法》的定义基本相同。我国《电子签名法》第 2 条规定，"本法所称电子签名，是指数据电文中以电子形式所含、所附用于识别签名人身份并表明签名人认可其中内容的数据。本法所称数据电文，是指以电子、光学、磁或者类似手段生成、发送、接收或者储存的信息。"

电子签名与数字签名并不完全相同，"数字签名（digital signature）指一种特定技术的电子签名形式。它包括利用公共密匙来对信息进行签名，数字签名是最得到商业和技术上的支持以及法律上反应的一种电子签名技术。"[③]数字签名技术能够防止对信息的非法侵入，使得保证文件的内容没有被篡改和对当事人进行识别。其中的公共密匙工程（public key infrastructure，PKI）是现在电子签名技术中技术最完善和各国使用得最多的技术。美国《犹他州数字签名法》是美国最早的一部关于数字签字的州立法。在该法中"数字签名"被定义为："是意图签名的人创造出的一系列字节，该字节是通过一个单向的方程所对该信息进行运算，然后通过签名人的私钥和非对称加密系统对通过该运算而产生的信息摘要进行加密而与该信息建立联系而创造出来的。"[④]所以根据该定义，这里的数字签名是特指通过非对称加密系统而进行的签字技术。由于 PKI 数字签名制度同时又起到对信息加密的作用，所以常常将电子签名与加密一并讨论和立法，尽管在将来也许用于签名的技术和用于加密的技术可能不同。

---

① 《联合国电子签名示范法》，第 2 条（a）。

② Directive 1999/93/EC of the European Parliament and of the Council of 13 December 1999 on a Community Framework for Electronic Signature, Article 2（1）.

③ Smedinghoff J T, Bro H B, "Moving with Change: Electronic Signature Legislation as a Vehicle for Advancing E-commerce", *Journal of Computer & Information Law,* 17(1999), 730.

④ Utah Digital Signature Act , Utah Code § § 46-3-101 to 46-3-504, Enacted by L. 1995, ch. 61, 46-3-103(10).

如何在电子商务法律中承认电子签名的效力？国际层面和国内层面的立法为电子签名扫清了法律上的障碍。例如《联合国电子签名示范法》第7条（1）规定，“如法律要求要有一个人签名，则对于一项数据电文而言，倘若情况如下，即满足了该项要求：（a）使用了一种方法，鉴定了该人的身份，并且表明该人认可了数据电文内含的信息；和（b）从所有各种情况看来，包括根据任何相关协议，使用方法是可靠的，对生成或传递数据电文的目的来说也是适当的。”

二、电子签名和加密技术在电子商务中的主要作用

电子商务中的信息必须以电子形式进行传播，便自然涉及信息的安全问题，所传输的信息必须可靠和准确是实现交易的前提条件。信息安全的要求要达到以下五个方面。

（1）保密性（confidentiality）。当信息通过电子方式传输时，发送方和接收方都希望信息是保密的，不被第三方阅读。在传统的信件和电话方式中，信件是通过将信封密封来实现保密的，而电话方式则通过私人线路而非共享线路来实现保密，但是在电子商务中，密封信封和私人线路都不可能，加密便是将信息保密的主要方式。在数字签名技术中，主要是通过一个数学运算过程将明文转换成密文来实现保密性的。

（2）完整性（Integrity）。当信息通过电子方式传播时，发送方和接收方都希望保证所接收的信息与发送方发送的信息是完全一致的。信息没有经过任何方式的改变，不管是有意的还是无意的，称为信息的完整性。

在数字签名技术中，完整性校验值可以用来确认信息的内容是否以任何方式被更改过。发送者对所发送的信息进行哈希（hash）计算，根据信息的内容产生一个校验和（checksum）或者完整性校验值。通过哈希计算，如果信息以任何方式更改过，不管有多么的微小，一个不同的完整性校验值或者校验和就会产生。通过完整性校验值或者校验和得到该信息内容是不可能的，因为完整性校验值或者校验和不代表任何意义，不同的信息内容得到相同的完整性校验值或者校验和的可能性非常的小，以至于可以认

为不存在，所以完整性校验值或者校验和本身并不需要保密。在实践中，时间戳技术是认证网络内容产生时间的电子凭证，如果技术可靠，那么时间戳便可以保证该信息在时间上的完整和不被篡改性。

例如在“中山市读书郎电子有限公司与汉华易美（天津）图像技术有限公司侵害著作权纠纷上诉案”中，[①]法院判决认为，“关于汉华易美公司提交的已取得可信时间戳认证证书的证据真实性是否可以确认的问题。读书郎公司上诉称汉华易美公司提交的时间戳认证电子文件未经具有公信力的第三方中立机构现场见证，不能排除文件制作人通过非法和其他不正当手段在计算机上生成该电子文档的可能性，不能作为认定案件事实的依据。可信时间戳认证证书是由我国法定时间机构——国家授时中心负责授时和守时，并由我国唯一专业、权威的第三方时间戳服务机构颁发，符合《电子签名法》的相关规定，能确定‘什么人在什么时候拥有什么样的电子数据’的客观事实，是不能篡改和伪造的。本案中，汉华易美公司对‘读书郎教育电子’微博使用涉案图片取证是在登录联合信任时间戳服务中心的网页后，再登入读书郎公司的‘读书郎教育电子’微博等相关网页进行证据保全，整个取证过程及取证内容均由联合信任时间戳服务中心予以了认证，在没有证据足以推翻上述可信时间戳认证证书的情况下，本院对相关证据的真实性均予以确认。”

（3）认证性（authentication）。当系统或者用户接收到电子信息时，发送者的身份需要认证，目的在于确定发送者与所声明的人是一个人。电子签名的认证性便是用来确认所发送的信息是来自所声明的发送人，发送人不能对信息以及其内容进行反悔。

在数字签名技术中可以利用私钥来计算出数字签名。首先，发送者利用哈希计算出所发送的信息的摘要（message digest），这种摘要是独特的，即不同的信息会得出不同的信息摘要。然后发送人利用其私人密匙对此信息摘要进行加密，得到的结果便是数字签名。由于这一结果来自于信息的内容和发送者的私人密匙，所以是这两者的独特的结果，因而此信息非发送人莫属，而且发送的内容无可争议。数字签名如果使用正确，其证明力

① 广东省中山市中级人民法院民事判决书 (2017) 粤 20 民终 2147 号。

比手写签字的证明力要高得多。

数字签名可以证明信息的内容和原始性。而确认服务和时间戳可以用来确认接收以及时间，数字签名技术可以做到能够证明信息的时间而不必知道信息的内容。

（4）不可否认性（non-repudiation）。一个设计良好的电子商务系统应该有不可否认性，即对于电子信息的来源、接收和内容有不可反驳的证明，包括来源证明（proof of origin）、接收证明（proof of receipt）和内容证明（proof of content）。在数字签名中实现不可否认性最有效的方式是在交易过程中数字签名和哈希计算的结合使用。[①]

总之，安全的电子签名被认为是进一步促进电子商务的发展的关键，它通过下面几个渠道来完成这一目标。首先，与手写签名一样，电子签名应该能够做到识别文件的发送者，并且在没有得到允许的情况下很难复制。其次，电子签名通过证书机构的认证可以保证文件的完整性，使得在没有被察觉的情况下来改变其内容是不可能的；手写签名只是在最后一页上，因此只是确认了最后一页，而电子签名可以确认整个文件直至最后一个句号。再次，被证书机构确认的电子签名可以消除发送者否认的可能性。最后，电子签名可以附加时间戳，使得传输的时间能够确定。

三、有关电子签字与加密立法的不同模式

（一）强加密制度（strong encryption systems）和密钥恢复制度(key recovery systems)

在电子签名与加密的立法问题上，一个重要问题便是采取强加密制度还是密钥恢复制度？强加密制度是指文件的加密技术和过程完全由个人或者独立的团体来决定和确定而没有第三方介入。这种加密方式对于当事人来说是最安全的，但是却引起政府方面的焦虑。当密码技术不是国防事务

① 参阅［美］玛丽莲·格林斯坦，托德 M. 法因曼：《电子商务——安全、风险管理与控制》（英文版），228～256页，北京，机械工业出版社，2000。

的专有技术，个人和公司企业也可以使用之后，很多政府和司法机关都担心这将导致犯罪行为的上升。密钥恢复制度或者钥匙保管制度（key escrow systems）要求将私人密匙或者有关信息储存在作为受托第三方（trusted third parties，TTPs）的政府机关或者一个独立的机构里。这些机构在得到法院的强制令状后有义务将密匙交给法律执行机关。美国是这种制度的主要倡导者。[①]

这两种制度之争实际上是个人隐私权与公共安全之争、公权与私权之争的一个反映。"在密码技术中最广泛地被争论着和最容易引起各国不同的立法政策的一个关键问题，是保密与公共安全之间的矛盾。密码技术对于保护隐私是重要的，但是也需要一个能够合法接触这些保密信息的合适的机制。保护隐私与产业信息的秘密和国家安全部门执法需要之间的平衡是一个政治性的难题。"[②]

"如果合法使用，密码技术可以帮助市民和商人防止欺诈、电子破坏和不恰当地泄漏保密的信息。但不幸的是，因为其具有保密信息的独特功能，密码技术可能被用作非法的目的。这使得法律执行机关要求对这种无法攻克的秘密技术进行严格限制，而私人和企业团体则强烈反对任何限制密码技术的企图，认为这样做会不公平地损害个人隐私和电子商务发展。寻求一种能够平衡用户、政府和国际社会的不同需要的密码政策不是一件容易的事情，在一些国家，这一争论成为矛盾的焦点。"[③]

1. 对强加密制度的顾虑

反对强加密制度的人担心这种制度将导致整个社会的瓦解，因为这些犯罪分子和恐怖分子可以利用密码技术策划他们的活动而无人能够截获信息。1997 年美国联邦调查局主任给美国参议院所作的汇报中认为："如果我们不能对犯罪分子和那些企图进行恐怖犯罪的人的对话进行实时的介入，

① Andrews S., "Who Holds the Key?—A Comparative Study of US and European Encryption Policies", The Journal of Information, Law and Technology, 2(2000), 4.

② Report on Background and Issues of Cryptography Policy, http://www.oecd.org/internet/ieconomy/guidelinesforcryptographypolicy.htm.

③ Andrews S. , "Who Holds the Key?—A Comparative Study of US and European Encryption Policies", *The Journal of Information, Law and Technology*, 2(2000), 3.

那么在很多方面我们将难以保护这个国家。无法破解的密码可以使得毒贩、间谍、恐怖分子甚至暴力团体对他们的犯罪和阴谋进行策划而不受惩罚。”[①]1999年美国的克林顿政府提出了《1999网络空间电子安全法案》(The Cyberspace Electronic Security Act of 1999)，其背景便是由于技术的发展使得法律执行部门陷入了困境，即使持有有效的搜查令，法律执行机关面对密码技术也难以得到信息。所以克林顿政府希望能够控制密码技术而不使其落入恐怖组织或者无赖国家中。[②]

2. 对密码恢复制度的顾虑

尽管美国民间和企业团体也认为恐怖与暴力活动应该受到控制，但密钥恢复制度和钥匙保管制度却受到了他们强烈的反对，他们认为这种制度将破坏电子商务的发展，主要的理由为：（1）这种制度侵犯隐私权。这种制度会侵犯在一些国际公约中得到承认的隐私权，这种制度与传统法律相比，将使得得到涉及个人隐私的信息变得更容易，因此过于侧重政府和法律执行机关而不是个人。（2）这种制度不是一个有效防止犯罪的方法。因为罪犯会轻而易举地使用非保管的密码技术或者多层密码技术避开侦察，非法使用受限制的密码技术所面临的处罚要比他们所犯罪行处罚轻得多，密钥恢复制度为了抓住几个虚无缥缈的违法者却损害了成千上万的用户的利益。（3）这种制度是危险的，高成本的和不安全的。任何储存有这样高价值信息的设施首先便会成为非法入侵者攻击的目标，他们会利用技术上或人的弱点来非法地得到这些信息。同时在全球的水平上建立这样一个复杂的基础设施在现行的技术上是不可行的，成本上也是难以接受的。（4）这种制度会损害电子签名。虽然电子签名只是对信息进行认证而不是隐藏信息，使得他们自身不是法律执行机关所关注的目标，但是密钥恢复制度会对这种电子签名的认证制度造成损害，因为事实上大多数人对于电子签名和密码使用的是同一个密钥，所以这种制度使得个人和企业

---

① Andrews S. ,“Who Holds the Key?—A Comparative Study of US and European Encryption Policies”, *The Journal of Information, Law and Technology*, 2(2000), 4.

② 参阅 Carlton J., Balancing the Need for the Cyberspace Electronic Security Act of 1999 with Constitutional Concerns. at: http://www.gase.com/cyberlaw/ElecsecAct.htm.

不但不能保护他们的隐私而且还会损害他们通讯的权利。（5）这种制度最终会破坏电子商务。如果人们不能依赖电子通讯方式的保密性，那么他们会宁愿使用传统的体系而不是电子商务。因为在传统体系下，监管的成本很高，使得法律执行机关只是对怀疑有非法行为的人进行监管，而现在却使得法律执行机关能够更简单和便宜地监管任何的居民。这使得人们会远远地避开电子商店、电子银行、电子会议等，最终导致电子商务永远不能实现。①

但是密钥恢复制度不仅仅有以上的功能，其对于私人团体或者民间组织的自身的利益有时也是有益的。“第三方能够解除保密信息的需要不仅仅限于政府，个人和企业可能也需要得到解除保密信息的要求。例如，如果密钥持有者死亡，留下了保密信息但是没有密钥来解密，或者持有密钥的雇员辞职而没有留下有关密钥的信息，对信息加密的个人或者企业也许希望在保管机关存放有密钥的备份以使得他们在这种情况下能够合法地得到这些信息。”②因此如何对待这两种制度还是需要进一步考虑的问题。

（二）国际上对于电子签字与加密制度的一些基本态度

电子商务是全球性的，这是人所共知的，一些国际性组织必然试图影响这一领域，而上面两种趋势的较量又在国际舞台上演，一些基本原则已经在有关国际立法活动中显现出来。

（1）最大程度尊重和保护个人隐私和个人数据原则。密码技术应该尽少收集个人的数据和信息，最大程度保护个人的隐私。在 1994 年 11 月 30 日至 12 月 2 日期间，OECD 举行了一个信息基础工程专家会，会议强调了密码政策、保护个人数据和隐私、信息系统的安全和知识产权保护的关系，并且强调安全、隐私和知识产权的保护必须平衡的实现，对其中一个问题

---

① Andrews S.，“Who Holds the Key?—A Comparative Study of US and European Encryption Policies”, *The Journal of Information, Law and Technology*, 2(2000), 5-6.

② Report on Background and Issues of Cryptography Policy, http://www.oecd.org/internet/ieconomy/guidelinesforcryptographypolicy.htm.

的解决不能违反其他目的或者对贸易造成不公平的障碍。[①]1996年经合组织（OECD）成立了一个临时专家小组来制定《密码政策纲要》（Guidelines for Cryptography Policy）。在协商的过程中，小组受到了来自美国的压力，美国试图利用这个契机来推销他们的密钥恢复方案，[②]但是小组还是更多地受到了民间自由组织的影响，在1997年3月27日推出了《密码政策纲要》中建议用户根据现行法律有选择加密方法的权利。[③]根据不同的数据安全的要求会有不同的加密方法的需要，用户应该根据现行法律自由地决定所需数据保护的水平和类型，从而选择适当地保密方法——包括密匙管理制度来适应他们的要求。这一原则要求政府在控制加密方式时应该不超过执行政府责任的必要并且应该最大限度地尊重用户的选择权。《密码政策纲要》虽然允许政府对明文、密匙和加密的数据进行介入，但是并没有提到密钥恢复制度，而且要求最大限度地尊重其他的原则。纲要虽然没有法律上的约束力，但是为成员国发展密码技术提供了有影响力的和清楚的原则，这一纲要没有明确地采纳密钥恢复制度，是对美国作法的间接批评。[④]

"与美国的态度截然相反，欧盟明确地认为密钥保管和密钥恢复制度是危险的、高成本的和无效的，并认为任何对于密码的规则都应该限制到必须的程度。"[⑤]欧盟《电子签名指令》在详述部分也表明了反对密钥保管和密钥恢复制度的态度，"迅速发展的技术和互联网络的全球化特征需要一种对能够对数据进行电子认证的各种技术和服务都开放的方案。"[⑥]"《电

① Report on Background and Issues of Cryptography Policy, http://www.oecd.org/internet/ieconomy/guidelinesforcryptographypolicy.htm.

② Andrews S., "Who Holds the Key?—A Comparative Study of US and European Encryption Policies", The Journal of Information, Law and Technology, 2(2000), 7.

③ Guidelines for Cryptography Policy, principle 2, OECD, 1997.

④ Andrews S., "Who Holds the Key?—A Comparative Study of US and European Encryption Policies", *The Journal of Information, Law and Technology*, 2(2000), 7.

⑤ Andrews S., "Who Holds the Key?—A Comparative Study of US and European Encryption Policies", *The Journal of Information, Law and Technology*, 2(2000), 16.

⑥ Directive 1999/93/EC of the European Parliament and of the Council of 13 December 1999 on a Community Framework for Electronic Signatures, *Official Journal of the European Communities*, 19.1.2000, Whereas(8).

子签名指令》致力于在共同体内对电子签名在法律上的承认和使用；这一系统是私法确定的参加者自由协议而形成的，对于一种特别的电子签名的规则框架是没有必要的，当事人协议进行电子签字的条款和条件的自由应该得到国内法同样的支持；通过这种系统的签字的法律效力和作为证据的能力应该得到承认。”[①] 从这两条详述中我们可以看出，欧盟关于电子签名是反对密钥保管和密钥恢复制度的，而且认为这是私人事务，应该受私法的规范。

欧盟《电子商务指令》的详述中对于通讯的保密问题有所提及，“通讯的保密性由《电子商务指令》第 5 条来保证；根据该指令，成员国应该禁止除发送者和接收者以外的任何人对通讯的截获或者监督行为，除非法律许可。”[②] 从这一简短的文字中我们可以感受到欧盟对钥匙保管制度和密钥恢复制度的反对。

英国一直有限制密码技术私人使用和提供的意图，它一贯支持美国而在欧盟处于孤立的地位，这一政策也受到了私人团体和企业的批评，所以它一直有所摇摆。但是其《调查权力规则法案》（Regulation of Investigatory Powers Bill）赋予了法律执行机关要求密钥披露的权力，而且要求被追诉方负有是否遵从密码披露令状的举证责任，并且花费 25 000 000 英镑建立政府技术支持中心来监视互联网络的传输和电子邮件的通讯。[③] 欧盟希望在这一困境中找到一个平衡的解决方案，其建议，对于法律执行部门更重要的是得到信息的明文而不是密钥。这种方法的优点是避免中心密钥持有机关所带来的危险。[④]

（2）市场导向原则。在《密码政策纲要》中还确定了发展密码技术的

① Directive 1999/93/EC of the European Parliament and of the Council of 13 December 1999 on a Community Framework for Electronic Signatures, *Official Journal of the European Communities*, 19.1.2000, Whereas(16).

② Directive 2000/31/EC of the European Parliament and of the Council of 8 June 2000 on Certain Legal Aspects of Information Society Services, in particular Electronic Commerce, in the Internal Market, Recital (15).

③ Andrews S., “Who Holds the Key?—A Comparative Study of US and European Encryption Policies”, *The Journal of Information, Law and Technology*, 2(2000), 17-20.

④ Andrews S., “Who Holds the Key?—A Comparative Study of US and European Encryption Policies”, *The Journal of Information, Law and Technology*, 2(2000), 21.

市场导向原则，即应该依照个人、企业和政府的需要、要求和责任的不同而发展密码技术。[①] 这样的方式可以最大限度地与变化的技术、用户的需要和对信息和通讯系统的安全产生的威胁保持同步。在发展国际上的技术标准、准则和协议时也应该采取市场导向原则。由于保持电子签字与加密技术的领先地位是在技术上保证信息的安全的极为重要的方面，利用过时的技术对信息进行加密和签字只能是掩耳盗铃，而合法的电子签字和加密技术的使用者与非法入侵者之间一直在进行技术上的较量，那么为了能够保证电子签字与加密技术的领先，市场导向便是最好的办法。

欧盟《电子签名指令》也清楚地体现了在欧盟中对于电子签名技术和服务坚持市场导向原则。欧盟认识到："快速发展的技术和互联网络的全球性特征需要一种可以对数据进行电子认证的各种技术和服务都开放的机制。"[②] 因此"成员国不应该要求验证服务的提供必须经过事先的许可。"[③] 并且欧盟对于高级的电子签名采取的是"自愿鉴定制度（voluntary accreditation sysytems）"，[④] 这些与自愿鉴定有关的规定应该是客观的、透明的、恰当的和非歧视的。[⑤]

我国原来对于商用密码技术的研究和开发采用的是严格的审批制度，1999 年颁布的《商用密码管理条例》第 3 条规定，"商用密码技术属于国家秘密。国家对商用密码产品的科研、生产、销售和使用实行专控管理。"因此商用密码的科研任务由国家密码管理机构指定的单位承担，并由国家密码管理机构许可的单位销售。[⑥] 但是 2019 年 10 月 26 日颁布的《密码法》第 21 条已经将商用密码的研发、生产销售服务和进口向社会包括外商企业开放。

---

① Guidelines for Cryptography Policy, principle 3.OECD, 1997.

② Directive 1999/93/EC of the European Parliament and of the Council of 13 December 1999 on a Community Framework for Electronic Signatures, Whereas: (8).

③ Directive 1999/93/EC of the European Parliament and of the Council of 13 December 1999 on a Community Framework for Electronic Signatures, Article 3 （1）.

④ Directive 1999/93/EC of the European Parliament and of the Council of 13 December 1999 on a Community Framework for Electronic Signatures, Article 2 (13).

⑤ Directive 1999/93/EC of the European Parliament and of the Council of 13 December 1999 on a Community Framework for Electronic Signatures, Articfe 3 （2）.

⑥ 《商用密码管理条例》，第 5 条、第 10 条。

四、电子签名立法的技术中性原则与技术偏向原则

（一）电子签名立法的技术中性原则

技术中性原则认为，立法不应该偏向于某一种技术而歧视另一种技术，不禁止法律对于新技术产生的新问题提出解决方案，只要这种解决方案不歧视其他相似的技术便可以了。[①]在技术中性原则中，一种立法例是不特别指出必须使用的技术，只要求结果必须达到。在美国，在书面形式上的任何标记都可以构成签名，在《统一商法典》中对签名的定义包括任何试图起到认证作用的标记，因此许多州的立法都规定在信息上的任何电子形式都满足签名的要求，美国《统一电子交易法》采取的便是这一方式。[②]

另一种立法例是法律要求电子签名在能够认为其具有法律约束力之前含有特定的特征或者满足特定的需要。在这类法律中，电子签名作为一个签名而具有法律效力必须有以下特征：（1）对使用它的人是单一的；（2）有认证的能力；（3）在使用人的单独控制之下；（4）以这种方式与数据链接，即数据改变，签字无效。有些立法是将这几个要求放在电子签字的定义中，即没有这样特点便不是电子签名，在美国有三分之一的州采取这样的立法。[③]

欧盟也是采取的这样的立法，欧盟的《电子签名指令》中将增强电子签名（advanced electronic signature）定义为满足以下条件的一种电子签名：（a）与签名人唯一有联系；（b）能够识别签名人；（c）以签名人能够独立控制的方式产生的；（d）它以这种方式与数据链接即任何数据的变化都是可察觉的。[④]

---

① 参阅 Smedinghoff J T, Bro H B., “Moving with Change: Electronic Signature Legislation as a Vehicle for Advancing E-commerce”, *Journal of Computer & Information Law*,17(1999), 761。

② Smedinghoff J T, Bro H B., “Moving with Change: Electronic Signature Legislation as a Vehicle for Advancing E-commerce”, *Journal of Computer & Information Law*, 17(1999), 739.

③ Smedinghoff J T, Bro H B., “Moving with Change: Electronic Signature Legislation as a Vehicle for Advancing E-commerce”, *Journal of Computer & Information Law*, 17(1999), 739.

④ Directive 1999/93/EC of the European Parliament and of the Council of 13 December 1999 on a Commuunity Framework for Electronic Signatures, Article 2（2）.

《电子签名指令》建议草案中认为技术中性是原则之一，因为“有很多的认证机制会被开发出来，因此指令的范围必须宽广的足够涵盖‘电子签名’的整个词义。虽然数字签名被认为是现在最重要的一种电子签名，但是建议书必须清楚地表明这一规范框架足够灵活地覆盖所有用于提供认证的其他技术。”①

（二）电子签名立法的技术偏向原则

技术偏向是指在电子认证的立法上基于某一特定的技术，即数字签名技术，而不考虑其他技术的发展。这种立法只是考虑数字签名所产生的法律问题而将由于新技术产生的法律问题留给以后的法律来解决。②

为了使得签名具有法律效力，不是强调电子签名所必须具有的特征而是强调其用于产生电子签字的技术上，立法只允许使用特定形式的电子签名（即数字签名）而忽视电子签名的一般种类，在美国只有几个州采取这种立法形式。③

“立法者与政策制定者之所以倾向于特定技术的立法，是因为他们相信不断发展的新技术需要一个可知的和可靠的能够有确定的法律结果的制度。因此，他们倾向于制定基于电子签字技术的法律，而将新技术产生的未来的问题留在以后解决。”④ 实际上，技术偏向立法与技术中性立法相比的一个最大的优点便是法律上的确定性（legal security）。“一些技术偏向原则的支持者认为技术中性的倡导几乎是建立在神话的基础上：中性更多的是一个政治上的时髦用语而不是一个明确的法律概念。”⑤

---

① Amended proposal for a European Parliament and Council Directive on a common framework for electronic signatures，presented by the Commission pursuant to Article 189b（2）of the EC Treaty.

② Aalberts B. P., Hof S V D.,“Digital Signature Blindness Analysis of Legislative Approaches to Electronic Authentication”,*The EDI Law Review*, 7(2000), 9.

③ Smedinghoff J T, Bro H B.,“Moving with Change: Electronic Signature Legislation as a Vehicle for Advancing E-commerce”, *Journal of Computer & Information Law*, 17(1999), 742.

④ Aalberts B. P., Hof S V D.,“Digital Signature Blindness Analysis of Legislative Approaches to Electronic Authentication”,*The EDI Law Review*, 7(2000), 9.

⑤ Aalberts B. P., Hof S V D.,“Digital Signature Blindness Analysis of Legislative Approaches to Electronic Authentication”,*The EDI Law Review*, 7(2000), 9.

但是技术中性现在还是成为这方面立法的主流，“美国政府以及很多评论人都强调电子商务立法应该采取技术中性原则。实际上，在这一领域，技术中性已经成为评价电子签字立法的一个准则。根据《全球电子商务的框架》，‘规则应该是技术中性的，（即规则既不能要求也不能假设一个特别的技术）’”与此相似，美国关于电子商务国际条约的建议书中表明：“技术中性——任何的规则都既不应该要求也不应该阻碍认证技术的使用与发展。国家应该预见到认证的技术随着时间在不断变化着，避免立法将革新与新技术排除在外。国家应该避免法律有意或者无意地使得私人团体只使用一种特定的技术而将其他认证技术排除在外。”①

五、电子签名法的立法方法

在国际上主要有三种立法方法存在，他们是数字签名法方法，双轨方法（two-prong approach）和最小程度方法（minimalist approach）。

（一）数字签名法方法

数字签名的立法又有三个变种。

第一是技术方面的变种（technical variant）。这种立法方法将数字签字技术作为标准技术，而对于法律结果没有特别的要求，这种结果通过数字签字的使用而自然得到。德国是世界上第一批制定完整的数字签名法的国家之一。德国立法者认为数字签名法为签名的使用提供安全的和保险的基础设施，以使得电子商务繁荣发展，对数字签名标准的要求是通过《签名条例》（Signature Ordinance）和《技术目录》（Technical Catalogue）来确定的。但是有德国学者认为政府通过法律文件来确定技术标准实际上造成了混乱。政府应该将这一标准的制定权授予适当的组织，例如信息安全联邦局（Federal Agency for Information Security）。德国法的这种过分的要求

① Smedinghoff J T, Bro H B., “Moving with Change: Electronic Signature Legislation as a Vehicle for Advancing E-commerce”, *Journal of Computer & Information Law*, 17(1999), 760–761.

可能使得德国在电子商务方面不是预期的成为先锋而是落后者。①

第二是法律方面的变种（legal variant）。这种立法例的目的为数字签名的使用提供法律上的安全性，使得数字签名的法律地位与手写签名的法律地位相近，美国《犹他州数字签名法》便是这样的立法例。《犹他州数字签名法》所确立的规则乍看起来似乎是技术中性的特点，但是实际上它是专门为非对称性密码技术制定的，而且坚持对签名的法律规定得越详细越好。根据此法，如果电子签名满足本法所规定的所有要求，则与手写签名有一样的法律效力。②

意大利 1997 年 11 月 10 日的《数字文献条例》（Italian Digital Document Regulations）也属于这一立法例。此条例对数字文献、数字签名、数字合同和数字支付给予了法律上的承认。对于签名，在一定条件下数字签名与手写签名、封签、凹凸印，以及其他形式的签名与标记有同样的效力。在电子认证上意大利立法明显地表明了对于形式的法律要求采取技术偏向的态度。此立法推荐公共密钥基础设施系统并且只限于公共密钥加密技术，即数字签名。③

第三是机构方面的变种（organizational variant）。这种立法例既不把数字签名作为技术的标准，也不对数字签名进行法律上的认可，而是将验证服务提供者和电子证书的使用与电子签名的应用联系在一起，目的是通过确保验证服务提供者的可靠性和安全性来提供电子交易的可靠性和可信性。一个例子是日本的《认证中心指导规则》，是由日本的电子商务促进委员会认证中心工作小组（CA Working Group of the Electronic Commerce Promotion Council of Japan）发布的。该指导规则为认证中心公司提供指导，提供详细的管理要求、运作要求和系统以及设施的要求。④

---

① 参阅 Aalberts B. P., Hof S V D., “Digital Signature Blindness Analysis of Legislative Approaches to Electronic Authentication”,*The EDI Law Review*, 7(2000),16-17。

② 参阅 Aalberts B. P., Hof S V D., “Digital Signature Blindness Analysis of Legislative Approaches to Electronic Authentication”,*The EDI Law Review*, 7(2000),17。

③ 参阅 Aalberts B. P., Hof S V D., “Digital Signature Blindness Analysis of Legislative Approaches to Electronic Authentication”,*The EDI Law Review*, 7(2000), 18。

④ 参阅 Aalberts B. P., Hof S V D., “Digital Signature Blindness Analysis of Legislative Approaches to Electronic Authentication”,*The EDI Law Review*, 7(2000), 18。

但是在数字签名方式下的这些立法方式，除了意大利的立法，其他都是早期的规则，这种立法方式好像已经过时了。

（二）双轨方法

之所以将这种方法称为双轨方法，是因为这是一种处理电子签名立法的混合方法。在这种方法中，立法者为使得他们的立法更禁得住时间的考验，一方面在他们的立法中提出一些特定的技术要求，另一方面为新技术的发展留有空间。在这种立法中，法律为电子签名的方法设置了要求，这些要求在法律上有最低的效果（minimum prong），而对于特定的电子签字技术给予更大的法律效果（maximum prong）。这些赋予更大的法律地位的技术被推荐为安全的电子签名。但是最低效果要求为其他签名技术的发展留有了空间。

欧盟的《电子签名指令》和《新加坡电子交易法》都是这样的立法例。《电子签名指令》中对电子签名给予了定义："作为一种认证的方法，以电子形式存在的数据与另一个电子数据结合在一起或者逻辑上联系在一起。"[①]而同时《电子签名指令》又提出了一个"增强电子签名"（advanced electronic signature）的概念。增强电子签名是指满足以下要求的签名：（a）对于签名人是独一的；（b）能够识别签名人；（c）它是以签名人能够单独控制的方式产生的；并且（d）它是以这种方式与数据联系在一起的，即任何数据上的变化都可以察觉。[②]

1998 年的《新加坡电子交易法》是国家一级的有关电子签名的立法，采取的也是这种双轨原则。在关于签名的要求上，此法总的要求是不能否定电子签名的法律效力，电子签名是指"任何与电子记录附加在一起或者逻辑上联结在一起的任何的字母、文字、数字或者其他数字形式的符号，目的在于认证或者证实此电子记录。"接下来该法律对于"安全电子签名"（secure

---

① Directive 1999/93/EC of the European Parliament and of the Council of 13 December 1999 on a Community framework for electronic signatures, *Official Journal of the European Communities*, 19.1.2000, Article 2（1）.

② Directive 1999/93/EC of the European Parliament and of the Council of 13 December 1999 on a Community framework for electronic signatures, *Official Journal of the European Communities*, 19.1.2000, Article 2（2）.

electronic signatures）赋予了特别的证据上的推定。而安全电子签名是指通过规定的安全程序或者商业上的合理的安全程序所得到的签名。“安全程序”定义为此程序的目的是（a）证明一个电子记录是属于一个特定的人的；或者（b）从一个特定的时间点开始检查所存储的电子记录或者通讯内容的错误或者改变；这一程序可以要求使用算法或者代码、识别性文字或者数字、密码、反馈或者通知程序或者近似的安全措施。同样法律也要求安全电子签名：（a）对于签字人是独一的；（b）能够识别签名人；（c）它是以签名人能够单独控制的方式产生的；并且（d）它是以这种方式与数据联系在一起的，即任何数据上的变化都可以察觉。

虽然现在这些要求在立法时只能由数字签名技术来满足，但是法律为其他新方法留有空间。[①] 事实上，现在有一个从数字签名立法到数字签名与电子签字立法相结合的立法例的转变的趋势。这些立法例将技术中性与技术依赖的优点结合起来。

（三）最小程度方法

这种方法不依赖于特别的技术，因此是一种技术中性方法。这种方法将立法与签名在贸易中必须实现的功能联系在一起，签名所用于不同的目的会有不同的可靠性水平的要求。因为这种方式主要注意电子签名相关的功能和这些功能转化成技术应用的方式，所以这种方式又被称为“功能主义方式”。《联合国电子签名示范法》是第一个有关电子认证的采用最低限度方法的规范性议案。联合国国际贸易委员会的目的在于国际贸易法的积极的协调和统一，《联合国电子签名示范法》为成员国的立法者就如何将一些法律障碍消除和取得更可靠的电子商务法律环境提出了一套国际上认可的规则，在《联合国电子签名示范法》中所使用的术语都是开放的和宽泛的，这样就为不同法律制度的国家所接受，以便保证阻碍电子商务的障碍可以被有效地消除。

《联合国电子签名示范法》为电子签名提出了最低的要求，该法第6（1）

① 参阅 Aalberts B. P., Hof S V D., “Digital Signature Blindness Analysis of Legislative Approaches to Electronic Authentication”, *The EDI Law Review*, 7(2000), 33-34。

条规定，“凡法律规定要求有某人的签名时，如果根据各种情况，包括根据任何有关协议，使用电子签名既适合生成或传递数据电文所要达到的目的，而且也同样可靠，则对于该数据电文而言，即满足了该项签名要求。”在《联合国电子签名示范法》之前，联合国贸易法委员会曾经制定了一个《电子签名统一规则》，在该规则中曾经提出“增强电子签名”的概念，但是最后又被删除了。在此基础上的《联合国电子签名示范法》对于签名技术完全是开放的——只要能够满足上面的最低的要求。该法第3条规定，“除第5条外，本法任何条款的适用概不排斥、限制或剥夺可生成满足本规则第6（1）条所述要求或符合适用法律要求的电子签名的任何方法的法律效力。”贸易法委员会表示《联合国电子签名示范法》“不得解释为不鼓励使用任何电子签名方法，不论是现已存在的方法，还是今后实施的方法。”[①]

我国的《电子签名法》

2004年8月全国人大常委会通过了《电子签名法》，这是我国在网络与电子商务领域的首部法律，其主要内容参考了《联合国电子签名示范法》。该法在2015年由全国人大常委会进行了修订，修订的内容涉及《电子签名法》的第17条，增加了“（1）取得企业法人资格”的要求。[②]这提高了能够提供电子认证服务的主体的要求。除此之外，《电子认证服务管理办法》在2009年2月18日由工业和信息化部令第1号公布，并在2015年4月29日由工业和信息化部令第29号修订并公布。在2019年，全国人大常委会对《电子签名法》再次进行了小的修改，主要是将第三条“（2）涉及土地、房屋等不动产权益转让的；和（3）涉及停止供水、供热、供气、供电等公

① 《联合国电子签名示范法颁布指南草案》，第34段。

② 《电子签名法》（2015年修订）第17条：“提供电子认证服务，应当具备下列条件：（1）取得企业法人资格；（2）具有与提供电子认证服务相适应的专业技术人员和管理人员；（3）具有与提供电子认证服务相适应的资金和经营场所；（4）具有符合国家安全标准的技术和设备；（5）具有国家密码管理机构同意使用密码的证明文件；（6）法律、行政法规规定的其他条件。”

用事业服务的；”修改为“（2）涉及停止供水、供热、供气等公用事业服务的”。这一修改说明我国的电子签名适用的经济领域进一步扩大，包括土地和房屋的不动产买卖和供电领域。

一、电子商务法的一些基本原则在《电子签名法》中的体现

电子商务立法有一些基本原则，它们包括最小程度原则、功能相等原则、技术中性原则、当事人意思自治原则和国际协调原则。这些原则在《电子签名法》中也被不同程度地采纳，理解这些原则对于电子商务的有关立法和法律理解与实施有较大帮助。

（一）最小程度原则（minimal principle）

最小程度原则是指对于电子商务的立法应该采取低调的态度，不是大范围地和全面地建立一个有关电子商务的新的系统性的法律，而是尽量在最小的程度上对电子商务订立新的法律，尽力将已经存在的法律适用到电子商务中。①

我国《电子签名法》的主要功能是明确电子商务中存在的特殊问题，为已经存在的法律适用到电子商务中扫除障碍。② 例如，该法规定了何为数据电文以及何种条件的数据电文可以视为法律、法规要求的书面形式。至于数据电文在电子商务中具体的法律作用或者法律意义，则没有规定。③ 原因是《电子签名法》只是将电子商务中必须澄清的问题加以澄清，必须扫除的障碍加以扫除。又如《电子签名法》明确了数据电文的发送、接收的时间和地点，这是因为数据电文与传统的书面媒介相比，在技术上有特殊性，传统媒介中有的发送和接收的时间和地点无法适用到数据电文中，因此该法对这一问题加以解决。④ 至于数据电文发送、接收的时间和地点在法律上的意义，《电子签名法》没有必要涉及，因为在《合同法》等相关法律中

① 吴伟光：《电子商务法》，44 页，北京，清华大学出版社，2004。
② 《电子签名法》第 1 条。
③ 《电子签名法》第 4 条。
④ 《电子签名法》第 11 条、第 12 条。

可以解决这一问题。

《电子签名法》第3条第二款规定，“当事人约定使用电子签名、数据电文的文书，不得仅因为其采用电子签名、数据电文的形式而否定其法律效力。”该法第7条规定“数据电文不得仅因为其是以电子、光学、磁或者类似手段生成、发送、接收或者储存的而被拒绝作为证据使用。”该法第10条规定“法律、行政法规规定或者当事人约定数据电文需要确认收讫的，应当确认收讫。发件人收到收件人的收讫确认时，数据电文视为已经收到。”这些规定的主要目的是确定如何将已经存在的有关法律适用到电子商务中，为电子商务的发展扫除法律上的障碍和歧视。

（二）功能相等原则（functional equivalence）

该原则是指在将基于纸质媒介的法律适用到网络技术环境中时，将某些具有法律意义的功能与纸质媒介相比较，如果功能相等，那么纸质媒介下的法律便可以直接适用到这些新媒介中。[①] 这一原则几乎被所有的电子商务立法的国家或者组织所采纳，例如联合国的《电子商业示范法》、美国《统一电子交易法》、欧盟《电子商务指令》和澳大利亚《电子交易法》。我国《电子签名法》在很大的程度上也采纳了这一原则。例如为了消除传统法律中对书面形式的要件要求而产生的障碍，该法根据功能相等原则将满足一定条件的数据电文与书面形式和原件形式等同起来。[②] 该法第6条满足一定条件的数据电文视为满足法律、法规规定的文件保存要求。

例如在“邢介东与济南市人民政府不履行法定职责上诉案”中，[③] 法院认定，“关于被告以网站回复的形式作出回复是否符合法定形式。《电子签名法》第2条规定”……本法所称数据电文，是指以电子、光学、磁或者类似手段生成、发送、接收或者储存的信息。”第4条规定，“能够有形地，并可以随时调取查用的数据电文，视为符合法律、法规要求的书面形式。”《政府信息公开条例》第20条规定，“公民、法人或者其他组织依照本条例第13条规定向行政机关申请获取政府信息的，应当采用书面形式（包括数据

① 吴伟光：《电子商务法》，49页，北京，清华大学出版社，2004。

② 《电子签名法》第4条、第5条。

③ 山东省高级人民法院行政判决书(2016)鲁行终648号。

电文形式）；……”本案中，原告通过被告网站向被告提出政府信息公开申请，被告通过其门户网站在原告申请政府信息公开表回复一栏中为原告作出回复，原告的申请及被告的回复均是以数据电文的形式作出的，属于书面形式，被告的回复形式符合上述规定。该回复形式能够有形地表现被告回复内容，原告可以随时调取查询被告回复的信息，足以保证原告的知情权。被告未按原告要求以纸质形式向其作出回复，并无不当。被告已就原告的政府信息公开申请作出了回复，且回复内容及形式均符合《信息公开条例》的相关规定。对原告的诉讼请求，不予支持。”

（三）技术中性原则（technology neutrality）

技术中性原则是与技术偏向原则相对立的，是指电子商务立法不应该偏向于某一技术而歧视另一种技术。制定电子商务法时不是仅仅以现存的某一特定技术作为基础而立法，而是尽力地超脱于某一特定技术之外，以更加宏观的法律观来看待技术。这种原则的目的一是保持法律的稳定性，不会因为技术的进步而使得法律很快过时；二是不对其他技术产生歧视，技术中性原则使得不同技术在同一法律环境中有相同的存在空间，因此能够促进技术的竞争和进步。技术中性原则是一个相对的概念，即不可能存在适合所有的技术的法律，这一原则只能说明在立法时应该考虑某一类技术的支持，考虑到技术的发展空间同时兼顾法律的可用性。

技术中性原则是很多国家和国际组织进行电子商务立法的基本原则。我国《电子签名法》也是采纳了这样的立法方式。首先，该法为电子签名提出了最低要求，第 2 条规定，“本法所称电子签名，是指数据电文中以电子形式所含、所附用于识别签名人身份并表明签名人认可其中内容的数据。”并且该法第 3 条第二款规定，“当事人约定使用电子签名、数据电文的文件，不得仅因为其采用电子签名、数据电文的形式而否定其法律效力。”这样就为电子签名提出了最低的要求，只要满足这样要求的电子签名都具有法律上的签名效力，这样的规定为技术的发展留有了空间，而不是仅仅局限在数字签名技术之中。

例如在“杨硕与王国帅民间借贷纠纷上诉案”中，[①]法院认定，“根据《电子签名法》第 2 条的规定，电子签名是指数据电文中以电子形式所含、所附用于识别签名人身份并表明签名人认可其中内容的数据。微信符合电子签名法关于电子签名的定义。高某作为微信账号 ××× 的电子签名人，微信账号 ××× 对外发出的电子数据应视为高某的行为及意思表示。杨硕及高某称因三人系朋友关系，王国帅有盗用微信账号 ××× 的可能性。法院认为，作为微信账号 ××× 的电子签名人，高某负有证明微信账号被盗用的举证责任。同时作为一名具有完全民事行为能力的成年人，高某在发现本人微信账号无法正常登录使用时就应意识到可能被他人盗号，并积极采取措施预防可能发生的风险。本着查明事实的原则，法院发函要求腾讯公司协助调查微信账号 ××× 使用的相关情况，但未能得出有助于本案审理的信息。高某作为微信账号 ××× 的电子签名人未能提供证据证明其微信账号被王国帅盗用的主张，法院对王国帅关于微信账号 ××× 所发出内容为高某意思表示的主张予以采信。”

其次，《电子签名法》又为技术成熟的电子签名规定了较高的要求和给予了更高的法律地位，即关于可靠的电子签名的规定。该法第 13 条规定，“电子签名同时符合下列条件的，视为可靠的电子签名：（1）电子签名制作数据用于电子签名时，属于电子签名人专有；（2）签署时电子签名制作数据仅由电子签名人控制；（3）签署后对电子签名的任何改动能够被发现；（4）签署后对数据电文内容和形式的任何改动能够被发现。”这些可靠的电子签名则与手写签名或者盖章具有同等法律效力。[②]

例如在“冷建军与中国工商银行股份有限公司北京羊坊店支行委托理财合同纠纷上诉案”中，[③]法院判决认为，“《电子签名法》第 13 条规定，‘电子签名同时符合下列条件的，视为可靠的电子签名：（1）电子签名制作数据用于电子签名时，属于电子签名人专有；（2）签署时电子签名制作数据仅由电子签名人控制；（3）签署后对电子签名的任何改动能够被发现；

① 北京市第一中级人民法院民事判决书 (2017) 京 01 民终 2281 号。
② 《电子签名法》，第 14 条。
③ 北京市第一中级人民法院民事判决书 (2017) 京 01 民终 2958 号。

（4）签署后对数据电文内容和形式的任何改动能够被发现’。第14条规定，‘可靠的电子签名与手写签名或者盖章具有同等的法律效力。’本案中，冷建军签署了《中国工商银行电子银行个人客户服务协议》，办理了U盾并持有U盾密码作为网上银行身份认证工具，该电子签名符合前述规定，属可靠的电子签名，能够作为验证冷建军身份的依据，其与手写签名具有同等的法律效力。冷建军主张其办理U盾是为了方便使用网上银行的转账功能，办理质押贷款不是冷建军的真实意思表示，并认为银行业务凭证中没有明确向其告知U盾可用于办理贷款，因此存在过错。对此本院认为，冷建军2015年7月15日开办电子银行注册的银行业务凭证中，工行在向冷建军的提示中未明确写明领取U盾可办理贷款业务，亦未对使用U盾办理贷款作出明确否定性的释明。后冷建军亲自以U盾及U盾密码作为认证工具申请质押贷款，工行予以同意，并将贷款发放至冷建军账户，双方之间就质押贷款形成的法律关系是双方真实意思表示，且已实际履行，冷建军认为银行不应扩大U盾的使用缺乏法律依据。故本院对其该项上诉意见不予支持。”

（四）电子签名的意思自治原则（party autonomy）

意思自治原则在《电子签名法》中也有充分的体现。首先，当事人有选择使用电子商务的自由。例如《电子签名法》规定民事活动中的合同或者其他文件、单证等文书，当事人可以约定使用或者不使用电子签名、数据电文。但是对于当事人的自由选择权有一些限制，一是某些民事行为不得采用数据电文的形式，但是这些排除范围在缩小，例如2019年对《电子签名法》的修改就是将土地和房屋的不动产买卖和供电领域从不得使用电子签名的名单中删除了；二是不可反悔限制，即当事人约定使用电子签名、数据电文的文书，不得仅因为其采用电子签名、数据电文形式而否定其法律效力。[①]其次，当事人在选择电子商务之后，对于有关数据电文一些具体规定有约定的自由。例如对于数据电文发送和接收的时间以及地点，《电子签名法》给予了选择性的规定，即当事人在没有约定的情况下，法律对

① 《电子签名法》第3条。

于这种缺省提供了规则，但是这些规则服从于当事人的约定。[①]最后，当事人可以约定可靠电子签名的条件。根据上面的讨论，电子签名的立法采取双轨原则，因此《电子签名法》为可靠的电子签名进行了规定。但是这样的规定也不是强制性的，当事人可以根据自己的技术水平和电子交易的性质和金额约定适合于他们之间的可靠电子签名。[②]

（五）《电子签名法》的国际协调原则

《电子签名法》的国际协调原则是指在制定电子商务法时应该注意电子商务的国际性特征，立法时更应该注重促进电子商务法的国际间合作。由于电子数据交换等现代化通信手段在国际贸易中的使用逐渐增多，联合国《电子商业示范法》的目的便是向各国立法者提供一套国际公认的规则，说明怎样去消除此类法律障碍，如何为电子商业创造比较可靠的法律环境。[③]在电子商务法框架下的电子签名立法当然也应该采纳这一原则。联合国贸易法委员会在制定了《电子商业示范法》之后，“认识到各国对电子签字可能采取不同的立法处理方式，这就要求有统一的立法规则，对这种本质上的国际现象制定基本规则”，[④]于是便在2001年制定了《联合国电子签名示范法》。我国《电子签名法》也充分考虑到了电子商务的国际性特征，除了上面介绍的在制定该法时考虑和采纳了国际上通行的标准之外，还特别规定了对国外电子签名的认可，为跨国电子商务的电子签名与认证消除了法律上的障碍。[⑤]

二、电子签名制度中有关当事人的民事权利义务关系

电子签名法的一个重要问题便是明确有关当事人的权利义务关系，为电子签名的运用消除法律上的障碍。根据电子签名的技术不同，电子签名可

① 《电子签名法》第9条。

② 《电子签名法》第13条。

③ 参见《联合国电子商业示范法及其颁布指南》（1996年），第2段，纽约，联合国，1997。

④ 《联合国电子签名示范法颁布指南草案》（2001），第3段，第9页。

⑤ 《电子签名法》第26条。

以分成两种模式。第一种模式是无认证服务提供者模式，在这种模式中认证服务提供者不存在，只有电子签名技术提供方和使用方，电子签名技术提供方并不提供对电子签名的真实性进行认证的服务，它只是通过技术来提供可以进行电子签名的平台。例如利用指纹的签名技术，技术提供方提供技术使得签名人的指纹可以与所要认证的数据电文在物理意义上或者逻辑意义上联系在一起，所识别的指纹与所生成的签名人是通过人体生物特征的唯一性所捆绑在一起，而不是通过技术服务提供者的服务来加以捆绑的。第二种模式是以认证服务提供者作为中间人的签名技术。在这种模式中存在认证服务提供者、签名人和信赖方三方。其中认证服务提供者处于核心地位，它的主要功能是将电子签名与签名人捆绑在一起，向信赖方保证该电子签名是属于并且只属于所声称的签名人的，从而起到签名认证的作用。与第一种模式相比，这种模式中，签名人与电子签名的对应关系是通过认证服务提供者的服务来实现的。我国《电子签名法》对于这两种模式都予以承认。[①] 由于现在比较成熟的电子签名技术即数字签名技术属于第二种模式，又由于第二种模式中的权利义务关系比较复杂和特殊，本节着重对这一模式的民事法律关系进行探讨。

（一）认证服务提供者的主要义务

认证服务提供者主要是提供验证服务，即对签名人的身份进行验证，履行的是对电子商务具有根本性的信任确认者的职能。认证服务提供者主要有以下义务：

一是对证书所表述内容的合理的谨慎义务。认证服务提供者主要是通过提供证书的方式证明签名人与密钥之间的关系。证书的内容是所有有关密钥信赖的源泉和依据。如果证书的内容是错误的或者虚假的，那么电子签名制度的信赖基础便会彻底的倒塌。因此在有关法律中要求认证服务提供者对于证书的内容具有相对的谨慎义务是非常必要的。我国《电子签名法》也规定电子认证服务提供者收到电子签名认证证书申请后，应当对申请人的身份进行查验，并对有关材料进行审查。[②] 电子认证服务提供者签发的电

① 《电子签名法》第 16 条。
② 《电子签名法》第 20 条。

子签名认证证书应当准确无误，并应当载明必要的内容。[①]

二是提供必要的辅助服务的义务。电子签名制度是一项系统性的验证服务，验证服务提供者不但要提供密钥和证书等服务，还要提供与此相关的一些信息。我国《电子签名法》也规定认证服务提供者应当保证电子签名认证证书内容在有效期内完整、准确，并保证电子签名依赖方能够证实或者了解电子签名认证证书所载内容及其他有关事项等一系列辅助义务。[②]

（二）签名人的义务

一是对认证服务提供者的诚信义务。认证服务提供者向签名人提供认证证书，为签名人向依赖方提供证明服务主要依据签名人所提供的数据，因此签名人应该遵守诚实信用原则向验证服务提供者提供完整和准确的信息。签名人“在使用证书支持电子签名时，采取合理的谨慎措施，确保签名人做出的关于证书整个周期的或需要列入证书内的所有重大表述均精确无误和完整无缺。”[③]这里的证书周期应该作广义的解释，包括从申请证书或创建证书开始，到证书期满或撤销证书为止的整个期间。我国《电子签名法》规定电子签名人向认证服务提供者申请电子签名认证证书，应当提供真实、完整和准确的信息。[④]这一规定应该扩张解释为不但在申请认证证书时需要承担诚信义务，而且在使用认证证书的整个过程中也要承担这一义务，即签名人任何有关信息的改变都应该及时通知认证服务提供者。

二是保密义务，即签名人应该对其签名所生成的数据进行保密，避免他人的擅自使用。《联合国电子签名示范法》第 8 条（1）（a）规定：签名人应“采取合理的防范措施，避免他人擅自使用其签名生成数据。”保密义务是电子签名法中签名人的一项基本义务，“采取合理防范措施避免他人擅自使用签字装置的义务，构成一项基本义务，……这义务也应适用于可用以表示具有法律效力的意图的任何电子签名装置。”[⑤]我国《电子签名法》

---

① 《电子签名法》第 21 条。

② 《电子签名法》第 22 条、第 23 条、第 24 条。

③ 《联合国电子签名示范法》，第 8 条（1）（c）。

④ 《电子签名法》第 20 条。

⑤ 《联合国电子签名示范法颁布指南草案》第 133 段。

中并没有明确规定签名人具有保密义务，但是在责任部分规定了签名人在失密后未及时告知而应承担的责任。[①] 据此应该做当然解释，即签名人应该对属于自己特有的需要保密的信息进行保密。

在“张云杰与中国工商银行股份有限公司北京育新支行储蓄存款合同纠纷上诉案”中，[②] 法院判决认为，“根据张云杰在派出所的陈述可知，张云杰轻信犯罪分子的谎言，按照犯罪分子的指令操作电子密码器，可能将密码泄露给了犯罪分子，使得犯罪分子获得可乘之机。张云杰接受犯罪分子的指令，客观上为犯罪分子的犯罪行为提供了帮助。银行端的操作系统在认证业务请求密码正确且有电子密码器授权的情况下，将犯罪分子的操作认定为客户本人的操作，为张云杰的账户办理了贷款和转账的业务，银行一方并无过错。《中国工商银行电子银行个人客户服务协议》已约定，客户如将工银电子密码器及其产生的动态口令交由他人使用，由此造成的损失由客户承担。故张云杰起诉要求工行育新支行赔偿存款损失、确认抵押贷款合同无效，缺乏合理依据。张云杰作为受害人报案，现公安机关已经立案侦查，待案件侦破后张云杰的损失可以得到补偿。本案应驳回张云杰的诉讼请求。”

三是及时通知的义务，即在签名人的签名生成数据已经失密或者可能失密的情况下，签名人应该及时地向有关的人员通知这一情况。《联合国电子签名示范法》第 8 条（1）（b）规定：“在发生下列情况下，毫无任何不适当的迟延，向签名人按合理预计可能依赖电子签名或提供电子签名辅助服务的任何人员发出通知：（1）签名人知悉签名生成数据已经失密；或（2）签名人知悉的情况引起签名生成数据可能已经失密的很大风险。”需要通知的人员因为不同的电子签名技术而不同，“这种‘依赖方’可能不仅仅是意图依赖签名的某个人，而且也是其他一些人员，例如认证服务提供者、证书撤销服务提供者和任何其他有关当事方。”[③] 我国《电子签名法》第 27 条也规定了签名人的及时通知义务。

---

① 《电子签名法》第 27 条。

② 北京市第一中级人民法院民事判决书 (2016) 京 01 民终 5339 号。

③ 《联合国电子签名示范法颁布指南草案》第 134 段。

（三）电子签名依赖方的主要义务

一般情况下，依赖方与认证服务提供者并没有直接的合同关系，但是依赖方却依靠认证服务提供者所提供的信息来确定自己与签名人的行为。在这种环境下，依赖方也要承担一定的义务：

一是核查义务，即依赖方有义务对签字人的电子签字的真实性和有效性进行核实。《联合国电子签名示范法》第 11 条规定：“（a）采取合理的步骤核查电子签字的可靠性；”“在电子签字有证书证明时，采取合理的步骤核查证书的有效性或证书的吊销或撤销；”但是依赖方核查义务的程度可能因为依赖方的身份的不同而有所变化。例如在 B2B 的交易中，因为双方都是商家，对于电子签名的专业知识的掌握程度和技术能力可能比较高，这时可能对于作为依赖方的一方商家的核查义务要求的要高一些。而在 B2C 模式的交易中，因为依赖方主要是消费者，这时便应该注意消费者的核查义务与对消费者的保护之间的关系。《联合国电子签名示范法》在规定这一相关的条款时强调，“《联合国电子签名示范法》的用意并非凌驾于关于保护消费者的任何规则之上。”[①]

二是遵守认证服务提供者的服务政策和公告。认证服务提供者可能在有关的电子签名的证书中表明该电子签名的用途和交易金额的限制，对此依赖方应该给予尊重。例如《联合国电子签名示范法》第 11 条规定，“（a）（二）依赖方对其未能做到如下应当负法律后果；（b）（二）遵守对证书的任何限制。”因此如果由于依赖方的过失而违反了该电子签名证书中的限制性条件，并因此依赖方遭受损失，那么认证服务提供者对于该损失的责任程度将有所限制。

我国《电子签名法》没有明确规定依赖方应该承担的义务，但是在法律责任部分，该法对认证服务提供者承担法律责任采纳了过错推定原则，电子签名人或者电子签名依赖方因依据电子认证服务提供者提供的电子签名认证服务从事民事活动遭受损失，电子认证服务提供者不能证明自己无过错的，承担赔偿责任。[②] 从这一规定可以看出，如果认证服务提供者能够

① 《联合国电子签名示范法颁布指南草案》第 144 段。

② 《电子签名法》第 28 条。

证明签名人或者依赖方存在过错，那么可以在一定程度上减轻甚至可以免除自己的责任。这说明，在我国的《电子签名法》中依赖方也是要承担相应的义务的。

（四）认证服务提供者的民事责任

认证服务提供者违反电子签名法中的强制性规定或者合同的约定，可能要承担相应的法律责任，例如《联合国电子签名示范法》中对于验证服务商的行为有一系列的规定，如果违反这些规定认证服务提供者则应要承担责任。[①]但是《联合国电子签名示范法》并没有明确认证服务提供者应该承担什么种类和程度的责任。对于认证服务提供者的责任问题是各个国家自己应该解决的问题。

认证服务提供者的民事责任可以分成违约责任和侵权责任。

1. 认证服务提供者的侵权责任

认证服务提供者由于自己提供的认证服务给签名人或者依赖方造成损失，那么认证服务提供者应该承担侵权责任。我国《电子签名法》第28条规定认证服务提供者承担侵权责任的归责原则是过错推定责任，即电子签名人或者电子签名依赖方因依据电子认证服务提供者提供的电子签名认证服务从事民事活动遭受损失，电子认证服务提供者不能证明自己无过错的，承担赔偿责任。但是过错的标准是什么？学者们一共提出了四种标准：

（1）一般注意义务标准。但是由于电子签名还是一个新鲜的技术和商业活动，缺乏立法和案例，认证服务提供者的注意义务标准没有呈现出来，但是一般来讲，损害的危险性越高，对于一般注意义务的要求标准也越高。

（2）专家注意义务标准。对于专家的注意义务标准要求更高一些，一般以这一职业成员的平均知识和技能为标准。专家责任只适用于认为是专家的人，专家必须是具有作为这一职业的成员的最低的专业知识和技能的人，并且在特定的环境中有义务按照这一职业的成员的合理要求工作。根据这一定义，有美国学者认为认证服务提供者还不能成为一个职业而承担专家

① 《联合国电子签名示范法》第9条。

责任。“现在还没有行业的惯例能够帮助我们确定我们可以从认证机构上所期望的注意的标准——没有经过许可的或者职业性的组织的标准可以作为这个法律模式的基础。”[①] 因此专家注意义务标准也同样因为没有实际存在而难以把握。

（3）法定标准。由于缺少确定认证服务提供者的责任的标准，通过成文法来确定认证服务提供者的注意义务的标准便是一个常见的做法。例如美国的《犹他州数字签名法》对于获得许可的认证机构的义务和责任便做出了特别的规定。[②] 我国《电子签名法》也为这一标准留有了余地，例如要求国务院信息产业部门制定电子认证服务业的具体管理办法和相关的认证业务规则。[③]

（4）由认证服务提供者自己确定标准。在缺少法律规范的情况下认证服务提供者是否可以自己确定责任的标准？即认证服务提供者是否可以通过证书合同或者证书声明等形式将自己可能承担的义务和责任的程序、保证、义务和责任等规定下来，如果由于信赖了错误发出的证书、保存的信息或者撤销的证书的清单而遭受损失。那么认证服务提供者是否有权利自己确定自己的义务和责任的范围？作为一般的规则，不应该由行为人自己的标准来评价该人的行为，但是我国《电子签名法》对此给予了肯定的规定。该法第 19 条规定，电子认证服务提供者应当制定、公布符合国家有关规定的电子认证业务规则，并向国务院信息产业主管部门备案。电子认证业务规则应当包括责任范围、作业操作规范、信息安全保障措施等事项。

2. 认证服务提供者的违约责任

产生违约责任的前提是双方具有合同关系，认证服务提供者与签字人之间是认证服务提供者与认证服务接受者之间的关系，通常在双方之间有合同存在，因此由于其中一方的违约行为会产生违约责任问题。违约责

---

① A. Michael Froomkin, “The Essential Role of Trusted Third Parties in Electronic Commerce”, Oregon Law Review, 49(1996), 75.

② Utah Digital Signature Act，Utah Code §Sec. 46-3-101 to 46-3-504，Enacted by L. 1995, ch. 61,46-3-301.

③ 《电子签名法》第 25 条、第 31 条。

任可能由于合同一方尤其是认证服务提供者违反双方的合同的约定而产生。在没有完善的电子签字立法的国家或者地区，或者在对电子签字证书实行自律的国家，认证服务提供者和签字人之间的合同便更加重要。但是在认证服务提供者的违约责任方面有两个问题需要解决，一是违约责任与侵权责任的关系问题；二是认证服务提供者与依赖方之间的违约责任问题。

（1）作为认证服务的提供者和接受者，签名人和认证服务提供者之间会存在合同关系。那么认证服务提供者的违约责任与侵权责任之间是什么关系？笔者认为，根据我国《电子签名法》，应该是以侵权责任为主、违约责任为补充的关系。首先，《电子签名法》为认证服务提供者规定了最低义务标准，这些为强制性规定，除非法律有明确的规定，认证服务提供者不能通过合同来减轻自己的义务和责任。但是认证服务提供者可以提高自己的义务和责任。例如，《电子签名法》为认证服务提供者规定了过错推定的归责原则，但是如果认证服务提供者自愿按照合同法承担无过错责任，也是可以的。其次，根据电子商务法的意思自治原则，《电子签名法》的一些规定允许当事人根据自愿原则另行约定，那么这些约定将成为评价当事人是否存在过错的依据，即双方的约定是对法律的规定的补充。

在“郑明与中国农业银行股份有限公司广州同和支行、上海付费通信息服务有限公司、深圳市神州通付科技有限公司借记卡纠纷案”中，[①] 法院认为，“根据《电子签名法》第 28 条规定，‘电子签名人或者电子签名依赖方因依据电子认证服务从事民事活动遭受损失，电子认证服务提供者不能证明自己无过错的，承担赔偿责任’及中国人民银行发布的《电子支付指引》第 42 条规定，‘因银行自身系统、内控制度或为其提供服务的第三方服务机构的原因，造成电子支付指令无法按约定时间传递、传递不完整或被篡改，并造成客户损失的，银行应按约定予以赔偿。因第三方服务机构的原因造成客户损失的，银行应予赔偿，再根据与第三方服务机构的协议进行追偿’，本案中，要进行涉案交易必须具备持有个人身份信息、银行账户信息及验证码这一条件，郑明陈述其信息、密码并未告知他人且银行卡随身携带并

① 广东省广州市中级人民法院民事判决书 (2016) 粤 01 民终 2110 号。

未遗失，在没有证据证实存款损失的发生系由于郑明保管账户信息、密码不当或存在道德风险的情况下，郑明有权依据合同关系向农行同和支行主张损失赔偿。”

（2）认证服务提供者的服务规则对依赖方是否有约束力？由于认证服务提供者是作为民事主体的一方出现的，它的服务规则只有通过合约的形式才有可能对依赖方有约束力。但是由于依赖方并没有与认证服务提供者有直接的合同关系，那么服务规则是否对依赖方有约束力是一个有争论的问题。我国《电子签名法》规定认证服务提供者应当保证电子签名认证证书内容在有效期内完整、准确，并保证电子签名依赖方能够证实或者了解电子签名认证证书所载内容及其他有关事项。如果认证服务提供者违反这一规定将对依赖方承担赔偿责任。[①] 从这一规定可以看出，如果认证服务提供者将与认证证书有关的内容提供给依赖方，那么这些内容将对依赖方有约束力。电子签名法作为特别法并没有被传统的合同法或者侵权法理论所束缚，而是做了直接的规定。但是，这些内容对依赖方的约束程度有多大，例如对于认证服务提供者的责任限制是否对依赖方有约束力，《电子签名法》并没有清楚的规定，我们下面将详细讨论。

3. 对认证服务提供者的责任限制

电子签名认证服务提供者提供的证书服务是一个技术性和风险性较高的服务。一方面，认证服务提供者需要提供高技术的电子签字产品，需要对于签字人的签字进行认证；另一方面，签字人会利用电子签字证书进行电子商务活动，而标的额会远远高于认证服务提供者从签字人处得到的认证服务的对价。如果一旦由于认证服务的缺陷而使得签字人或者依赖方遭受损失，则此损失额将远远高于认证服务提供者所得到的对价，那么如何确认证服务提供者应承担的责任？认证服务提供者是否应该承担全部的损失？

（1）通过合同限制责任

在美国，在这种类似的情况下，法院一般认为当事人可以通过合同中的免责条款来免除自己由于疏忽而可能承担的责任。这不仅仅是为了维持

① 《电子签名法》第 22 条、第 27 条。

合同自由的一般原则，而且也是为了限制这种商品或者服务的价格能够被接受。因为认证服务提供者在提供认证服务的时候并不是基于认证服务所要涉及的交易的价值或者签字人和依赖方的可靠性来收取费用的。要求认证服务提供者为了相对很少的、与所涉及的交易的价值无关的服务的价格，而承担由于其疏忽所导致的所有的损失，这是不公平的。并且如果要求认证服务提供者承担这样的责任，那么必将导致认证服务提供者提高电子签字证书提供的费用，这本身不利于电子商务的发展和签字人的使用。当然从理论上来说，认证服务提供者可以通过购买保险的方式分担它可能承担的损失，但是在目前的情况下，市场上还没有足够的数据能够使得保险公司计算出认证服务提供者的风险系数，也就不能提供这样的保险。即使在电子商务比较发达的美国，保险公司也没有提供这样的服务。因此承认认证服务提供者的限制责任的条款是必须的。

依赖方并不是与认证服务提供者有直接合同关系的一方，那么认证服务提供者在其与签字人的合同中的限制责任的条款是否对于依赖方有约束力？合同的相对性一直是合同的限制责任的条款不适用于第三人的理由，但是越来越多的观点认为这种条款适用于第三方。但对于试图限制自己的责任的一方的要求是将此信息提供给依赖方，“如果认证服务提供者能够保证在认证证书中有有关信息的发布，假设这一信息的发布恰当地说明了所存在的危险，确定了认证服务提供者的保证，并且表明依赖方承担这一行为的风险，那么这一限制责任的合同将是一个限制认证服务提供者对依赖方的责任的有效方式……”[①]“在有第三方人对合同有利害关系的情况下，合同中确定的对于第三人的义务可以限制合同中承诺人的责任，原因是这些限制性的条款是合同双方确定合同对价的因素。”[②]我国《电子签名法》一方面规定认证服务提供者在不能证明没有过错的情况下要对签名人或者依赖方的损失承担赔偿责任，另一方面规定认证服务提供者可以制定公布业务规则，在规则中应该包括责任范围。《电子认证服务管理办法》第 21 条

① Thomas J.Smedinghoff, Baker & McKenzie, Certificate Authority Liability Analysis, Prepared for the ABA, 99, at: http://www.bmck.com/ecommerce/CA-Liability-Analysis.doc.

② Thomas J.Smedinghoff, Baker & McKenzie, Certificate Authority Liability Analysis, Prepared for the ABA, 102, at: http://www.bmck.com/ecommerce/CA-Liability-Analysis.doc.

第（3）（4）项中也规定了电子认证服务机构应该公布责任范围。这说明《电子签名法》为认证服务提供者通过约定方式限制自己的责任留下了可能性。[①]但是，当合同一方是个人时，出于对消费者的保护，这类限制责任的格式合同可能因为重大不公平而无效。

例如在“中国工商银行股份有限公司文山普阳支行与蒋传宇信用卡纠纷上诉案”中，[②]二审法院判决认为，“工行普阳支行认为蒋传宇申请领取信用卡时，已经知晓信用卡章程和信用卡合约内容，凡使用密码进行的交易，均视为持卡人本人所为，责任应该由蒋传宇承担的理由仍然不能成立，因为信用卡章程和信用卡合约，是工行自己单方制作的，是格式合同，该章程和合约加重了消费者的责任，免除自己从技术上确保信用卡不能被复制和对伪卡消费进行鉴别的义务，根据《合同法》第40条规定，是无效的。”

（2）法定限制认证服务提供者的责任

由于通过合同中的限制责任条款来限制认证服务提供者对于签字人和依赖方的责任所产生的争议和不确定性，有些国家便直接通过立法来确定认证服务提供者的权利和义务或者通过立法明确认定认证服务提供者通过合约限制责任的法律效力。欧盟的《电子签名指令》中有关于限制认证服务提供者的责任的规定。“成员国应该确保证书机构可以在许可证书中指明限制条件。只要这一限制对于第三方是可识别的，那么证书机构将对于由于使用这一证书而遭受的超过限制条件的损失不承担责任”[③]“成员国应该确保证书机构可以在许可的证书中限制交易额的价值，只要这一限制对于第三人是可以识别的，证书机构对于超过这一最大数额的损失不承担责任。”[④]由于任何的密钥的安全性都是相对的，如果一个密钥被非法解密的成本高于解密后可能得到的利益，那么这个密钥在经济上就是安全的。因此不同安全级别的密钥应该适用于不同的交易额，否则被解密的危险性便会增高。《犹

---

① 《电子签名法》第19条、第28条。

② 云南省文山壮族苗族自治州中级人民法院民事判决书(2017)云26民终1号。

③ Directive 1999/93/EC of the European Parliament and of the Council of 13 December 1999 on a Community Framework for Electronic Signatures, Article 6（3）.

④ Directive 1999/93/EC of the European Parliament and of the Council of 13 December 1999 on a Community Framework for Electronic Signatures, Article 6（4）.

他州数字签字法》规定由于信赖任何在数字签字证书中需要认证服务提供者确认的事实的错误而遭受的损失，认证服务提供者将不对超过其在数字签字证书中建议的可靠性限制的数额的部分承担责任。我国《电子签名法》还没有关于限制认证服务提供者责任的明确规定。

主要参考文献

[1] 《联合国电子签名示范法》。

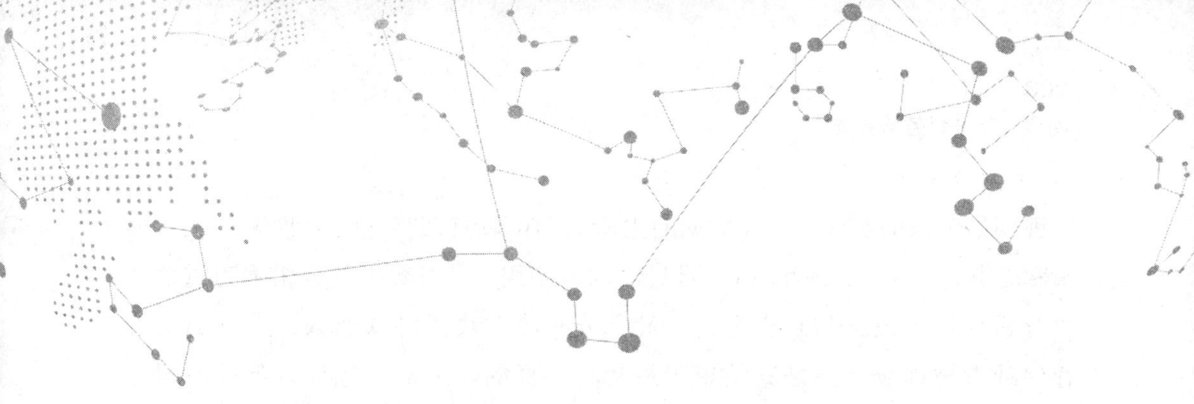

第七章

大数据技术的法律规制与个人数据信息的保护

第一节 大数据技术的法律规制

信息技术已经开始进入大数据时代。人类因为信息而聪明，机器因为数据而智能。大数据技术被认为将对人类社会有重大影响，其基本特征是可以将大量信息数据化并通过智能分析和处理来实现人类对信息使用的智能化。数据的产生和获得是人工智能的基础，而人工智能对数据的分析能力是其智能化的指标。大数据技术是信息技术上的又一次飞跃，如本书第一章所介绍的，信息技术的每一次飞跃都会对社会组织形式和社会制度产生重要的影响。有学者将大数据技术总结为四大能力，（1）大数据技术能够提供新形态的数据；（2）大数据技术能够提供诚实的数据；（3）大数据技术能够使得我们可以聚焦到特定人身上；以及（4）大数据技术能够使我们做很多发现因果关系的实验。[①] 大数据的生命周期可以有四步：（1）收集；（2）编辑和合并；（3）挖掘和分析；以及（4）使用。[②] 对数据的分析最为重要，“分析使得大数据具有生命力。没有分析，大数据可以部分或者全部地被存储或者被提取，但是其结果与最初是一样的。分析，包括以各种不同计算技术的分析是大数据变革的推动力。分析可以在大数据中产生新的价值，比大数据本身集合所产生的价值大得多。”[③]

大数据技术所带来的信息分析和处理能力的极大变化必然改变社会已有的竞争秩序和信息能力的平衡关系。从制度规范的角度来看，技术从来都不是中性的，大数据技术也是一样。[④] 对大数据技术的应用应以增加整个社会的公共福利为目的，而不仅仅是个别主体的利益最大化。大数据技术使得擅于利用这一技术的社会组织获得更大的竞争力，这种竞争力既可以使得这些社会组织向社会提供更好的福利，即产生正外部性，也可以使得他们滥用这种竞争力而使得自己获得不当利益，但是却产生了负外部性。为了克服这种可能性，对大数据技术的利用需要进行法律规制。

对于大数据技术的理解和法律规制应该从以下角度出发。首先，大数据技术是以数据为基础的技术。信息与数据是不相同的概念，数据是信息的一种表达形式。其次，大数据技术的使用目的是提高社会的共同福利，不能产生严重的负外部性而损害公民的法益、公共利益和国家主权与安全利益。因而大数据技术使用的目的正当性原则是其最根本的制

---

① Seth Stephens-Davidowitz, *Everybody Lies: Big Data, New Data, and What the Internet Can Tell Us about Who We Really Are*. New York: Harper, 2017, pp. 66–67.

② FTC Report, *Big Data: A Tool for Inclusion or Exclusion? Understanding the Issues*. Federal Trade Commission of the United States, January 2016, p. 3. https://www.ftc.gov/system/files/documents/reports/big-data-tool-inclusion-or-exclusion-understanding-issues/160106big-data-rpt.pdf.

③ Executive Office of the President, President’s Council of Advisors on Science and Technology, *REPORT TO THE PRESIDENT BIG DATA AND PRIVACY: A TECHNOLOGICAL PERSPECTIVE,* May 2014, p. 24. https://bigdatawg. nist.gov/pdf/pcast_big_data_and_privacy_-_may_2014.pdf.）

④ 美国技术史学家匡兹博格（Melvin Kranzberg）曾经提出技术六定律，第一定律便是“技术既不好，也不坏，也不中性”。Melvin Kranzberg, “Technology and History: ‘Kranzberg’s Laws’”, *Technology and Culture*, 27(1986), p. 545.

度要求和法治基础，并根据这一原则产生其他相应原则。最后，对大数据技术的法律规制应该以公权力规制为主要法律路径，私权规制应该起到配合和自治的作用，形成公权力规制与私权自治相结合的治理方式。[①] 我国目前还没有关于数据的专门立法，只是在《民法总则》《网络安全法》和《电子商务法》中有关于个人信息保护的规定，《数据安全法》已经进入了人大的立法进程。[②] 在司法实践中，企业之间有关数据占有和使用所产生的纠纷也往往依据《反不正当竞争法》第 2 条来裁决，这在第四章第一节中有讨论。

一、大数据技术的相关概念

（一）大数据技术、大数据、数据与信息

数据是大数据技术的基本元素，但是数据的真正价值在于其中的信息，数据仅仅是信息的数据化（datafication）表现形式。信息论将数据、信息和知识之间的关系描述为“三元组”式的信息金字塔，形成沙玛（Sharma）所称的“‘数据–信息–知识’金字塔”模型（图 1）。[③] 在这一基础上又被扩展到更上层的才智，形成“‘数据–信息–知识–才智’金字塔”模型（图 2）。基于这一模型大数据技术中数据、信息、知识与才智之间的关系可以描述为“大数据金字塔模型”（图 3），该模型体现了信息、数据、知识和才智之间的关系。当数据可以改变相关主体的才智能力时，对这种能力是否被正当利用的担忧便成为法律对大数据技术加以规制的理由。

---

① 高秦伟：《社会自我规制与行政法的任务》，载《中国法学》，2015(5)。

② 十三届全国人大二次会议新闻发布会，2019 年 3 月 14 日，http://www.xinhuanet.com/politics/ 2019lh/zb/20190304a40575/wzsl.htm.

③ Nikhil Sharma, The origin of the “data information knowledge wisdom”hierarchy. 转自 [美] 马克・布尔金（Mark Burgin）：《信息论：本质 . 多样性 . 统一》，王恒君等译，107 页，北京，知识产权出版社，2015。

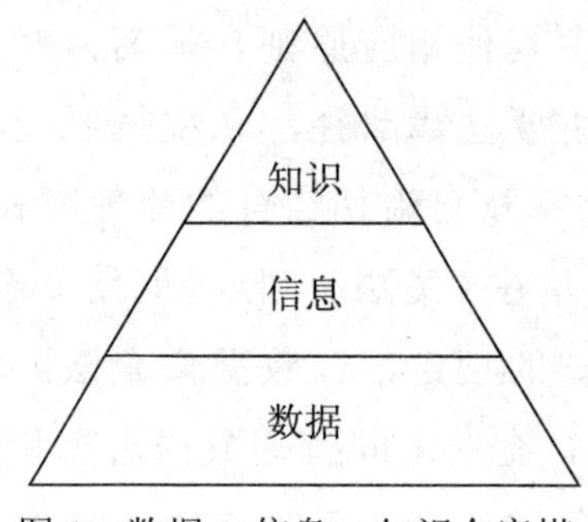

图 1　数据 – 信息 – 知识金字塔

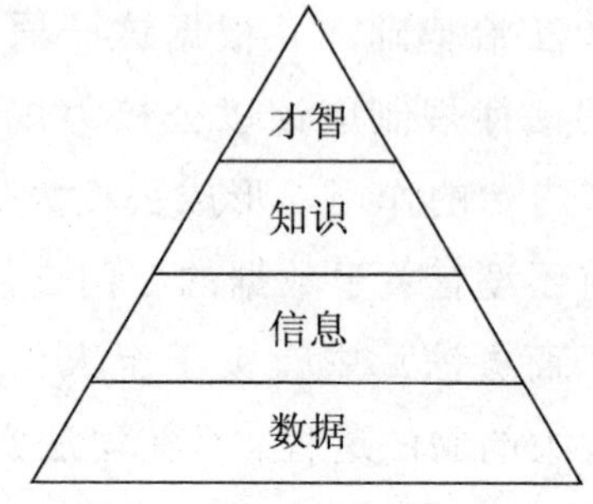

图 2　数据 – 信息 – 知识 – 才智金字塔

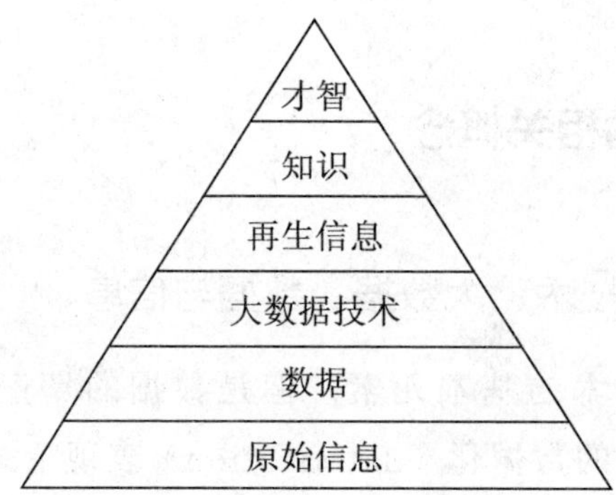

图 3　原始信息 – 数据 – 大数据技术 – 再生信息 – 知识 – 才智金字塔

1. 大数据技术

大数据技术这一概念可以含有三个内容："第一是技术，是指能够最大化计算能力和算法精度的技术；第二是分析，是指通过数据的筛选和对比而进行分析的工具；第三是方法论，是指认为大数据能够产生更加真实、客观和精准结果的一种理念。"[①] 在不同的语境下，大数据技术可能分别意味着这三个不同的内容。

2. 大数据

大数据是指一般的软件工具难以捕捉、管理和分析的大容量数据，一般以"太字节"（TB）为单位。大数据有"体量大、多样性、价值密度低

① Danah boyd, Kate Crawford, "Critical Questions for Big Data", *Information, Communication & Society*, 15(2012),662–679.

以及增长速度快”四个特征，即所谓的 4 个 V（Volume，Variety，Value 和 Velocity）。[①] 有报告认为大数据除了这四个特征之外还有一个特征便是数据价值的时效性（perishability）。[②] 但是数据的具体量级并没有明确的意义，“由于收集、存储和分析能力的发展可以指数级地提高所能分析数据的容量、种类和速度，所以大数据的概念是不断变化的。”[③]

3. 数据（data）

大数据是由数据构成的，而数据是指以数字技术为基础的以各种格式所表现的数据电文。[④] 数据是信息的一种表现形式，其关键在于以数据形式所表现的信息是可以被机器智能处理的。“数据只有被处理、被结构化和被理解之后才有用处。通常，数据只有表明某种信息时才有用处。”[⑤] 美国 FTC 相关报告中将数据依据来源分为三类：政府来源数据、公共来源数据和商业性数据。[⑥] 不同来源的数据可能对应着不同的数据主体和相关法益。

---

① 数据体量大，一般是在 10TB 规模以上的数据量，实际中有些企业用户的数据已经形成 PB 级的数据量。数据多样性是指数据来自多种数据源，数据种类和格式日渐丰富，包括了半结构化和非结构化数据。价值密度低是指大数据所创造的价值密度明显更低。速度快是指在全球范围内，数据以每年 50% 以上的速度在增加，已经超过了 IT 设计发展的速度。参见李军编著：《大数据：从海量到精确》，7 ～ 8 页，北京，清华大学出版社，2014。

② ECORYS, *Big Data and Competition*, Rotterdam, 13, June 2017, p. 22. www.rijksoverheid.nl/binaries/rijksoverheid/documenten/rapporten/2017/06/13/big-data-and-competition/big-data-and-competition.pdf.

③ ECORYS, *Big Data and Competition*, Rotterdam, 13, June 2017, p. 22. www.rijksoverheid.nl/binaries/rijksoverheid/documenten/rapporten/2017/06/13/big-data-and-competition/big-data-and-competition.pdf.

④ 《电子签名法》第 2 条对数据电文这一概念有定义，“是指以电子、光学、磁或者类似手段生成、发送、接收或者储存的信息。”

⑤ ECORYS, *Big Data and Competition*, Rotterdam, 13, June 2017, p. 19. www.rijksoverheid.nl/binaries/rijksoverheid/documenten/rapporten/2017/06/13/big-data-and-competition/big-data-and-competition.pdf.

⑥ Federal Trade Commission, *Data Brokers: A Call for Transparency and Accountability*, May 2014p. 11. https://www.ftc.gov/system/files/documents/reports/data-brokers-call-transparency-accountability-report-federal-trade-commission-may-2014/140527databrokerreport.pdf.

4. 信息 (information)

关于信息的定义有很多，至今也没有统一的认识。[①] 在本章中，信息是指能够被人通过感官所感知和分析的内容，从而可以获得知识和才智。由于受到人的感官能力的限制，自然人只能直接感受到一定状态、数量和范围的信息，信息需要以人类感官所能感受和理解的载体来表现，即“信息的所有使用都依靠符号”。[②] 而以数据为载体的信息是不适合被人所直接感知的，大数据技术的功能之一便是实现信息和数据之间的相互转换，即从原始信息经过大数据技术获得再生信息的过程。

5. 原始信息

如图3所示，大数据技术金字塔中的信息分为原始信息和再生信息两类。被直接转化成数据的信息可以称为原始信息，例如网络用户的个人信息在注册网络用户的过程中被直接数据化，这些被数据化的个人信息就是原始信息。原始信息不仅仅包括静态的身份和状态信息，也包括动态的行为信息，而且这类信息更加庞大和有价值。例如“人们对信息的搜索本身便是信息。”[③] 公共场所的各种信息被数字化摄像和采集之前也是原始信息。

6. 再生信息

再生信息是依据大数据技术而对数据分析和处理之后获得的信息。能够从大数据中产生有价值的再生信息是大数据技术四大能力中的第三大能力的体现，“大数据技术能够使我们有意义地聚焦到数据中某一部分，来洞察我们是谁……如果我们有足够的数据，我们可以看到某一城镇或者城

① 范·里斯伯根和莱姆（Van Rijisbergen and Laimas）在 1996 年写道：“信息一直是个难以捉摸的概念；尽管如此，许多哲学家、数学家、逻辑学家和计算机科学家仍然认为它是基础。人们做了许多尝试，试图想出某种合情理的、直觉上可接受的信息定义；到目前为止，这些尝试没有成功的。”香侬也写道“几乎无法设想一个单一的信息概念会完全地解释这个一般领域里众多可能的应用。”转自 [美] 马克·布尔金（Mark Burgin）：《信息论：本质·多样性·统一》，王恒君等译，9 页、12 页，北京，知识产权出版社，2015。

② 阿诺·彭齐亚斯（Arno Pensias）语，转自 [美] 马克·布尔金（Mark Burgin）：《信息论：本质·多样性·统一》，王恒君等译，33 页，北京，知识产权出版社，2015。

③ Seth Stephens Davidowitz, *Everybody Lies: Big Data, New Data, and What the Internet Can Tell Us about Who We Really Are*. New York: Harper, 2017, p. 4.

市的人是如何生活的，可以知道他们每小时甚至每分钟的行为。”[①] 而如何保证再生信息的使用主体正当地利用信息这一能力则是对大数据技术加以规制的目标之一。

（二）信息主体和数据主体

1. 数据主体

数据主体是重要的概念，因为它们是对大数据技术法律规制中的主要权利主体、义务主体和责任主体。美国 FTC 的相关报告中曾经使用数据经济人（data brokers）的概念，其与这里的数据主体概念基本相同。[②] 数据主体可以分为两类，一是数据产生与存储主体，简称数据产生主体；二是数据分析和应用主体，简称数据分析主体。[③] 在实践中，这两个主体是可以重叠的，即一个企业同时扮演着多个数据主体的角色，但是在很多情况下也是分离的。例如，数据分析公司在为客户例如政府机关或者企业进行数据分析服务时，既可以对客户已经产生的数据进行分析，也可以按客户的要求自己采集数据并进行分析。对于后一种情形，数据分析公司实际上已经形成了新数据，因而也是数据产生主体。

数据分析主体需要判断哪些数据是信号（signal），哪些数据是噪音（noise）。“信号与噪音是数据相关性统计方面的行话，相关性的数据是信号，随机产生的非相关性的数据是噪音。社会性数据之所以复杂是因为什么是信号以及什么是噪音对于不同的使用者和不同的场景而言是变化的。[④] 大数据技术中的智能处理贡献者便是数据分析主体。

---

① Seth Stephens Davidowitz, *Everybody Lies: Big Data, New Data, and What the Internet Can Tell Us about Who We Really Are*. New York: Harper, 2017, p. 215.

② Federal Trade Commission, *Data Brokers: A Call for Transparency and Accountability*, May 2014，p. 7. https://www.ftc.gov/system/files/documents/reports/data-brokers-call-transparency-accountability-report-federal-trade-commission-may-2014/140527databrokerreport.pdf.

③ 例如北京国双科技有限公司 http://www.gridsum.com、安客诚（acxiom）公司 http://www.acxiom.cn，埃森哲、IBM 和 Oracle 等都是提供大数据分析处理服务的公司，主要属于大数据分析主体。

④ Andreas Weigend, *Data For the People*, New York: Basic Book, 2017, p. 29.

2. 信息主体

信息主体分为原始信息主体和再生信息使用主体。原始信息主体是数据化之前的信息中相关权益的持有者，例如数据化之前的个人信息的主体便是原始信息主体。依赖大数据技术所获得的再生信息并加以利用的主体便是再生信息使用主体。

依赖“大数据技术金字塔模型”，大数据技术中的整个应用流程以主体为角度可以相应描述为：原始信息主体→数据产生主体→数据分析主体→再生信息使用主体，形成“信息主体－数据产生主体－数据分析主体－再生信息使用主体”金字塔模型（见图 4）。

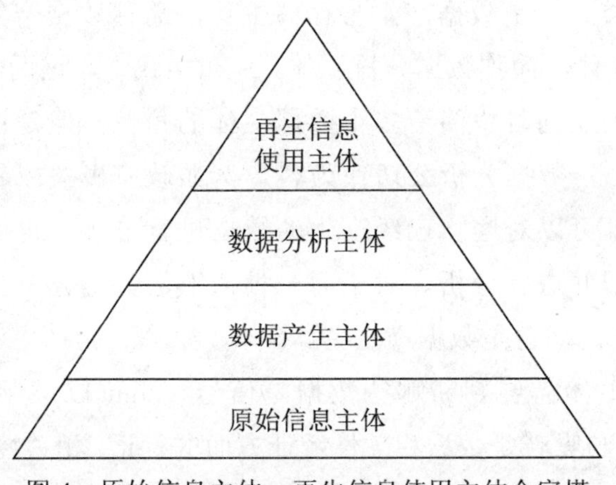

图 4　原始信息主体－再生信息使用主体金字塔

二、有关大数据技术规治的基本原则

大数据技术是一种综合性的、具有广泛应用领域的新技术，与民事主体的法益、公共利益和国家利益都有相关性，是具有多法益相关性的技术。大数据技术可以改变相关主体的竞争能力和行为规范，某些主体便有可能利用这一技术优势而获得不正当的竞争优势和不正当利益。为了保护相关主体的正当法益，必须对大数据技术赋予相应的道德评价和法律规范。在行政法领域，学者们将这种规制方式称为“基于原则的规制（principles-based regulation）”，其是指政府不再规定详细规制，而是给被规制者设定宽泛的规则或者原则指导其开展经营。[①] 我们把这些目标和价值选择归纳为六大原则，它们分别是：（1）大数据技术使用目的的正当性原则；（2）数据产生合法性原则；（3）民事主体信息数据化的平等与公平原则；（4）数据产生主体对数据享有专有权原则；（5）促进大数据资源共享原则；和（6）数据安全原则。由于大数据技术刚刚发展，这些原则以及具体内容都会处于不断发展与充实之中。

（一）大数据技术使用目的的正当性原则

大数据技术使用目的的正当性原则是指相关数据主体必须为了正当目的来使用大数据技术。当大数据技术使用目的对民事主体的法益、公共法益和国家主权与安全造成损害，或者没有采取合理措施来保护其不受损害时，这种使用便产生了负外部性，因而其使用目的不具有正当性。[②] 大数据技术使用目的的正当性原则是以数据主体的使用目的来作为判断其行为合法性和正当性的重要考量角度和标准，而不是对其每一次具体数据使用的行为来判断。这种规制路径的转变是基于大数据技术的新兴性和创新性的要求，因为包括大数据技术在内的网络技术对社会政治制度和经济模式都产生了深远的和动态的改变，不论是作为规制者的政府还是作为实施者的数据主体，都无法事先确定未来的行为或者组织模式，它们都是在不断地发展、试验和创新之中，因而无法对数据主体的具体行为进行预测和规范。[③] 这表明规制者需要赋予这些数据主体即相关企业以足够的创新和试错的机会和自由，这也是现代企业尤其是创新型企业的“企业契约”特征在政府规制层面上

① 高秦伟：《社会自我规制与行政法的任务》，载《中国法学》，2015(5)。

② 我国相关法律中也暗含着这一原则，例如《网络安全法》第 30 条规定“网信部门和有关部门在履行网络安全保护职责中获取的信息，只能用于维护网络安全的需要，不得用于其他用途”，也是这一原则的体现。

③ 有学者将这种情况称为规制的崩溃（regulatory disruption），指创新破坏了既有规制框架，规制与创新无法同时并进。Nathan Cortez，”Regulating Disruptive Innovation”，Berkeley Technology Law Journal，29(2014)，pp. 175–228. 转引自高秦伟：《分享经济的创新与政府规制的应对》，载《法学家》，2017（4）。

的表现和延展。[①] 政府面对创新型企业时需要以激励性规制来取代命令性规制，而大数据技术使用目的正当性原则便是从目标上而不是行为上来对数据主体使用大数据技术的正当性进行考量。

就目前来看，目的正当性原则包含以下几个方面。首先，防止大数据技术聚焦功能（zoom-in）对民事主体的法益造成损害。例如，经过所谓“脱敏”的大数据中尽管已经没有个人直接隐私信息，但是按照大数据技术行业的普遍认识，只要经过若干关联性分析，就完全可以将经过脱敏的信息加以恢复和精确。[②] 即在大数据时代，网络用户已经从没有人知道你是一条狗，转变到人人都知道你是一条狗的状态。[③] 例如，通过对网民的电子商务消费记录的分析，便可以掌握其不为人知的状态。[④] 有学者将这种数据主体与普通公民之间的信息能力上的失衡称为“透明性悖论”（the transparency paradox）。[⑤] 数据主体可以通过大数据分析掌握其他企业无法被人直接感知

---

① “企业契约的特别之处，在于不能事前完全规定各要素及其所有者的权利和义务条款，总要有一部分留在契约执行中再规定。这个特性是因为企业合约包括了人力资本（工人的、经理的和企业家的）的参与。人力资本的产权相当特别：只能属于个人，非‘激励’难以调度。”周其仁：《市场里的企业：一个人力资本与非人力资本的特别合约》，载周其仁：《产权与中国变革》，141 页，北京，北京大学出版社，2017。

② 例如美国的《基督教科学箴言报》曾报道卡内基梅隆大学数据隐私专家的观点，“即使没有姓名、没有社会安全号，只要通过性别、生日和邮编 3 个数据项，数据挖掘的技术就能够成功地识别全美 87% 的人口”。涂子沛：《大数据》（3.0 升级版），179 页，广西，广西师范大学出版社，2015。

③ Andreas Weigend, *Data For the People*, New York: Basic Book, 2017, p. 48.

④ 例如Target超市通过消费者的消费记录很早就预测到了一位17岁的少女已经怀孕的信息，并向其推销孕妇用品和童车；与这种精准销售的相伴而生的问题，是超市如何保护该少女怀孕这一个人信息不被她不愿意的人知道。如果不能，则是大数据应用主体对个人法益的侵害行为。该案例见李军编著：《大数据：从海量到精确》，209 页，北京，清华大学出版社，2014。

⑤ “大数据承诺通过数据的使用而使得世界变得更加透明，但是数据的收集却是不可见的，它的工具和技术是不透明的，被设计中的物理性的、法律性的和技术性的各个层次所掩盖。如果大数据意味着隐私的总终结，那么大数据变革却大多是秘密进行的。”Richards Neil M., King Jonathan H.,“Three Paradoxes of Big Data”66 Stanford Law Review Online, 41 (2013),42. Available at SSRN: https://ssrn.com/abstract=2325537.

的信息，例如信用状态以及其他商业秘密，等等。[①]”

其次，大数据技术的使用不能对社会成员产生非法的歧视行为，尤其是隐形的算法歧视。[②]国外有研究表明，公民的正当权利和公平待遇被暗中损害在社会主体尤其是政府部门开始采取自动办公系统之时便已经发生了。例如将传统上由人来判断和执行的法律政策转变成代码自动执行时，代码上的偏见就可能已经扭曲了政策本意。因为代码是喜欢非 0 即 1 的二进制问题的，而政府的很多政策都是多因素来权衡的。[③]而如果我们将大数据技术所提供的建议性答案转变成完全信赖的最终决定，这种系统性歧视和扭曲会更加严重。如在美国的《大数据报告》中所担心的那样，“在这次调研中揭示了一些有关大数据分析的更为根本性的挑战，大数据分析可能导致非常迥异的不公平的对待，特别是对一些弱势群体，或者产生不透明的决策环境，使得个人的自治丧失在一系列的无法理解和预知的算法之中。”[④]欧盟的《个人数据保护规则》就明确规定公民有权不受仅仅依赖自动处理系统所得到结果的支配，如果这些结果对其是有法律效力的或者有严重影响的。[⑤]美国政府在 20 世纪 70 年代便颁布了《公平信用报告法》（The Fair Credit Reporting Act），该法要求对有关消费者信用、雇佣、保险、住房以及其他相似能力的数据报告要公平，该法也适用于大数据技术中的数据主体的相

---

① 例如阿里巴巴通过掌握的企业交易数据，借助大数据技术自动分析判定是否给予企业贷款，全程不会出现人为干预。据悉其坏账率大大低于商业银行。李军编著《大数据：从海量到精确》，208 页，北京，清华大学出版社，2014。“我们有权利担心针对在线数据越来越好的使用将赋予赌场、保险公司、借款人以及其他公司主体针对我们的太多权力。Seth Stephens Davidowitz, *Everybody Lies: Big Data, New Data, and What the Internet Can Tell Us about Who We Really Are*. New York: Harper, 2017, p. 333.

② 苏令银：《透视人工智能背后的“算法歧视”》，见中国社会科学网 http://orig.cssn.cn/zx/bwyc/201710/t20171010_3662363.shtml，2017 年 10 月 30 日访问。

③ Citron Danielle Keats, “Technological Due Process”,Washington University Law Review, 85(2007), 1262. Available at SSRN: https://ssrn.com/abstract=1012360.

④ Executive Office of the President, *BIG DATA: SEIZING OPPORTUNITIES, PRESERVING VALUES*, MAY 2014, p. 10. https://www.whitehouse.gov/sites/default/files/docs/big_data_privacy_report_may_1_2014.pdf.

⑤ REGULATION (EU) 2016/679 OF THE EUROPEAN PARLIAMENT AND OF THE COUNCIL of 27 April 2016 on the protection of natural persons with regard to the processing of personal data and on the free movement of such data, and repealing Directive 95/46/EC (General Data Protection Regulation), Article 22.

关行为。[①]

再次，防止大数据技术的再生信息可能对公共利益和国家安全带来的威胁。大数据所带来的风险与德国学者贝克对风险社会中的状况所描述的相似，“与高度分化的劳动分工相一致，存在一种总体的共谋，而且这种共谋与责任的缺乏相伴。任何人都是原因也是结果，因而是无原因的。原因逐渐变成一种总体的行动者和境况、反应和逆反应的混合物，它把社会的确定性和普及性带进了系统的概念之中。”[②] 大数据技术的随机实验功能能够强化这一效果，“这是大数据的第四大能力，它能够实现随机化试验（randomized experiments），其能够发现真正的因果关系，非常方便地进行，任何时间，或多或少也是任何地点，只要你在线。在大数据时代，所有的世界都是实验室。”[③] 这种实验结果往往是不可预测的。如有学者所指出的，“由于这种无法预知的后果而产生的潜在损害将很快超过大数据技术可能给我们带来的好处。”[④] 鉴于大数据技术有被数据主体滥用的危险，而预测、确认和规范数据主体对大数据技术的使用目的要比预测、确认和规范有关大数据技术的具体行为更可行。

最后，目的正当性原则也为大数据主体之间的行业自律提供了法律基础和原则性要求。[⑤] 例如欧盟的《个人数据保护规则》（GDPR）中明确规定，除非有正当的目的，否则禁止对个人数据进行处理分析——如果这种处理分析揭示该主体的种族或者民族特征、政治观点、宗教或者哲学信仰或者工会身份；或者为了识别该主体而对基因或者生物数据的处理；有关自然

---

① Federal Trade Commission, *Data Brokers: A Call for Transparency and Accountability*, May 2014, p. 7. https://www.ftc.gov/system/files/documents/reports/data-brokers-call-transparency-accountability-report-federal-trade-commission-may-2014/140527databrokerreport.pdf.

② [德]乌尔里希·贝克：《风险社会》，何博闻译，34页，南京，译林出版社，2004。

③ Seth Stephens Davidowitz, *Everybody Lies: Big Data, New Data, and What the Internet Can Tell Us about Who We Really Are*. New York: Harper, 2017, p. 264.

④ Kord Davis, *Ethics of Big Data: Balancing Risk and Innovation*. California：O' Reilly Media, 2012, p. 5.

⑤ REGULATION (EU) 2016/679 OF THE EUROPEAN PARLIAMENT AND OF THE COUNCIL of 27 April 2016 on the protection of natural persons with regard to the processing of personal data and on the free movement of such data, and repealing Directive 95/46/EC (General Data Protection Regulation), Article 9.

人的健康数据或者性生活或者性取向的数据也被禁止处理分析。但是同时也规定为了多达 10 项的目的可以不受这一规定的限制。美国 FTC 的相关报告中表明，很多美国数据公司都通过协议方式来限制其客户对其数据的使用目的。[①] 有报告显示，在我国发生的有关侵犯个人信息的犯罪行为中，合法取得个人信息后予以非法利用是最为常见的犯罪类型。[②] 这表明一些中国企业还没有承担起合规使用自己数据的重任。

（二）数据产生合法性原则

数据产生合法性原则是基于对原始信息主体的相关法益加以保护的需要而产生的原则。这一原则在《民法总则》第 111 条中以及《网络安全法》第 43 条和第 44 条中有体现。没有数据化过程，信息无法成为大数据技术中的一部分，也就会免于大数据技术的直接干扰，但也无法直接受益于大数据技术。对信息加以数据化的过程便是将该信息所包含的相关法益交付于大数据技术来处理的过程。这可能带来利益也可能带来风险，那么包含这些法益的信息主体便应该有依法同意或者禁止将他们的原始信息数据化的权利。由于大数据技术涉及不同信息主体的多法益性，对于不同的法益，该原则的具体要求也不同。

例如，数据主体在产生数据的过程中往往会引起隐私利益的关切。而大数据技术会给社会治理效率带来根本性的提高，尤其是对中国这样的领土面积大、人口众多、民族多样、社会发展多元以及正在处于重大转型过程的

① Federal Trade Commission, *Data Brokers: A Call for Transparency and Accountability*, May 2014, p. 41. https://www.ftc.gov/system/files/documents/reports/data-brokers-call-transparency-accountability-report-federal-trade-commission-may-2014/140527databrokerreport.pdf.

② “以出售、非法提供公民个人信息罪、非法获取公民个人信息罪和侵犯公民个人信息罪案件为例，行为人在履职或提供服务过程中获得公民个人信息，然后进行非法处置的最为多见，将近六成（56.9%），其中利用职务便利获取个人信息的行为主体主要是机关单位或国家机构人员，如户籍民警、市场监督局人员、银行职员、学校工作人员等；利用工作便利或提供服务过程中获取公民个人信息的主要是，服务行业中能接触到公民个人信息的人员，如快递员、淘宝客服、房产经纪人、商场销售人员等。此类人员犯罪比例较高，反映出相关行业监管力度明显不足。”国双司法大数据：《侵犯公民个人信息类刑事案件——大数据分析报告 (2013-2016)》，2017/5, http://www.gridsum.com/datacenter/Report-on-Criminal-Cases.pdf（如果打不开，可替换网页：http://www.chinaz.com/news/2017/0602/715039.shtml.）

国家，不论是依赖政府公权力的治理方式还是依赖市场私权利的治理方式，过程都是艰难的，需要巨大的治理成本。而大数据技术可以在政府和市场之外利用互联网络和智能分析技术实现社会治理，加强社会自治性。[①] 从这一角度来看，大数据技术对中国社会有着特别的意义和重大的制度契机。隐私利益是依赖特定的社会关系而产生的，不同的社会关系中会有不同的隐私利益，即使相同的信息在不同的社会关系中的隐私利益也会有巨大差别。例如在战争时期和在和平时期，公民对隐私的期望就会有很大变化。[②] 这都说明隐私利益不是一个稳定和静止的法益，而是随着社会关系动态变化的法益，而大数据技术恰恰在改变和塑造新型的社会关系。[③] 因此在数据产生合法性判断上不应该直接认为将个人信息加以数据化本身便侵害了个人的隐私利益，而是应该根据所使用的目的正当性与否来判断。[④] 因此在这一原则的政策选择上应该倾向于支持信息的数据化，不过分强调个人对其信息的控制权，尤其应该避免将个人信息本身作为隐私权的客体来直接给予保护。[⑤]

在没有明确法律禁止的情况下，数据主体可以将公共领域的信息数据化，但是仍然要满足大数据技术使用目的正当性原则的要求。例如，网络

---

① 如莱斯格所指出的，“我们的财产受到法律、社会规范、市场以及现实空间的‘代码’的保护……从政府的角度来看，当后面三种保护方式效果不佳时，就唯有求助于法律。从公民的角度来看，当法律和社会规范提供的保护不够时，就需要现实空间的‘代码’（如车锁）来参与保护。”[美]劳伦斯·莱斯格：《代码：塑造网络空间的法律》，李旭等译，153页，北京，中信出版社，2004。

② 例如在美国有关个人统一身份证制度一直因为有损个人隐私而无法实施，但是在1941年日本轰炸珍珠港事件不久，盖洛普的民调表明有69%的人支持统一身份证，明确反对的降至25%。皮尤研究中心在2001年“9·11”事件发生的第二个月所做的民调，有70%民众支持全民统一身份证计划。涂子沛：《大数据》（3.0升级版），166页、169页，桂林，广西师范大学出版社，2015。

③ 有关隐私利益的产生与本质的讨论，参见吴伟光：《从隐私利益的产生和本质来理解中国隐私权制度的特殊性》，载《当代法学》，2017（4）。

④ 隐私问题的关键是个人对信息的不对称所带来的风险的担忧，但是大数据技术下可以使得社会成员之间的信息变得对称和平衡，这本身便可以抑制对隐私的侵害。如有学者指出的“保护隐私最好的办法或许是让侵犯隐私的人必须以自己的隐私来做交换。”吴军：《智能时代：大数据与智能革命重新定义未来》，268页，北京，中信出版社，2016。

⑤ 美国一些州试图通过法律来禁止将车牌号码制作成商业性数据库的行为，但是这些立法努力都因为言论自由的理由而夭折。在公众场合拍照以及将这些照片进行云存储都不违法。Andreas Weigend, *Data For the People.* New York: Basic Book, 2017, p. 122.

化的行车记录仪服务商每时每刻都可以从各个用户的记录仪中获得大量的公共领域的数据，又例如像 GPS 这样的定位服务商也从大量的终端用户中获得大量数据，那么在没有法律明确禁止的情况下，这些数据采集行为应该是合法的。[①] 另外，政府是产生与公共利益有关的数据的最重要主体，在数据产生过程中也要遵循数据产生合法性原则。例如我们居民身份证已经数据化，里面存储和产生了大量的个人信息的数据。[②] 又例如有人大代表提出新生儿童一出生便开始进行 DNA 的采集。[③] 这些为了公共利益目的的数据的产生过程都需要有明确的法律依据，以满足依法行政的要求。[④] 数据产生合法性原则在国家主权与安全利益方面的主要表现便是要符合对国家利益给予保护的法律要求，例如符合网络安全法的要求，[⑤] 反间谍法方面的要求，[⑥] 以及军事安全方面的要求，等等。[⑦]

---

① 例如对于含有医疗信息的数据销售和使用的问题，英国的 R v. Department of Health ex P. source Informatics Ltd.[C.A. 2000]1 All ER 786 中判决认为医疗机构将患者匿名的医疗信息未经患者的允许而销售给第三方的行为是合法的，并没有违反《欧盟数据保护指令》和英国 1998 年的《数据保护法》。而在美国的 Sorrell v. IMS Health Inc., 564 U.S. 552 (2011) 案中，美国最高法院认为佛蒙特州的《处方保密法》违反美国宪法第一修正案，该法禁止将含有个人医生处方内容的信息加以销售、公开或者使用。

② 我国有关二代身份证立法中曾经考虑搜集公民的指纹和 DNA 信息，但是最后立法没有采纳。“在第二代居民身份证中增加指纹信息和 DNA 数据的问题，在居民身份证法立法过程中意见分歧较大，并涉及需要巨额资金投入，因而未能采纳。建议公安部门认真研究居民身份证法执行过程中出现的问题，完善配套规章，改进执法工作。”《全国人大内务司法委员会关于第十届全国人民代表大会第五次会议主席团交付审议的代表提出的议案审议结果的报告》（2007 年 10 月 28 日第十届全国人民代表大会常务委员会第三十次会议通过），但是 2011 年对《居民身份证法》修改后，第 3 条中增加了收集指纹的授权。另外，对特殊公民我国也开展了收集 DNA 的行动，例如为了打击拐卖儿童犯罪行为的需要而建立的 DNA 数据库，要求“对其中非亲生落户的儿童，公安机关应当及时采集其 DNA 信息，录入‘全国公安机关查找被拐卖 / 失踪儿童 DNA 数据库’进行比对。”《民政部、中央综治办、最高人民法院、最高人民检察院、教育部、公安部、财政部、卫生计生委关于在全国开展农村留守儿童“合力监护、相伴成长”关爱保护专项行动的通知（民发〔2016〕198 号）》

③ 人大代表：建议新生儿一律采集 DNA，2016 年 3 月 14 日，http://news.china.com/2016lh/news/11176754/20160314/21912533.html.

④ 《人类遗传资源管理暂行办法》第 3 条、第 4 条、第 5 条。

⑤ 《网络安全法》第 31 条。

⑥ 《反间谍法》第 24 条、第 25 条。

⑦ 《军事设施保护法》第 15 条、第 20 条。

（三）民事主体信息数据化的平等与公平原则

信息数据化的平等与公平原则是前面两个原则中所体现的目的和价值的进一步体现。这一原则要求在数据的产生、处理和使用的三个阶段都要体现出对信息主体尤其是个人信息的平等与公平的对待。大数据技术下会产生所谓的“数字人”或者公民具有了“数字身份证”的概念，数字人是指自然人的身份信息和社会信息被数据化，自然人的活动信息都是以数据形式表现的。因此大数据技术可能产生新歧视，这种危险被学者称为“身份悖论”（identity paradox），“大数据技术能够身份识别，但是也威胁着身份……大数据所赋予的权力能够利用信息来触动、劝服、影响甚至是限制我们的身份性质。”[①] 那么，数据产生的公平与平等性就是民事主体在这种社会中被公平和平等对待的基本前提。在大数据技术中，歧视和不公平往往更加隐蔽或者以合法形式表现出来，例如算法上的不公平所导致的歧视和不平等是非常隐蔽和专业的。“在非故意歧视的情形下，因为挖掘数据的方式对应该得到保护的群体的不利影响更加不明显，由此所造成的伤害可能更加难以被发现和纠正。”[②]“基于数学驱动应用的数据经济是基于容易犯错的人的判断……许多包含有人的偏见、误解和歧视的模型越来越多地管理我们的生活。像上帝一样，这些数学模型是不透明的，它们只对在其领域内的最高级教士们是可见的，即数学家和计算机科学家。他们的裁定即使是错误的或者有害的，也无法被异议。那么，他们就倾向于惩罚我们社会中的贫穷和被压迫的群体，而使得富人更富有。”[③] 在私权利社会中，人皆平等这一政治主张被民法中的民事主体权利能力平等这一概念来表述并得到法律保障；那么在大数据技术下的社会组织中，人皆平等这一政治主张的表现之一便是对个人信息的数据化平等与公平原则的坚持。这一原则要求在民事主体信息数据化过程中，除了应该注意到数据产生主体与信息主体在其信息的数据化过程中，由于法益冲

① Richards Neil M., King Jonathan H.,“Three Paradoxes of Big Data”,66 Stanford Law Review Online, 41 (2013),43-44. Available at SSRN: https://ssrn.com/abstract=2325537.

② Barocas Solon, Selbst Andrew D., “Big Data’s Disparate Impact”,104 California Law Review, 671 (2016),674. Available at SSRN: https://ssrn.com/abstract=2477899.

③ Cathy O’Nell, *Weapons of Math Destruction*. New York: Crown, 2016, p.3.

突所产生的积极冲突之外，还应该注意到两者之间的消极冲突，即数据主体对某个人或者某些群体中个人的数据产生的歧视行为，包括排除某人或者某些群体的有关信息，或者对这些信息加以屏蔽、篡改或者损坏。[①]这些人将会因此受到不公正的待遇，甚至可能成为数据社会的“黑户”。[②]例如，在我国有关少数民族信息采集之后，有学者就指出因为这些信息，这些少数民族可能会受到歧视待遇。[③]这种情况在大数据社会中可能会发生得更加隐蔽。

（四）数据产生主体对数据享有专有权益原则

数据产生主体对其所产生的数据享有专有权益原则是指遵循数据产生合法性原则而产生的数据，其产生主体应对数据享有专有权益。

坚持这一原则有三个理由，一是劳动产生权利这一基本正义的反映。数据的产生和存储需要人力和设施的投入和长期维护，并且数据已经成为企业的重要资产，围绕着数据的竞争日趋激烈，已经有多起纠纷发生。[④]因此数据产生主体对其数据的专有权益应该得到法律上的明确认可。二是对数据实际占有状态的法律认可。数据的特征是不具有竞争性（non-rivalrous）

① “数据和信息还是稍有不同，虽然它最大的作用在于承载信息，但是并非所有的数据都承载了有意义的信息。数据本身是人造物，因此它们可以被随意制造，甚至可以被伪造。”吴军：《智能时代：大数据与智能革命重新定义未来》，5页，北京，中信出版社，2016。

② “根据2010年国务院第六次全国人口普查数据，全国至少有1300余万人没有户口，约占中国所有人口的1%。1300多万‘黑户’浮出水面，成为数十年来中国人口政策和社会治理中不容忽视的问题人群。他们没有户籍资料，没有户口卡，也通常没有身份证，所以被社会俗称为‘黑户’……大多数人没有社会保障，没有正常的工作、生活和受教育的机会，甚至连出行也困难重重。”万海远：《中国“黑户”群体调查》，载《南风窗》，2015(5)。

③ 例如有学者研究指出在我国对民族信息的采集和公开中，在许多情况下使少数民族公民在现实生活中更容易受到歧视。郭延军：《采集公民民族信息的宪法界限》，载《中外法学》，2016(6)。

④ “上海汉涛诉爱帮不正当竞争案”，北京市第一中级人民法院民事判决书(2011)一中民终字第7512号、“大众点评诉百度不正当竞争案”，上海市浦东新区人民法院民事判决书(2015)浦民三(知)初字第528号、“微梦公司诉淘友公司有关大数据不正当竞争案”，北京知识产权法院民事判决书(2016)京73民终588号，以及已经和解的顺丰与菜鸟关于双方在数据获取、分享上发生争议时采取关闭数据接口措施所发生的争议，见每日经济新闻：《顺丰菜鸟互撕背后：大数据争夺战已进入前所未有高度》，2017年06月05日。http://tech.sina.com.cn/i/2017-06-05/doc-ifyfuzmy1816654.shtml.

但是却可以具有排他性（exclusive）。[①] 数据产生主体在产生数据时要克服相应的法律障碍和事实性障碍。例如数据合法性原则要求所产生的法律障碍以及技术、投资和市场结构所产生的事实性障碍，这些障碍的存在使得数据产生主体所产生的数据是具有排他性的。数据产生主体实际上已经控制着数据，这种对数据的实际控制状态在司法实践中已经被视为商业秘密或者财产性法益而受到保护'[②] 或者被以非法获取计算机信息系统数据罪等罪名在刑法给予认可和保护。[③] 那么在法律上明确认可数据产生主体对其产生的数据享有专有权益是对这些事实状态的法律认可和统一。另外，由于原始信息的数据化往往是在网络的不同层次中完成的，因此同一个原始信息会在不同的数据主体中产生不同的数据，那么，这些处于不同层级的数据产生主体便对这些数据都享有独立的专有权益。例如，消费者在电商上购物这一行为过程所产生的信息在电商平台、支付平台、物流平台以及提供基础电信服务的数据流平台等都产生相关数据，这些数据的产生主体是不同的，它们对这些数据都独立享有专有权益。[④] 三是对大数据技术私权规制的需要。权利同时意味着义务和责任，数据产生主体享有数据专有权也意味着其有义务和责任来正当地行使自己的数据并防止他人不当利用。[⑤] 因此，赋予数据产生主体对其产生的数据以专有权益，数据产生主体便可以依赖

---

① ECORYS, *Big Data and Competition*, Rotterdam, 13, June 2017, p. 20, www.rijksoverheid.nl/binaries/rijksoverheid/documenten/rapporten/2017/06/13/big-data-and-competition/big-data-and-compctition.pdf.

② “微梦公司诉淘友公司有关大数据不正当竞争案”，北京知识产权法院民事判决书 (2016) 京 73 民终 588 号。

③ 例如“罗滔、罗林、柯泰龙非法获取计算机信息系统数据、非法获取公民个人信息案”，浙江省杭州市西湖区人民法院（2014）杭西刑初字第 859 号。“去年 7 月，实时公交查询软件‘酷米客’状告同类产品‘车来了’盗取后台数据一案经过一年的一审终于在深圳南山区人民法院宣判：‘车来了’创始人兼 CEO 邵凌霜犯非法窃取计算机信息系统数据罪，判处有期徒刑三年、缓期四年执行，罚金 10 万元。”见南都产经：《出行大数据第一案一审宣判，“车来了”创始人获刑三年》，2017 年 7 月 20 日，http://m.mp.oeeee.com/a/BAAFRD00002017072044573.html.

④ “不管用户换什么 OTT 平台和终端，数据总归会流经管道和运营商。所以有人问，淘宝也有大数据，腾讯也有大数据，运营商的大数据和他们有何区别呢？其实，区别在于，淘宝拿不到腾讯的大数据，腾讯拿不到淘宝的大数据，但运营商可以同时拿到淘宝和腾讯的数据，只要有这个必要。”李军编著：《大数据：从海量到精确》，152 页，北京，清华大学出版社，2014。

⑤ 《侵权责任法》第 8 条、第 9 条。

专有权益来规范下游的数据分析和使用主体对其数据的分析和使用，从而形成从权利到责任的规范链条，为大数据技术的行业自律打下私权利基础。[1]如政治学中常说的，“不能给与便不能规治”（He who cannot give cannot rule）。数据产生主体由于处于控制着大数据资源的节点的地位，其他社会主体都需要从数据产生主体那里持续地获得数据资源，才能开始后续的使用。那么，能够持续提供数据资源的数据产生主体也就有了规治下游数据使用者的能力，也就具有了自治能力和相应的法律义务。

（五）促进大数据资源共享原则

促进大数据资源共享原则是大数据技术本身特征所决定的，孤立和隔绝的数据本身就不是大数据。“大数据与小数据的一个区别便是小数据通常存在于一个机构中，经常是在一个电脑中，甚至是在一个文件中。而大数据存在于整个电子空间，通常在很多服务器中，存在于地球的任何地方。”[2]大数据技术的优势之一便是从表面不相关的数据中找到关联性。简单地说，大数据资源共享本身便是大数据技术得以实施的前提。

从数据价值角度来看，大数据技术的特征是数据价值与数据量之间存在着非线性的增速关系，数据量越大，其价值就会有飞跃提升。大数据技术下“计算能力使得大海捞针不但是可能的而且是可行的……但是为了找到针得先有大海。为了获得某种洞察力，得先有足够的数据量。”[3]那么数据共享将实现数据量价值的相互提高，因而是共赢的结果。“大数据的容量和种类特征使得其具有互补性，因为一种数据和其他种类的数据相结合之后往往可以产生更多的‘价值’。”[4]另外，数据价值还往往具有时效性，

---

① 我国《网络安全法》第 11 条要求网络相关行业组织加强行业自律。这一立法精神也同样适用于大数据技术的法律规范之中。

② Jules J. Berman, *Principles of Big Data: Preparing, Sharing and Analyzing Complex Information*. Massachusetts：Academic Press, 2013, p. xxi.

③ Executive Office of the President, *BIG DATA: SEIZING OPPORTUNITIES, PRESERVING VALUES*, MAY 2014, p. 6. https://www.whitehouse.gov/sites/default/files/docs/big_data_privacy_report_may_1_2014.pdf.

④ ECORYS, *Big Data and Competition*, Rotterdam, 13, June 2017, p. 21. www.rijksoverheid.nl/binaries/rijksoverheid/documenten/rapporten/2017/06/13/big-data-and-competition/big-data-and-competition.pdf.

不及时得到使用的数据其价值将很快衰减，这也使得数据共享具有财产效率上的必要性。

从社会公正性角度来看，大数据资源将会成为社会成员基本公平的基础，大数据资源不足的个人或者群体将会处于不利的竞争状态。“如果数据是排他性的，能够获得数据的公司相对于无法获得数据的公司便具有了竞争优势。”① 在古代的封建氏族社会，血缘关系的不平等是社会不公平的主要原因。在公权力社会，权力的不平等是社会不公平的重要原因。在私权利社会，私产占有和分配的不平等是社会不公平的重要原因。而在大数据技术时代，数据获得和分析能力上的不平等将成为社会不公平的重要原因。从追求社会公平这一政治角度来看，也应该将促进数据共享作为根本原则之一。② 就目前的理解来看，手握大数据的主体往往是政府机构、金融机构、电信行业、电力行业以及大的互联网络公司。③ 这些数据主体是大数据技术中的数据枢纽，控制着大数据的下游使用。因此，在促进数据共享的原则下，这些数据主体都承担着数据共享的义务。

在美国，2009 年 1 月 21 日奥巴马总统的第一个工作日便颁布了政府大数据公开的总统备忘录，并且创建了专门的网站 data.gov，其目标和使命是“开放联邦政府的数据，通过鼓励新的创意，让数据走出政府、得到更多的创新型运用。”英国和欧盟也都相继开始了公开大数据的行动。④ 我国《网络安全法》第 11 条已经要求促进公共数据资源的开发和利用。但是在大数据时代，不仅仅公共数据而且其他数据也应该促进共享。促进数据共享原

---

① ECORYS, *Big Data and Competition*, Rotterdam, 13, June 2017, p. 23. www.rijksoverheid.nl/binaries/rijksoverheid/documenten/rapporten/2017/06/13/big-data-and-competition/big-data-and-competition.pdf.

② “大数据的价值是通过数据共享、交叉复用获取的。因此，在笔者看来，未来大数据将会如基础设施一样，有数据提供方、管理者、监管者、数据的交叉复用将大数据变成一大产业。”李军编著：《大数据：从海量到精确》，35 页，北京，清华大学出版社，2014。

③ “通过把各种行为和状态转变为数据，简称数据化，这是第一个机会，也是基础。大量个人信息数据的获得，这个机会基本属于新浪等这类大企业；大量交易数据的获得，也基本属于京东、淘宝这类互联网络企业；小企业基本没机会独立得到这些用户数据。”李军编著：《大数据：从海量到精确》，34 页，北京，清华大学出版社，2014。

④ 参见 Viktor Mayer Schonberger, Kenneth, *Big Data, A Revolution That Will Transform How We Live, Work and Think*. Boston：Eamon Dolan/Mariner Books, 2003, p. 64.

则会与前面的数据产生主体对数据享有专有权益原则产生冲突，因为数据产生主体自身的自私性可能促使其利用数据专有权阻碍与其他数据使用者的数据共享。促进大数据资源共享原则与数据产生主体对数据享有专有权益原则之间如何协调和处理，已经成为很多国家或者机构关心的问题，这主要涉及有关大数据产生的竞争政策问题。[①]

（六）数据安全原则

数据安全主要包括两个方面，一是数据的物理性安全，即保障数据的存在性、可获得性和完整性。存在性是指数据不能被毁坏或者丢失；完整性是指数据不能被篡改或者以其他方式污染；而可获得性是指数据应该能够被有权获得的主体在需要时随时获得。二是数据的保密性安全，即防止数据被不当地泄露和使用。这一原则在《网络安全法》第 10 条中有体现。[②] 正在制定中的《数据安全法》对这方面的问题应该有更为系统和全面的规定。

不同性质的数据主体对于数据的安全义务是不同的。国家机关或者公共性组织由于本身便是承担公共利益或者国家安全的主体，它们对其产生和存储的数据本身就有特殊的保护义务，可以属于《网络安全法》中的关键基础设施。[③] 对于个人或者企业性质的数据主体，如果对于自己合法产生和存储的数据的安全保护不足而造成其数据资源的毁坏或者丢失，那么按照私产自由处分原则，这些主体对于自己财产的损失应该不承担额外的法律责任。但是如果这些数据是有关公共利益或者国家利益的，它们就不仅仅属于个人私产而可以自由处分了，而应该为公共利益或者国家利益而保障这些数据的物理安全。事实上，由于数据主体往往都是处于大数据技术中的核心和中枢地位，它们的数据往往都与公共利益和国家利益有着重大关切。所以，

---

① 参见 ECORYS, *Big Data and Competition*, Rotterdam, 13, June 2017, www.rijksoverheid.nl/binaries/rijksoverheid/documenten/rapporten/2017/06/13/big-data-and-competition/big-data-and-competition.pdf；Japan Fair Trade Commission Competition Policy Research Center, *Report of Study Group on Data and Competition Policy*, June 6, 2017. http://www.jftc.go.jp/en/pressreleases/yearly-2017/June/170606.html.

② 《网络安全法》第 10 条、第 42 条。

③ 《网络安全法》第 31 条。

在大多数情况下，这些数据主体都需要为了公共利益和国家安全的目的承担对数据的物理性安全的保护义务。①

数据主体对于数据的保密性安全要承担主要责任和首要责任。法律上对数据主体所要求的安全保护义务其目的是要求这些主体通过内部的技术措施和合规制度来实现对大数据的保护和对内部雇员的规范。我们发现，近几年频繁发生的个人信息泄露案件大都是企业内部员工主动泄露出去或者失职造成的，② 相关企业的大数据报告中也发现这类犯罪多为自然人犯罪。③ 而仅仅通过刑事责任来追究这些直接行为人的做法是无法实现对这些企业中的数据信息有效保护的目的的。④

与大数据安全原则有关的另一个重要问题便是数据的国际间传输。由于国家的性质决定了不同国家之前存在着天然的竞争性，而数据是获得和改变竞争力的重要资源，那么数据在不同国家之间的传输便成为重要的国家安全问题。《网络安全法》第1条立法目的中有关维护网络空间主权和国家安全的要求意味着大数据主体在进行数据的国际间传输时应该承当维护网络空间主权和国家安全的义务。

---

① 安全问题是大数据技术中的重要问题，“某些特殊行业的应用，例如金融数据、医疗信息以及政府情报等都有自己的安全标准和保密性需求。海量数据洪流中，在线对话与在线交易活动日益增加，其安全威胁更为严峻；而且现今黑客的组织能力、作案工具、作案手法以及隐蔽程度更上一层楼。”李军编著：《大数据：从海量到精确》，26页，北京，清华大学出版社，2014。

② 国双司法大数据：《侵犯公民个人信息类刑事案件大数据分析报告》(2013-2016)，5页，2017/5 http://www.chinaz.com/news/2017/0602/715039.shtml.）

③ “侵犯公民个人信息类刑事案件的犯罪主体包括单位和自然人。以样本中的1103件判决文书为例，约2.1%的案件涉单位犯罪，约97.9%的案件仅为自然人 犯罪。”国双司法大数据：《侵犯公民个人信息类刑事案件大数据分析报告》(2013-2016)，10页，2017/5。http://www.gridsum.com/datacenter/Report-on-Criminal-Cases.pdf.

④ 例如“汪某侵公民个人信息案”，浙江省平湖市人民法院刑事判决书(2016)浙0482刑初1105号；“曲某某侵公民个人信息案”，绍兴市上虞区人民法院刑事判决书(2016)浙0604刑初999号；“张义侵犯公民个人信息案”，上海市闵行区人民法院刑事判决书(2016)沪0112刑初2057号；“古某犯侵犯公民个人信息罪案”，江苏省常熟市人民法院刑事判决书(2016)苏0581刑初1221号；一系列刑事案件中都是将直接获得或者贩卖个人信息的行为人定罪，而都没有涉及对这些信息有管理义务和责任的法人主体的任何责任。

三、对大数据技术规制的路径选择与责任主体

由于大数据技术所涉及的法益是多重的，既包括公民个人或者法人的利益，也包括公共利益和国家利益，大数据技术便具有了公权力与私权利相结合的规制特征。其有两个路径可以选择，一是从下到上的私权路径，以民事主体对其信息所享有的相关法益作为权利依据来规范大数据技术的使用；[①] 特别是数据主体依据其对数据的专有权益来规范下游的数据主体的大数据使用行为，即通过合同的自治。二是从上到下的公权力路径，政府主管部门通过行政权力来规范大数据技术的使用，其目的是保护民事主体的利益、公共利益和国家主权与安全利益。这两个规制路径应相互配合和支撑，形成公权力规制与私权利自治共存的局面。

（一）对大数据技术法律规制的私权利路径

在第一个路径中，即从下到上的私权利路径，其私权利基础有两个，一是原始信息主体对其信息享有的权益；二是数据产生主体对其所产生的数据享有的专有权益。

根据数据产生合法性原则，原始信息主体通过对其信息的私权利便可以规制数据产生主体的行为。但是民事主体对其信息享有的何种权益目前还有争议，例如其应该属于财产权、隐私权或者个人信息权等新型权利。[②] 不论属于何种具体权利，依赖民事主体对其信息所享有的权益来规范大数据技术所遇到的困境是：一旦信息被数据化之后，该主体便很难再识别、跟踪和通过其私权利来规范。特别是公民个人数据信息所包含的隐私利益的琐细性、模糊性和双重性，使得数据信息的个人主体很难针对每一次个人数据信息的收集、传播或者使用做出及时的和精确的判断。这一困难在美国

① 《民法总则》第 111 条规定，“自然人的个人信息受法律保护。任何组织和个人需要获取他人个人信息的，应当依法取得并确保信息安全，不得非法收集、使用、加工、传输他人个人信息，不得非法买卖、提供或者公开他人个人信息。”

② 具体讨论见吴伟光：《大数据技术下个人数据信息私权保护论批判》，载《政治与法律》，2016(7)。

FTC 的相关报告中也有说明，[①] 随着大数据技术的发展，会有众多的数据主体出现，个人信息会被众多发展和变化的数据主体所收集和分析处理，公民个人会被淹没其中而无法进行相关数据的识别和更正。[②] 例如一个美国数据公司对几乎每一个美国消费者都进行了 3000 个数据段（data segments）的归类，[③] 这让一个消费者来掌握和更正其中有关其个人的数据几乎是不可能的。

以个人意愿来决定该数据信息使用的合法性往往使得原始信息主体处于要么全部拒绝，要么全部同意其使用的两难选择。而如果拒绝服务方有关个人数据信息使用的协议，则意味着无法接受服务方的相关服务。因此个人一般都是不得不简单地接受这种协议。这说明依赖个人的独立判断来决定个人信息中隐私利益的使用是效率低下的选择。在大数据技术下，这种低效的选择无法与高效的数据处理相适应，因而个人不得不通过一揽子同意的方式来将自己的个人信息交付给大数据技术系统来处理。[④] “‘通知与同意’的方式是实践中应用平台、程序或者网站服务要求个人明确同意对其个人数据信息收集使用的做法。但是只有在臆想的世界中用户才会真正阅读这些通知的内容并在表明其同意之前真的理解其含义。‘通知和同意’在服务者和用户之间形成了一个不平等的有关隐私的谈判平台。服务者提

① “由一个消费者来确定数据主体是如何获得其数据事实上是不可能的，为此消费者必须要经过一系列数据主体来追踪其数据的路径。” Federal Trade Commission, *Data Brokers: A Call for Transparency and Accountability*, May 2014, p. 46. https://www.ftc.gov/system/files/documents/reports/data-brokers-call-transparency-accountability-report-federal-trade-commission-may-2014/140527databrokerreport.pdf.

② Federal Trade Commission, *Data Brokers: A Call for Transparency and Accountability*, May 2014, p. 51. https://www.ftc.gov/system/files/documents/reports/data-brokers-call-transparency-accountability-report-federal-trade-commission-may-2014/140527databrokerreport.pdf.

③ Federal Trade Commission, *Data Brokers: A Call for Transparency and Accountability*, May 2014, p. iv. https://www.ftc.gov/system/files/documents/reports/data-brokers-call-transparency-accountability-report-federal-trade-commission-may-2014/140527databrokerreport.pdf.

④ 例如有媒体报道浙江省高级法院与淘宝网合作，利用淘宝网中的个人数据信息来提高法院司法文件送达的准确性，也将对司法判决的履行情况与在淘宝网中的个人信用关联在一起。在司法机关与淘宝网的大数据合作中，包含有自己个人信息的主体以侵犯个人隐私权来阻止或者改变这种司法机关与淘宝网之间有关个人数据信息使用的合作几乎是不可能的。“大数据服务司法创新云平台助推司法公正 浙江高院联手阿里巴巴打造‘智慧法院’”。https://www.chinacourt.org/article/detail/2015/11/id/1755976.shtml.

供了一个复杂的，要么同意要么离开的隐私条款，而实际上，用户仅仅有几秒钟的时间去评估它。这是一种市场失效。”[①]

另外，公民个人对于个人信息自由处分权益的滥用所导致的公共利益的受损也是令人担忧的。[②]我国《网络安全法》第43条赋予了公民个人在一定条件下删除和更正个人信息的权利，即所谓的“个人信息删除权”和“个人信息更正权”。[③]但是这一权利的行使是以数据主体违反法律、法规和双方约定为前提的，赋予公民个人多大范围和程度的权利将是立法者的政策选择。

对大数据技术的私权利规制主要依赖第二种私权利，即数据主体对其所产生的数据的专有权益来实现，而数据主体主要是企业，即互联网络公司。根据前面所列举的第四大原则，数据产生主体对其所产生的数据享有专有权益，未经数据产生主体的同意或者法律的授权，第三人不得非法获取和使用其数据。根据这一排他性权利，数据产生主体便可以依赖契约关系将自己的外部法律责任转变成内部的契约义务并传递到下游的其他数据主体上，这一做法在美国大数据产业中已经被普遍使用。一些数据主体还通过埋入“种子数据”（seeding data）的技术方式来监督其客户不违反合同中所约定的目的来使用其数据。数据主体依赖数据专有权来对大数据的使用进行规范是出于私权主体的自身利益考虑，不能自然实现对公共利益和国家安全利益加以保护的目的。因此，需要事先将对这些法益的保护义务转变成数据主体的法律责任，那么数据主体便将这些外部法律责任转变成企业内部合规规范以及企业之间的契约义务，从而实现对大数据技术的公法和私

---

① Executive Office of the President, President’s Council of Advisors on Science and Technology, *REPORT TO THE PRESIDENT BIG DATA AND PRIVACY: A TECHNOLOGICAL PERSPECTIVE*, May 2014, p. xi. https://bigdatawg.nist.gov/pdf/pcast_big_data_and_privacy_-_may_2014.pdf.

② 如有学者所指出的，欧洲的被遗忘权（right-to-be-forgotten）指令没有提供一个标准来确定相关信息在公共利益和个人隐私这一谱系中的位置。结果是相关机构在得到个人删除信息的请求后在做决定时会过度解读相关信息是有用的或者重要的，而威胁了其他人的知情权。Andreas Weigend, *Data For the People.* New York: Basic Book, 2017, p. 179.

③ 杨合庆主编：《中华人民共和国网络安全法解读》，96～97页，北京，法制出版社，2017。

法相互配合的监管体系，即学者所称的“私行政法”概念和模式。[①]因此，公权力规制路径是大数据技术法律规制的根本秩序来源。

（二）对大数据技术法律规制的公权力路径

由于大数据技术的专业特征、所涉及法益的多样性以及数据主体所承担的法律责任的多重性，仅仅依赖私权利的实施和行业自律是无法有效实现对大数据技术的法律规制的。有学者将这一困境被称为“权力悖论”（power paradox），“大数据传感器和大数据工具都主要被具有实力的中间机构而不是普通民众所掌握……这是权力悖论。大数据将创造出赢家和输家，而能够对个人信息加以挖掘、分析和存储的这些机构很可能会获得利益。不知道恰当的法律或者技术边界，每一方都只在猜疑。”[②]因此，就目前而言，恢复失衡权力还主要依赖公权力的规制，在中国尤其如此。我国传统上公民社会自治能力较弱，与普通法国家秩序构建的从下到上（bottom-up approach）的特征相比，我国的社会秩序更倾向于从上到下（top-down approach）的特征来构建，[③]大数据技术也是如此。例如，在与网络有关的版权侵权案件中就有这样的特征，版权人通过民事诉讼来改变和阻止网络平台侵犯版权的效果在现实中非常不明显，相反这些网络平台更在意政府主管部门的行政措施。[④]同样道理，面对强大的大数据技术，必须有更有效的制度机构来监督和平衡这种正在培养的脆弱的新型合作与竞争关系，规

① “以政府规制与社会自我规制共同运作并实现公共任务，使传统的公法与私法二元对立相对化……在公法中，政府选择私法形式不得主张私法自治，仍然还要受到公法拘束，成为行政私法。而对应的，以私人利益要受到公共利益约束为例，可能会融合公法、私法特征，形成一种不同的行政法领域——私行政法。”高秦伟：《社会自我规制与行政法的任务》，载《中国法学》，92页，2015(5)。

② Richards Neil M., King Jonathan H., “Three Paradoxes of Big Data”, 66 *Stanford Law Review Online*, 41 (2013), 43-45. Available at SSRN: https://ssrn.com/abstract=2325537.

③ “一些学者像 G. William Skinner 用两种中心阶层法来描述一个国家的社会，第一种大致上是从下到上来构建的，其来自于交易。第二种大致是从上到下来构建，其来自于帝国的控制；它是以具有行政管理职权的有阶层的单位构成。从上到下的体系往往采纳强迫的逻辑，从下到上的体系往往采纳资本的逻辑。” Charles Tilly, *Coercion, Capital, and European States, AD 990-1990*. New York：Basil Blackwell, Inc., 1990, p. 127.

④ 人民网—传媒频道：国家版权局约谈百度高层 敦促其拿出文库整改计划，2011 年 04 月 22 日。http://media.people.com.cn/GB/120837/14453731.html.

范具有大数据技术优势的企业，才能在竞争和合作关系还不稳定时构建起相互信任的有机社会。[①]

即使对个人法益而言，在我国也主要需要依赖公权力的保护，而不是依赖私权利主体的民事权利来实现。[②]这是因为在大数据技术环境下，公民个人理性很难成为集体理性，单个信息中的法益与大数据技术所产生的法益之间的联系往往因为没有因果关系和直接联系而变得模糊，依赖民事责任中的因果关系很难实现规范的目的。如索罗夫在 2001 年就指出，“数据库的问题不是我们被监视、被控制以及被限制的问题。也不是我们对个人信息缺少所有权的问题。而是我们与公共和私立机构的关系中的力量和影响问题，我们没有能力对我们的个人信息的收集和使用进行有意义的参与。作为结果，我们必须将注意力集中到现代社会权力的构建上，即如何对这些机构进行治理。”[③]由于大数据技术的根本特征在于可以生成再生信息，那么原始信息主体通过对原始信息的控制来保护再生信息中的法益便几乎不可能了，这也是在大数据技术下通过赋予个人私权来实现对大数据技术的规治的根本不足和缺陷。这一问题的根源是大数据技术上的信息能力失衡造成的，有学者称之为“透明性悖论”。这是因为大数据技术的专业性，一般公民和市场主体很难能够实现监督，而需要专门和专业的机构来完成。这些专业人员被称为“算法师”，这些人应该是计算机科学、数学和统计学方面的专家，对大数据分析和预测进行评估。[④]由这些专家所组成的专门

① 例如在我国和其他国家已经多次发生的包含有用户个人数据信息的大数据被泄露事件，对于这种事件如果依据私权利来进行救济，不论是个人诉讼还是集体诉讼都很难实现事前预防、事后追责的制度目的。而依赖公法的行政责任甚至是刑事责任对数据主体的责任追究则要有效得多。《为何中国网民的“内裤”如此易扒？》http://news.sohu.com/s2015/dianji-1723/index.shtml.

② 例如 2017 年 5 月两院联合发布的《关于办理侵犯公民个人信息刑事案件适用法律若干问题的解释》第 1 条至第 5 条中对非法提供公民信息的行为解释为《刑法》第 253 条之一的侵犯公民个人信息罪，而在我国《刑法》中这一罪名是属于《刑法》第四章中的侵犯公民人身权利、民主权利罪这一类犯罪。

③ Solove Daniel J., “Privacy and Power: Computer Databases and Metaphors for Information Privacy”. Stanford Law Review, 53(2001), 1461. Available at SSRN: http://ssrn.com/abstract=248300 or http://dx.doi.org/10.2139/ssrn.248300.

④ Viktor Mayer Schonberger, Kenneth, *Big Data, A Revolution That Will Transform How We Live, Work and Think*. Boston：Eamon Dolan/Mariner Books，2003, p. 99.

机构来承担对数据主体行为的监督。否则就目前的社会监督能力来看，似乎没有其他组织可以承担起这样的职能。[①]如有学者所指出的，“从个人同意这一控制形式向数据使用者责任（accountability）形式的转移是实现大数据治理的根本的和实质性的变化。”[②]美国FTC在相关报告中也指出在要求数据主体的透明性时，现实中很多消费者既并不寻求接触被数据主体所掌握的数据，也无法理解其中具体细节。因此FTC建议通过使得一些重要主体，包括管理者、政策制定者、学术机构、产业以及消费者保护机构能够评价数据主体是否清楚地和准确地向消费者描述了其业务来增加这些数据主体的责任性。[③]

最后，网络与大数据技术使得相关行为人的社会干扰度剧增，由于人的行为和物的网络化以及能源技术的巨大进步，单个行为人对社会的干扰能力大幅度提高。[④]通过对个人行为的事后追责制度来实现规范社会的方式在网络和大数据技术社会中越来越力不从心。网络化的社会中，社会治理方式已经开始超越私权利社会的基于侵权责任的事后追责模式。事后追责制度的理念是希望通过责任追究制度来对行为人的非理性行为形成威慑，从而促成社会成员能够理性化。在私权利社会中，由于个人能力的有限性和非网络性，

① 有产业界人士也呼吁成立类似这样的机构，“这是大数据时代、智能时代的新问题。在对算法愈加依赖的现代社会，一些算法会提供贴身服务，让人如沐春风；一些算法则可能涉及歧视、公平，甚至伤害公共利益、孳生“算法腐败”，成为少数人谋取不当利益的工具。这样的算法，是应该公开的，但我们不要求，谁来公开呢？这些算法不仅需要公开，甚至还需要接受“算法审查”。而审查算法，需要专业的人员、专业的机构，我预计，未来世界各国的政府部门都将增设这样的机构。我建议，中国的工业和信息化部，可以率先成立算法公平审查局，保障世界第一互联网大国消费者的利益。”《涂子沛：互联网更需要审查的，不是内容，而是算法》，http://it.sohu.com/20170112/n478540076.shtml.

② Viktor Mayer Schonberger, Kenneth, *Big Data, A Revolution That Will Transform How We Live, Work and Think*. Boston：Eamon Dolan/Mariner Books，2003, p. 97.

③ Federal Trade Commission, *Data Brokers: A Call for Transparency and Accountability*, May 2014 p. 53. https://www.ftc.gov/system/files/documents/reports/data-brokers-call- transparency-accountability- report-federal-trade-commission-may-2014/140527 databrokerreport. pdf.

④ 例如在1988年发生的著名的“莫里斯蠕虫病毒”事件，被告作为一个大学生开发和传播了一款网络病毒，结果瞬间造成大量的计算机感染病毒失去功能，其中包括学校、政府机构和军事部门的一些重要计算机。这一最早的网络病毒案例很好地说明了网络社会中，个人对社会的干扰能力迅速提高。UNITED STATES of America, Appellee, v. Robert Tappan MORRIS, Defendant-Appellant. No. 774, Docket 90-1336. United States Court of Appeals, Second Circuit. Argued Dec. 4, 1990. Decided March 7, 1991.

对个人违法行为所造成的损害通过事后追责在相当程度上是可以忍受或者弥补的。但是在大数据技术背景下，今天的行为人控制能量的能力越来越大，并且可以通过网络来快速传递其影响，行为主体对社会的干扰能力越来越强，个人非理性行为所造成的损失通过事后追责制度往往是无法弥补的。[①]这意味着在网络和大数据技术社会中，事前预防错误的发生要比事后的补救更加重要。如同在苏联发生的切尔诺贝利核事故一样，事后追究任何人的责任都于事无补。这些都说明需要一个监管大数据技术应用的专门机构，以便能够对数据主体加以事前的和实时的主动监督和安全评估，尽量能够预防大数据技术所带来的风险。[②]在政府通过公权力规制和数据主体私权利自我治理的相互协调互动过程中，明确专门的政府主管机构也有利于保障政府不同部门之间政策统一、政府与企业之间协调通畅。像美国和日本等国家都已经有这样的专门政府机构，[③]而我国对于大数据技术的政府主管部门至今还不明确，在全国人大常委会执法检查组关于检查《网络安全法》《关

① 例如在2015年3月24日发生的德国之翼航空公司编号为4U9525的空中客车A320型客机坠机事件，事后调查表明是飞行员的自杀行为，并且该飞行员在自杀之前已经有很多的信息和数据表明其已经不适合驾驶飞机，但是由于隐私保护的需要，这些信息和数据并没有被航空公司等相关机构所掌握。该事件后，欧洲人也在反思其隐私保护是否过头了。见纪录片《空中浩劫：德国之翼航空，飞行员驾机自杀，149名乘客陪葬！【空中浩劫】德国之翼航空9525号班机 https://www.bilibili.com/video/av18336227/.

② 2019年3月9日出版的《英国议会规制数字世界》（Regulating in a digital world）中也建议设立“数字机构”（Digital Authoriy）来对数字经济进行全面的规制。Select Committee on Communications Regulating in a digital world, 2nd Report of Session 2017-19 - published 9 March 2019 - HL Paper 299, https://publications.parliament.uk/pa/ld201719/ldselect/ldcomuni/299/29902.html.

③ 在美国有关大数据技术所产生的隐私保护问题，消费者权益保护问题以及竞争问题等是由公平贸易委员会（FTC）来负责管理。日本则根据其在2017年5月30日开始实施的《个人信息保护修正法》第59条的规定，成立了个人信息保护委员会，直接向首相负责。其负责与个人信息相关的指导、建议、个人权利的保护以及在产业中正当使用个人信息等相关事宜（第60条）。欧盟的《个人数据保护规则》中要求成员国成立专门的监督机构来负责该规则的执行。REGULATION (EU) 2016/679 OF THE EUROPEAN PARLIAMENT AND OF THE COUNCIL of 27 April 2016 on the protection of natural persons with regard to the processing of personal data and on the free movement of such data, and repealing Directive 95/46/EC (General Data Protection Regulation), Article 51.

于加强网络信息保护的决定》实施情况的报告中已经明确指出这一问题。[①]

总之，大数据技术是一种可以影响多种法益的新技术，其对社会的影响是全方位的和深远的。但是大数据技术与其他技术的本质是一样的，都是人类提高自己竞争力的工具。人类社会通过制度规制社会成员的竞争行为，对不同的竞争行为有道德上的不同评价和制度规范上的不同态度。那么对于作为竞争工具的大数据技术也同样应有相应的伦理道德要求和制度规范。由于大数据技术涉及多种法益，对大数据技术的制度规范便更加复杂以及更需要维持制度规范和创新自由之间的平衡。因此应该从原则上来对大数据技术进行指导性规范，并通过专门的政府主管部门将这些原则转化成具体的法律义务和责任来施加给数据主体。某一特定的大数据技术的相关法益不同，其原则的具体内容和相应的义务和责任内容也就不同。数据主体应该根据这些原则承担直接的法律义务，并依赖契约关系来规范其他相关数据主体对大数据技术的应用。从而形成公权力与私权利相互配合的共治关系。这一趋势在行政法领域已经引起广泛注意，对社会的法律规制正从公法与私法对立的形式向公法规制与社会自我规制相结合的局面转变。[②]

---

① “网络安全监管‘九龙治水’现象仍然存在，权责不清、各自为战、执法推诿、效率低下等问题尚未有效解决，法律赋予网信部门的统筹协调职能履行不够顺畅。一些地方网络信息安全多头管理问题比较突出，但在发生信息泄露、滥用用户个人信息等信息安全事件后，用户又经常遇到投诉无门、部门之间推诿扯皮的问题。‘万人调查报告’显示，有18.9%的受访者反映，在遇到网络安全问题后，他们不知该向哪个部门举报和投诉，即使举报了也往往不予处理或者没有结果。”《全国人民代表大会常务委员会执法检查组关于检查〈中华人民共和国网络安全法〉〈全国人民代表大会常务委员会关于加强网络信息保护的决定〉实施情况的报告》，2017年12月24日在第十二届全国人民代表大会常务委员会第三十一次会议上，全国人大常委会副委员长 王胜俊。

② “其中，一个方面从公法展开，将公法规范与原则（如公开、程序）适用于社会自我规制主体；另一方面从私法展开，利用竞争法、知识产权法、侵权法、合同法等，拘束与引导社会自我规制活动。此外，还有一些来自社会共同体共享的价值、互相监督及社会舆论也会发挥后设规制的作用，亦值得关注。”高秦伟：《社会自我规制与行政法的任务》，载《中国法学》，2015(5)。

大数据技术下个人信息的法律保护

我国《民法总则》第111条、《网络安全法》第40条至第44条和《电子商务法》第23条至第25条中都有关于个人信息保护的规定。在此之前的2012年的《全国人民代表大会常务委员会关于加强网络信息保护的决定》是关于个人信息保护的主要法律法规。

但是这些法律法规中关于公民对于个人信息应该享有何种法益以及应该受到什么权利保护却都没有明确规定。尽管对个人信息中的法益应该给予保护已经有相当的共识，但是关于个人信息的保护方式和途径现在还有较大争议，这也是以上法律法规都对这一问题没有明确规定的主要原因。在司法实践中，已经有判例依据《民法总则》第111条要求银行对个人信息被冒用的行为加以纠正，并且在判决中也使用了个人信息权的概念，但是从严格意义上看，目前我国法律中并没有明确赋予公民个人信息权，而《民法总则》第111条仅仅是要求将个人信息作为一种法益给予保护。

例如在“孙伟杰诉鲁山县农村信用合作联社侵犯公民个人信息权案”[①]中，法院判决认为，“我国《民法总则》第111条规定：自然人的个人信息受法律保护。任何组织和个人需要获取他人个人信息的，应依法取得并确保信息安全，不得非法取得，使用加工、传输他人个人信息。本案中被告工作人员违规办理贷款时，冒用原告个人信息担保贷款，并将原告征信纳入不良记录，给原告造成精神上、物质上的损失，被告过错明显。故原告请求被告消除原告在银行系统不良信用记录，理由正当，本院予以支持。”

目前针对个人信息使用的法律规治上总体有两种倾向。一种是隐私权理念，欧盟倾向将个人信息作为隐私权保护的代表，其将隐私权视为基本人权，关系到人的荣誉和尊严，而为此以从上至下（top-down approach）的理念和方法来制定欧盟法律，限制对个人信息的使用，对其使用需要得到

① 河南省鲁山县人民法院民事判决书(2017)豫0423民初3728号。

信息主体的明确同意，典型的立法例便是 2018 年 5 月生效的欧盟 GDPR。另一种是财产权理念，美国倾向将个人信息作为财产权规治的典型代表。其基本理念是个人信息包括其中的隐私利益可以被视为财产得到保护，这是一种从下至上的理念（bottom-up approach）。个人应该享有其个人信息，并且作为财产所有人应该有权控制其个人信息的使用。[①] 这两种不同理念有不同的具体表现，如学者利特曼所指出的，在美国，企业们所获得消费者的信息可以被使用、出售、公开或者与其他信息进行关联，这是合法的；而在欧盟，如果没有本人的同意将个人信息提供给第三方是违法的，甚至将其使用到与当初收集该信息不同目的也是非法的。为此，欧盟要求美国也制定相应的法律，否则将终止国际间的信息往来。[②]

那么，我国对个人信息的使用是通过隐私权来还是通过财产权来规制？或者我们能有自己的独立判断并形成新的使用和保护制度吗？对个人信息，不论是以隐私权来保护还是以财产权来保护都是基于私权利的社会合作形式。大数据技术下的社会可能超越私权利社会，而形成合作共享的有机社会形式。这种社会组织形式比私权利社会更加具有效率，因而更有竞争力。而有关个人信息使用上的规治便是这一转变的前沿，因此我们可以发现继续以私权利观念和制度来规范对个人信息尤其是以数据形式所表现的个人信息的使用会遇到根本上的难题。[③] 由于在今天的网络与大数据技术背景下，个人信息都是以数据形式存在和使用的，因此我们主要讨论数据形式下个人信息的使用与规制问题，即个人数据信息的概念。

---

① Litman Jessica, “Information Privacy/Information Property”, Stanford Law Review, 52(2000), 5. Available at SSRN: http://ssrn.com/abstract=218274 or http://dx.doi.org/10.2139/ssrn.218274.

② Litman Jessica, “Information Privacy/Information Property”, Stanford Law Review, 52(2000), 2-4. Available at SSRN: http://ssrn.com/abstract=218274 or http://dx.doi.org/10.2139/ssrn.218274. 两者之间后来达成了妥协性的所谓信息安全港的解决方案。U.S.- EU Safe Harbor Framework , A Guide to Self-Certification, http://www.trade.gov/media/Publications/pdf/safeharbor-selfcert2009.pdf.（如果打不开，可替换 https://2016.export.gov/build/groups/public/@eg_main/@safeharbor/documents/webcontent/eg_main_061613.pdf.）

③ 例如学者王利明发现不论是以隐私权还是以财产权来保护个人数据信息都有明显的不足，因而提出了“个人信息权”的概念，并认为对个人数据信息应该是私权保护。王利明：《论个人信息权的法律保护——以个人信息权与隐私权的界分为中心》，载《现代法学》，2013(35)。

一、 概念与特征

（一）个人数据信息的概念与特征

个人数据信息一般指个人的社会身份信息，包括经济、社会和文化相关的一个或者多个以数据形式所表现的信息以及个人的自然身份信息，包括身体、心理、基因和智力水平等相关的数据信息。随着信息技术的发展和社会组织紧密程度的提高，个人数据信息的内容和种类也会不断地丰富。在大数据技术下，个人数据信息具有以下特征。

第一，个人数据信息中包含的市场价值和隐私利益具有低密度性和非直接性。大数据的特征之一便是数据价值密度较低，数据量越大价值越高，并且呈非线性的增长。这一特征在个人数据信息与隐私利益的关系上的表现便是隐私利益密度性较低，也就是说个人数据信息越多，其中能够获得的相关人的隐私利益就越多。相反，对于单独的或者少量的个人数据信息，能从其中获得的相关人的隐私利益和使用价值便较少。如美国《大数据与隐私报告》中所指出的，“隐私问题既可以从感应器的精准度产生也可以从来自多个感应器的数据关联性产生。一个感应器的输出信息也许并不敏感，但是两个或者多个的结合便产生了有关隐私的担忧。”[①] 这种价值的低密度性使得个人数据信息的使用和其产生的结果之间的因果关系变得模糊和薄弱，即大数据技术中各个数据之间的相关性特征，而私权的侵权责任认定和损害赔偿都是基于直接的因果关系，而不是间接的相关性。[②]

第二，个人数据信息具有再分析价值。个人数据信息作为原始数据一

---

① Executive Office of the President, President’s Council of Advisors on Science and Technology, *REPORT TO THE PRESIDENT BIG DATA AND PRIVACY: A TECHNOLOGICAL PERSPECTIVE,* May 2014, p. 26. https://bigdatawg.nist.gov/pdf/pcast_big_data_and_privacy_-_may_2014.pdf.）

② “隐私法主要是关于因果关系的法律，而大数据则是相关性的工具。” Garrett Brandon L., “Big Data and Due Process”, Cornell Law Review Online, 99(2014), 108. Available at SSRN: http://ssrn.com/abstract=2481078.

般可以为多种目的来使用和开发，从而产生出很多增值服务或者衍生应用。[①]而且这种多目的和多用途的使用相互之间并不是隔绝的和独立的，会相互作用和影响，从而产生更加高级和复杂的应用。“分析使得大数据具有生命力。没有分析，大数据可以部分或者全部地被存储或者被提取，但是其结果与最初是一样的。分析，包括以各种不同计算技术的分析是大数据变革的推动力。分析可以在大数据中产生新的价值，比大数据本身集合所产生的价值大得多。”[②] 这种特征使得个人数据信息主体对数据信息使用的后果或者所产生的利害关系多无法提前做出准确和及时的预判，这使得个人以私权利来决定个人数据信息的使用方式以及为此承担后果的制度设计是很难达到其目的的，也就是说个人的理性判断基础是不足的。

第三，个人数据信息的非独占性。传统的隐私利益例如身体外形或者住宅往往具有自然的独占性，权利人可以通过物理形式例如衣服或者围墙将这些隐私内容加以保护，使得相对人有明显的权利边界感存在，因此隐私权在民事权利中也属于对世权。在美国法中，隐私利益与其物理边界有直接的关系。[③] 但是个人数据信息在产生时就往往是与其他方共享的，其产

① 例如在美国历史上，1935 年开始实施的社会保障系统，每个就业人员都有一个社会保障号（SSN），这个号码在开始的时候仅仅是为了社会保障系统的，而不是为了一般意义上识别身份的目的。并且在社会保障卡上还明示“非为识别性”。但是不久，这个号码便开始为其他目的而使用，今天这一号码已经广泛用于接触个人在银行、投资公司、学校和医院的用户和记录的密码。Solove Daniel J.，“A Brief History of Information Privacy Law”，in Kristen J. Mathews., *Proskauer on Privacy: A Guide to Privacy and Data Security Law in the Information Age.* New York：Practising Law Institute，2018.

② Executive Office of the President, President’s Council of Advisors on Science and Technology, *REPORT TO THE PRESIDENT BIG DATA AND PRIVACY: A TECHNOLOGICAL PERSPECTIVE,* May 2014, p. 24. https://bigdatawg.nist.gov/pdf/pcast_big_data_and_privacy_-_may_2014.pdf.）

③ 在美国的隐私权观念中，对于不能物理控制的隐私利益，例如公共场合的隐私利益一直给予比较弱的保护，“美国的隐私保护，在他们隐喻的核心是对围墙内的家庭的某种保护。尽管 18 世纪之后，这种保护已经超越了文字意义上的家，但是相关人离家越远这种保护就越弱这种情形却一直保持。尤其是法院根据宪法第四修正案所发展出来的‘对隐私的合理期望’标准之后更是这样。一个人对隐私的合理期望的主要地点当然是家里，离开家之后就相应的很少有隐私保护了。这同样适用于工人，根据美国的判例，工人在工作场合的对隐私的期望几乎接近于没有。”Whitman James Q.，“The Two Western Cultures of Privacy: Dignity versus Liberty”，*Yale Law Journal*，113(2004)，1194. http://digitalcommons.law.yale.edu/fss_papers/649.

生往往来自于另一方的服务或者管理系统。例如身份证号码是国家身份管理与识别系统配置给个人的号码，而像电话号码、邮件地址、住宅地址、网上交易信息以及银行交易记录等都具有这种特征。这种特征使得个人数据信息一开始便具有共有性，这已经对私权利制度产生了挑战，因为个人占有是私权制度产生的前提和正当性基础，而这种共有性使得私权的权属和边界的划分以及权利内容的确定都非常困难。

第四，个人数据信息产生的意志一致性。与以侵犯隐私权或者财产权的方式获得个人数据信息不同，个人数据信息的产生、收集和使用往往与数据信息主体的意志以及利益具有一致性。这种一致性表现为要么是个人数据信息主体明确同意或者默示同意这种个人数据信息的产生、收集和使用。例如在电商交易中所提供的个人购物相关信息或者在医院医疗过程中所产生的诊断信息等。有关个人数据信息的收集和使用上的利益一致性是因为这种收集和使用往往是互利的，而不是仅仅一方面获得利益，因此在数据产生时一般没有直接的冲突性和对抗性。“技术公司通过对上百万的声音样本进行分析以便能提供更加可靠和准确的声音界面。银行利用大数据技术来提高对欺诈的侦查能力。医疗机构可以利用大数据技术提高医疗水平。”①这种对个人数据信息的共享对公共利益的贡献要比个人数据信息的私权交易产生的贡献的效率更高。

第五，对个人数据信息收集、分析和处理的即时性。传统上对个人数据信息的收集、分析和处理往往具有时间的滞后性，当需要人工参与时，由于人自身能力的限制，这种时间的滞后性是必然的。但是在大数据技术下，个人数据信息的收集、分析和处理却可以是即时的。“数据收集和分析正处于加速进行之中并接近于实时状态，这意味着大数据分析结果对个人环境或者其生活具有实时影响的潜在性正在增强”。②与大数据信息收集

① Executive Office of the President, *BIG DATA: SEIZING OPPORTUNITIES, PRESERVING VALUES* , MAY 2014, p. 39. https://www.whitehouse.gov/sites/default/files/docs/big_data_privacy_report_may_1_2014.pdf.

② Executive Office of the President, *BIG DATA: SEIZING OPPORTUNITIES, PRESERVING VALUES*, MAY 2014, p. 5. https://www.whitehouse.gov/sites/default/files/docs/big_data_privacy_report_may_1_2014.pdf.

和分析的实时性相比，个人对信息的处理与判断是延时性的，这种即时性与延时性之间的矛盾意味着以个人意志来决定是否和如何使用这些数据信息对其使用效率是有妨碍的，也表明了赋予个人对于数据信息以私权保护，包括隐私权和财产权保护的低效率性。[①]

（二）大数据技术的概念与社会影响

大数据技术使得人类可以逐渐摆脱信息分析和处理的这一繁重任务，本质上提高人的信息能力。这将产生比市场交易更为有效的信息处理和分析机制，也会改善甚至逐渐取代市场经济制度，诞生出新的社会制度，我们称之为有机社会组织，也有学者称之为“合作共享社会”（collaborative commons）。[②] 有机社会中的社会成员针对稀缺资源将是以合作分享而不是竞争占有为主。社会成员的组织形式将发生革命性变化，私权、民主、法治、平等以及自由等概念和价值观都将逐步退出历史舞台，因为这些价值和概念都是基于市场经济的私权利社会而存在的。“在真正的有机生活中，个人是自觉的并且奉献于自己的工作，感觉自己和工作是一个大的和快乐整体的一部分。他是自作主张的，仅仅因为他知道在整个事件网络中存在着危险，知道在作为一个家庭、国家、人类以及不管何种更大的其信念所构想的存在之成员而努力。”[③]

在私权利社会中，交易成本的存在使得稀缺资源的持有人必须有足够的时间来消化这些交易成本，而保障这一时间的制度便是私权制度。当大数据技术可以取代交易制度成为更有效的信息处理机制时，产权制度便逐渐失去价值。因为信息技术使得社会成员不需要通过市场交易这种方式便可以获得所需要的社会信息，从而决定自己的行为。有学者称之为“合作式经济”

① 例如 2015 年 3 月份发生的德国之翼副驾驶员故意坠机事件，之前该副驾驶员在网络上以及医院的体检和治疗中都多次反映出这种行为的前兆，这些个人数据信息如果能够即时处理和反馈给该航空公司，便可能避免这样的灾难。《德专家就德国之翼空难发布中期报告》，2015 年 07 月 01 日，来源：新华网，http://world.people.com.cn/n/2015/0701/c157278-27237326.html.

② Jeremy Rif kin, *The Zero Marginal Cost Society*. London: palgrave macmillan, 2014, p. 10.

③ ［美］查尔斯·霍顿·库利：《社会组织》（英文版），77 页，北京，中国传媒大学出版社，2013。

（collaborative economy），“新经济模式的合作特征与经典经济理论是根本不同的，经典经济理论太注重于这样的假设上，即个人在市场上对私利的追求是驱动经济增长的唯一有效方式。”[①] 大数据技术下的社会组织的成员可以通过商品市场交易之外的信息智能处理机制来进行信息交换，实现稀缺物品提供者和消费者的直接自动匹配，社会组织不再主要依赖于市场进行有关稀缺资源的最优配置，那么与市场经济有关的制度因素，例如企业、产权以及交易规则等制度特征也会逐步消失。例如区块链技术中的智能合约功能，“由于智能合约本质上是自治的，所以相比于自然语言的法律协议，记录在智能合约中的允诺在默认情况下几乎无法被终止。由于没有人能单方控制区块链，所以智能合约一旦被有关当事人触发执行后，就开始自治运行。”[②]

这将极大节省由于市场经济中信息不对称所造成的资源浪费和资源分配的不均衡。当社会分工不再需要市场交易来分享各自的稀缺资源和劳动贡献时，私权制度便也没有必要了。有机社会中稀缺资源的分配将是“共同创造—共享—按需（理性）分配”模式取代私权利社会中的“分工—私权—交易”模式。

这种社会组织形式如同人体一样，社会成员类似于人体中的细胞，这些细胞形成不同的组织并承担人体所需的各种功能，而细胞之间和组织之间都协调地受着神经系统的指挥，以应对人体整个系统的需求，稀缺资源也根据这种需求而动态配置，如同人体的带有营养的血液一样。[③] 在这种社会组织中，社会成员根据自己的特征和意愿，理性地竞争各种社会组织中的功能部门，这种竞争不是为了最大程度地获得和占有稀缺资源，而是为了

---

① Jeremy Rif kin, *The Third Industrial Revolution*. London: palgrave macmillan, 2008, p. 126.

② [法]普里马韦拉·德·菲利皮、[美]亚伦·赖特：《监管区块链：代码之治》，卫东亮译，75页，北京，中信出版集团，2019。

③ 经济学家马歇尔在20世纪20年代已经感受到这种有机性社会组织的发展趋势，“有机体——不论是社会的有机体还是自然的有机体——的发展，一方面使其各部分之间机能的再分部分有所增加；另一方面使各部分之间的关系更密切，这个原理没有很多例外情况。每部分的自给自足都变得越来越少，而为了自身的福利却越来越多地依赖其他部分。因此，一个高度发达的有机体的任何部分出了毛病，都会影响其他各部分。”[英]阿弗里德·马歇尔：《经济学原理》，廉运杰译，206～207页，北京，华夏出版社，2005。

最大程度地满足自己作为社会组织成员的理性需求。“市场将被网络所取代，获得（access）比所有权更为重要，对自利的追求将被合作利益所缓和，而传统的对富裕的追求将被可持续的对生命品质的新追求所取代。”①

作为大数据形式的个人数据信息的价值在于被社会充分的发掘和使用，沉淀的数据是没有价值的。但是这种使用会不会使得某些社会主体对公民造成损害，从而与促进社会福利的增长的目的相悖？如美国的《大数据与隐私报告》指出，“虽然确实有一类数据信息对于社会来说是如此敏感，即使占有这些数据信息便可以构成犯罪（如儿童色情），但是大数据中所包含的信息所可能引起的隐私顾虑越来越与一般商业活动中、政府行政中或者来自公共场合的收集的大量数据无法分开。信息的这种双重特征使得规制这些信息的使用比规制收集更合适。”② 如何实现公民权利与大数据使用之间的相互融合是包括美国、欧盟和日本等在内的国际社会所关切的问题。例如，欧盟2012年开始进行数据信息保护方面的变革，以取代已经过时了的1995年《个人数据保护指令》，③ 其问题之一便是《个人数据保护指令》过于依赖个人的信息性选择（informed choice）。④ 而经验表明，个人既不阅读也不理解这些隐私政策，个人根据这些信息所作出的同意选择实际上是空话。⑤ 但是不论是美国的财产权保护方案还是欧洲的隐私权保护方案都是他们各自历史与文化的产物，与中国的情况相差甚远而且在他们本国实

① Jeremy Rif kin, *The Zero Marginal Cost Society*. London: palgrave macmillan, 2014, p. 22.

② Executive Office of the President, President’s Council of Advisors on Science and Technology, *REPORT TO THE PRESIDENT BIG DATA AND PRIVACY: A TECHNOLOGICAL PERSPECTIVE*, May 2014, p. 50. https://bigdatawg.nist.gov/pdf/pcast_big_data_and_privacy_-_may_2014.pdf.

③ Directive on the protection of individuals with regard to the processing of personal data and on the free movement of such data.

④ Proposal for a REGULATION OF THE EUROPEAN PARLIAMENT AND OF THE COUNCIL on the protection of individuals with regard to the processing of personal data and on the free movement of such data (General Data Protection Regulation), Brussels, 25.1.2012 COM(2012) 11 final, 2012/0011 (COD), http://ec.europa.eu/justice/data-protection/document/review2012/com_2012_11_en.pdf.

⑤ Rubinstein Ira, “Big Data: The End of Privacy or a New Beginning? ”, International Data Privacy Law, 2013, 2. Available at SSRN: http://ssrn.com/abstract=2157659 or http://dx.doi.org/10.2139/ssrn.2157659.

施过程中也是争议重重。

这些问题的产生与社会从私权竞争关系到共享合作关系的转变这一大背景有关。当以大数据技术为支撑的个人数据信息的使用可以促进人类社会向组织效率更高的有机社会转变时，这种以隐私权或者财产权来规治个人数据信息使用的制度选择便出现了难以逾越的困难。

二、对个人数据信息作为隐私利益保护的批判

隐私可以分为信息性隐私（information privacy）和物理性隐私（physical privacy），物理性隐私是禁止他人未经许可对本人的身体、住所或者私人物理空间的侵入，而信息性隐私是指当本人的相关信息被以数字或者其他形式收集、存储以及分享时，本人因此而产生的对隐私的期望。[①] 个人数据信息所涉及的隐私利益更多的是信息性隐私。

（一）以私权保护隐私利益的正当性的制度背景

人类社会的形成是竞争的产物，社会组织不但应对来自外部的竞争，在社会组织的成员之间也存在着竞争关系，而具有信息能力优势的一方则具有竞争优势，从而能够获得更多的稀缺资源。因此，信息能力便成为重要的竞争工具和竞争利益，而隐私利益便是这种信息能力所产生的利益的特定表现。尽管隐私权所保护的隐私利益似乎是信息技术发展之后的私权利社会的制度产物，但是对信息能力的竞争却是贯穿于人类社会的整个历史。不同的社会制度对应着不同的竞争关系，也产生了不同的竞争主体，也决定着哪一方享有隐私利益的控制权力。当社会制度发生变化时，竞争主体和竞争关系便也发生了变化，隐私利益的控制方也随之发生变化。

在公权力社会中，文字与有形媒体的使用使得没有血缘关系的官僚组织可以取代封建氏族社会中的血亲体系成为社会组织的信息传播与分析体系。[②] 公权力组织便努力享有该社会组织的信息能力优势，否则这种社会便

① Terence Craig, Mary E. Ludloff, *Privacy and Big Data.* California：O' Reilly, 2011, p. 14.

② 吴伟光：《网络新媒体的法律规治：自由与限制》，3 页，北京，知识产权出版社，2013。

会组织效率低下，内生成本奇高，社会组织的公共利益严重受损。又由于社会成员对于稀缺资源的竞争都是纵向的公权力能力的竞争，而不是横向的交易能力的竞争，在公权力组织和社会成员的纵向关系上，以及社会组织成员之间的横向关系上都不会产生隐私利益和隐私权观念。社会成员之间的隐私利益和隐私权的保护只会增加公权力组织者获得和分析信息的效率性和准确性，损害社会组织的整体效率。即使有像便携式照相机这样的技术，公权力社会性质的政治制度中也不会产生针对普通民众的隐私权观念，例如苏联。

私权利社会是以社会分工和市场交易为组织形式的社会制度，社会成员通过分工和市场交易来实现合作关系，不再完全依赖公权力组织的信息分析和处理机制。[①] 私权利社会组织的社会成员对自己以何种方式和何种程度参与社会分工和市场交易进行判断，寻找对于自己来说最有效率的合作方式。而这一过程便是社会成员对信息的自我获得、分析和判断的过程，即民法理论中的民事主体自愿原则。在社会成员依据信息判断做出选择之前，他人不能对其法益进行占有或者利用，这便产生了私权制度。私权利制度一方面为权利主体提供了自愿做出信息判断的时间差，另一方面也将需要交易的法益以文字形式加以描述，从而增强信息传播、分析和判断的效率性和准确性，这便是私权的内容。私权制度将除了基于权利人同意的交易行为之外的其他占有或者利用其私权利益的行为都排除在制度所许可的行为之外，包括公权力组织也不得非法占有或者使用私权所保护的利益。隐私权便是私权利社会下所产生的针对隐私利益的私权，使得权利人可以根据自己的信息分析和判断来决定隐私利益的贡献和使用。

在信息技术还不发达的年代，信息获得和传播的障碍成为隐私利益的天然保护，因此还不需要专门的法律制度来规范社会成员对他人隐私利益的不当获得和利用。但是，随着信息技术不断发展，一些人可以通过发达的信息技术提高自己的信息能力，从而获得相对方更多的信息时，社会组织成员之间的竞争平衡便被破坏了。这种竞争平衡被破坏的直接后果便是

① 吴伟光：《网络新媒体的法律规治：自由与限制》，4 页，北京，知识产权出版社，2013。

一部分社会组织成员处于不利的竞争地位，从而丧失更多的自由。为了恢复竞争的平衡，减弱社会成员之间竞争的有效性，需要在制度上设置私权来限制这种不当的竞争行为，这便是隐私权制度的意义。例如在讨论赋予公民隐私权的必要性时，沃伦和布兰代斯认为："摄影技术是这样一种状态，对于画像来说，一个人如果不是为此目的有意识地端坐在那里，这样的画像很难完成，那么合同法或者信托法就能够足以赋予一个谨慎的人来防止对其肖像不当使用的能力；但是由于摄影技术的最新发展已经能够即时地拍摄照片，合同或者信托原理已经无法满足这样保护的需要了。"[①]

隐私利益与社会制度之间的关系也决定了不同历史发展路径的国家或者地区对待隐私利益的态度和文化是不同的。例如普通法系国家尤其以美国为代表，社会竞争关系和秩序是企业通过市场来形成的，因此美国的隐私权制度主要是限制政府而不是限制企业和市场。[②]而欧洲大陆国家的社会竞争关系和秩序是政府主导下形成的，因此其隐私权制度主要是防止企业和市场对个人隐私利益的过度使用。如怀特曼指出的，"重要的是两者之间的核心价值不同：一方面，欧洲人对主要受到大众媒体威胁的个人尊严很在意；另一方面，美国人则对主要受到政府威胁的自由很在意。在大西洋两岸，这些价值深深地根植于可感知的社会政治理念中，它们的历史可以回溯到18世纪晚期的革命时代。"[③]学者怀特曼指出，美国对将隐私视为个人尊严和荣誉这一观点的抵制源于两个基本的价值，即"言论自由和自由市场"。[④]而大陆法系国家则是在英国资产阶级革命胜利后的竞争压力下，通过政府主导向市场经济国家的转变，政府的意志在制度设计中有着明显的痕迹。

---

① Samuel D. Warren, Louis D. Brandeis, "The Right to Privacy", Harvard Law Review, 4(1890), 211.

② 2013年10月9日，美国的苹果、谷歌、微软、脸谱、雅虎、推特以及美国在线等公司向美国总统和国会发出了公开信，要求美国政府对网络监管进行改革，以恢复网络用户对这些网络公司的信任。他们担心如果网络用户们发现和这些公司分享的信息不是被保密的，那么他们将对这些公司失去信任。Richards Neil M., King Jonathan H., "Big Data Ethics",Wake Forest Law Review, 393 (2014), 415. Available at SSRN: http://ssrn.com/abstract=2384174.

③ Whitman James Q., "The Two Western Cultures of Privacy: Dignity versus Liberty", Yale Law Journal，113(2004)，1219. http://digitalcommons.law.yale.edu/fss_papers/649.

④ Whitman James Q., "The Two Western Cultures of Privacy: Dignity versus Liberty", Yale Law Journal，113(2004)，1208. http://digitalcommons.law.yale.edu/fss_papers/649.

当人权理念成为欧洲国家的立国理念之后，这种思想也必然体现在像个人数据信息的保护政策上。“欧洲的法律仅仅允许在获得相关主体的明确同意后才能为了有限的目的以及有限的次数来收集消费者的信息，并且要受政府的监管。而美国人则更能忍受产业的自律……，更喜欢市场导向的个人数据信息保护。”[①] 大数据技术下，围绕信息隐私所产生的新问题是由于大数据技术对个人信息的收集、存储、分析和利用的能力显著提高而产生的，隐私利益密度很小的独立的个人数据信息汇集成大数据之后，数据优势方可以利用大数据技术从大量数据中获得该信息相关方的隐私利益，形成所谓的“数字人”。例如在美国的 PATRICK E. DWYER v. AMERICAN EXPRESS COMPANY，案中，法院认为信用卡用户通过对信用卡的使用已经自愿的和必需的将自己的信息提供给被告信用卡公司，而被告通过分析来获得用户的消费习惯和消费偏好的行为并不侵犯用户的隐私权。[②] 这样的后果便是公众与其个人数据信息的使用者之间出现严重的信息能力差异。那么，在大数据技术下，赋予个人数据信息以隐私权保护能够恢复被破坏的平衡吗？

（二）对个人数据信息作为隐私利益保护的批判

为了恢复公众与其个人数据信息使用者之间信息能力的平衡性，有些立法例主张将个人数据信息明确纳入隐私权的保护范围之内，并且赋予信息提供者对这些信息内容的占有和处置能力。隐私权是私权利社会制度中特有的权利，其本质上是赋予社会成员对自己的隐私利益加以自我判断如何使用的能力，是赋予了社会成员自己进行相关信息分析和计算的能力，有学者将这种模式称为“隐私的自我管理模式（privacy self-management）”。[③] 隐私的自我管理模式在欧盟的个人数据信息保护方面有明显的表现，其注重个人对其数据信息的控制和管理能力，赋予个人一系列相应的权利。“欧

① Whitman James Q., “The Two Western Cultures of Privacy: Dignity versus Liberty”, Yale Law Journal，113(2004)，1193. http://digitalcommons.law.yale.edu/fss_papers/649.

② PATRICK E. DWYER v. AMERICAN EXPRESS COMPANY, Ill. App. 3d 742; 652 N.E.2d 1351 (1995).

③ Solove Daniel J., “Privacy Self-Management and the Consent Dilemma”, Harvard Law Review, 126 (2013), 1880. Available at SSRN: http://ssrn.com/abstract=2171018.

洲人严厉谴责针对消费者数据的交易行为，欧洲法学者认为如果市场主体能够购买他们的喜好信息，那么这是严重的侵犯隐私权的行为，对此必须给予规治。”[①] 我国有学者也建议在民法中明确对个人数据信息给予隐私权的保护。[②] 但是将个人数据信息视为一种隐私利益给予保护的做法却产生了难以解决的问题，这是因为隐私权概念是私权利社会的制度要求，而大数据技术正在某些方面形成比私权利社会更为高效的有机社会，隐私权保护与这种高效的有机社会要求发生了冲突。

在实质方面，由于对个人数据信息使用的目的多样性、数据之间的关联性和可智能处理性，通过大数据技术的挖掘、开发和处理可能产生出很多衍生的信息和结果。而这些衍生的信息和结果很多是无法在一开始便能准确预见的。[③] 私权利社会的制度正义性来自于社会成员具有足够的理性，根据自己的意愿来决定自己的行为并且承担由此产生的后果。但是在大数据技术下，隐私权利人通过自己的理性判断是无法准确获知其每次允许使用的单次和零碎的个人数据信息在使用者的智能处理下会产生什么后果。例如有关个人数据信息的匿名权问题，这种通过匿名来保护自己隐私的做法在大数据技术下是掩耳盗铃的做法，无数的证据表明通过大数据技术可以轻易地破解这种匿名状态。如美国《大数据报告》中所说的，“今天所碰到的最一般的隐私风险还是‘小数据’的风险，例如为了金融欺诈的目的而对个人银行信息的泄露。这些风险还不包括大容量的、高速率以及快速变化的信息，也不表明有与大数据相关的任何复杂计算……隐私学者、政策制定者以及技术专家们现在面临的问题是如何在以 FIPP 为基础的框架

---

① Whitman James Q., “The Two Western Cultures of Privacy: Dignity versus Liberty”, Yale Law Journal，113(2004)，1192. http://digitalcommons.law.yale.edu/fss_papers/649.

② 王利明：《隐私权的新发展》，载《人大法律评论》，2009（1）。

③ 例如德国之翼航空公司的飞行员蓄意坠机事件发生后，媒体发现有一系列有关该飞行员意图自杀的信息公布在网络上，以及在医院就医等信息记录表明其身体已经不适合飞行。如果这些个人数据信息经过收集、分析和处理，那么就有可能向航空公司提出预警，从而减少这种事故发生的可能性。但是这种不适合飞行的自杀倾向只有在获得足够的个人数据信息并且经过分析处理之后才有可能发现，因而在一开始是无法预知的，也就无法事先对这一具体结果征得相关个人的同意。《德国之翼空难“最后 8 分钟”内情揭秘》，2015 年 03 月 30 日，来源：中国新闻网，http://www.hi.chinanews.com/hnnew/2015-03-30/379456.html.

下管理大数据。”[①] 面对大数据技术，我们之前的管理小数据的制度、理论和经验都变得过时了。[②]

在程序方面，如果赋予个人数据信息以隐私权保护，那么个人数据信息的使用方会努力突破或者规避法律的限制而获得信息，例如各种技术手段的应用以及要求用户放弃隐私权的格式合同的泛滥。而拥有隐私信息的一方由于无法准确判断自己的隐私利益的应用，经常处于禁止还是允许使用自己隐私信息的两难选择之中。“几乎没有人有时间、能力或者决心浏览一遍网上的复杂条款和同意的条件。更不用说要对每次给定的同意书都进行浏览。”[③] 这种双方相互猜疑和对立的两难选择实质上意味着以私权观念来保护隐私的制度遇到了障碍和挑战。在大数据技术下，要求双方针对复杂多变的隐私利益进行一对一的谈判和定价来确定对隐私利益的使用范围、程度和方式，这在交易成本上来看几乎是不可能的事情。“‘通知与同意’的方式是实践中应用平台、程序或者网站服务要求个人明确同意对其个人数据信息收集使用的做法。但是只有在臆想的世界中用户才可能真正阅读这些通知的内容并在表明其同意之前真的理解其含义。‘通知和同意’在服务者和用户之间形成了一个不平等的有关隐私的谈判平台。服务者提供了一个复杂的，要么同意要么离开的隐私条款，而实际上，用户仅仅有几秒钟的时间去评估它。这是一种市场失效。”[④]

由于个人数据信息所包含的隐私利益的琐细性、模糊性和双重性，使

---

① Executive Office of the President, *BIG DATA: SEIZING OPPORTUNITIES, PRESERVING VALUES*, MAY 2014, p. 21.https://www.whitehouse.gov/sites/default/files/docs/big_data_privacy_report_may_1_2014.pdf. 其中的 FIPP 是指“公平信息实践原则（Fair Information Practice Principles）”.

② 如有学者指出的，“即使向欧盟那样的通过‘遗忘权’式的总括隐私方案也会难以应对大数据的恢复能力，甚至是依赖过去或者现在的数据来重构个人信息的能力。”Garrett Brandon L.,“Big Data and Due Process”,Cornell Law Review Online, 99(2014), 108. Available at SSRN: http://ssrn.com/abstract=2481078.

③ Richards Neil M., King Jonathan H.,“Big Data Ethics”, Wake Forest Law Review, 393 (2014), 413. Available at SSRN: http://ssrn.com/abstract=2384174.

④ Executive Office of the President, President’s Council of Advisors on Science and Technology, *REPORT TO THE PRESIDENT BIG DATA AND PRIVACY: A TECHNOLOGICAL PERSPECTIVE*, May 2014, p. xi. https://bigdatawg.nist.gov/pdf/pcast_big_data_and_privacy_-_may_2014.pdf.

得数据信息的个人主体很难针对每一次个人数据信息的收集、传播或者使用做出及时的和精确的判断。因此以个人意愿来决定该数据信息使用的合法性往往使得数据信息所有人处于要么全部拒绝，要么全部同意其使用的两难选择。而如果拒绝服务方有关个人数据信息使用的协议，则意味着无法接受服务方的相关服务。因此个人一般都是不得不简单地接受这种协议。这说明依赖个人的独立判断来决定个人信息中隐私利益的使用是效率低下的选择。在大数据技术下，这种低效的选择无法与高效的数据处理相适应，因而个人不得不通过一揽子同意的方式来将自己的个人信息交付给大数据技术系统来处理。[①]

这表明对于个人数据信息以隐私权这种消极排他性权利来保护已经无法满足社会成员合作的需要了。那么，以财产权保护个人数据信息可以恢复被破坏的平衡吗？

三、　对个人数据信息以财产权保护的批判

（一）对财产给以私权保护的正当性的制度背景

主张对个人数据信息给予财产权保护的理由主要包括以下方面。首先，这被认为符合天赋人权的自然权利思想。主张拥有财产权的人相信他们的权利来自于自然规律，是基于上帝或者科学的指导。[②]这种观点认为财产权是民主法治社会的基本人权和社会基石，对个人数据信息给予财产权保护是公民个人决定个人数据信息是否以及如何被他人使用的基本保障，是公民个

---

① 例如有媒体报道浙江省高级法院与淘宝网合作，利用淘宝网中的个人数据信息来提高法院司法文件送达的准确性，也将对司法判决的履行情况与在淘宝网中的个人信用关联在一起。在司法机关与淘宝网的大数据合作中，包含有自己个人信息的主体以侵犯个人隐私权来阻止或者改变这种司法机关与淘宝网之间有关个人数据信息使用的合作几乎是不可能的。“大数据服务司法创新云平台助推司法公正 浙江高院联手阿里巴巴打造‘智慧法院’” https://www.chinacourt.org/article/detail/2015/11/id/1755976.shtml.

② Litman Jessica, “Information Privacy/Information Property”, Stanford Law Review, 52(2000), 9. Available at SSRN: http://ssrn.com/abstract=218274 or http://dx.doi.org/10.2139/ssrn.218274.

人免受他人的侵害和政府迫害的制度要求。这种主张认为，财产权利在法治或者国家出现之前便已经存在了。在政治制度出现并对其加以干扰之前，财产已经被社会成员所拥有并交易。[①] 根据这种理论，个人数据信息也当然给予财产权的保护。

但是，社会大分工是私权利社会形成的前提条件，社会分工程度与社会交易成本是关联在一起的。[②] 而决定交易效率的重要因素便是信息，信息的效率构成了交易成本的绝大部分。[③] 当交易成本较高时，分工和交易方式便不能产生较高的生产力，而没有交易时，私权是没有意义的。如芮夫金所批评的，第一次工业革命使得产品极大丰富，人们的生活水平有了很大提升，"启蒙经济学家们便开始颂扬市场中私权关系的天生美德，开始认为对私产的获得是固有的生物性所驱动的，而不是由某种特定的传播与能源模式所塑造的社会倾向而已。"[④] 因此，私权社会成功是人类社会发展过程中信息能力大幅度提高的结果，而不是人性有本质的改变。而所谓的人格、尊严或者天赋人权等主张都是事后为支持私权利制度的正当性而产生的概念，一旦脱离这样的制度背景，这些概念便没有意义了。当以这种理论作为前提来论证对个人数据信息以财产权保护的正当性时，我们恰恰应该警惕其前提上的局限性。

其次，对个人数据信息以财产权的保护来自于一些经济学家尤其是自由资本主义经济学家的支持。他们认为市场的自由交易要好于政府的管制。赋予个人数据信息以财产权便使得数据信息的主体可以在市场上依据自己的意愿来进行有关数据信息的交易，这样个人就可以依据财产权来管理和控制自己的隐私利益。现在的隐私危机是由于市场失效造成的，而赋予个

① 如自由经济学家哈耶克所主张的，"贸易比国家还古老"，[英]F.A. 哈耶克：《致命的自负》，冯克利等译，45 页，北京，中国社会科学出版社，2000。

② "生产力是由分工水平决定的，而分工是由交易效率决定的。"杨小凯：《发展经济学：超边际与边际分析》，张定胜、张永生译，95 页，北京，社会科学文献出版社，2003。

③ "为了进行市场交易，有必要发现谁希望进行交易，有必要告诉人们交易的愿望和方式，以及通过讨价还价的谈判缔结契约，督促契约条款的严格履行，等等。""设立企业有利可图的主要原因似乎是，利用价格机制是有成本的。通过价格机制'组织'生产的最明显的成本就是所有发现相关价格的工作。"[美] 罗纳德·哈里·科斯：《企业、市场与法律》，盛洪等译，6 页、39 页，北京，格致出版社，2009。

④ Jeremy Rif kin, *The Third Industrial Revolution*. London: Palgrave Macmillan, 2008, p. 213.

人对于数据信息以财产权并且可以依据价值定价则至少在理论上可以解决这一问题。[①] 支持个人数据信息财产化的主张还认为，随着技术的发展，交易成本会迅速下降从而使得个人可以针对其数据信息的公开和使用而进行交易。个人甚至可以将其数据信息交付给智能的软件工具来代理行使其权利。

在大数据技术下，以财产权来保护个人数据信息以及规范其使用却是无法实现其制度目的的。其根本原因在于作为私权的财产权，其使用的质量和效率是由权利主体即自然人的判断能力来决定的，而自然人的信息处理能力无法与大数据技术下的智能信息处理能力相比，那么这注定了对个人数据信息的财产权保护既损害了公共利益也损害了个人利益，因而恰恰是效率低下的。人类社会发展过程中的重要政治任务便是解决社会成员之间由于各自的自私性而导致的相互不信任，造成囚徒困境的问题。封建氏族社会依赖的是血缘关系的利他性，公权力社会依赖的是公权力组织的自觉性，私权利社会依赖的市场交易的透明性和重复博弈性。但是在大数据技术下，依赖私权交易来解决围绕着个人数据信息的不信任问题恰恰造成了相关各方的囚徒困境和低效率。

（二）对个人数据信息以财产权保护的批判

首先，以自然权利思想来作为对个人数据信息的财产权保护的依据是苍白和无力的。因为人类的发展历史告诉我们，所谓的天赋人权思想和私权神圣的理论仅仅是私权利社会的制度价值和正当性主张。在私权利社会形成之前的封建氏族社会或者公权力社会，都没有这样的价值观和正当性；在大数据技术下可能形成的有机社会中，也没有私权利存在的制度价值和正当性。因此，这种理论更多的是为私权利社会辩护的事后诸葛亮的做法，或者如怀特曼在评价隐私权是一种普遍人权的观点时所指出的，这是一种直觉论的主张（intuitionist arguments）。“这些主张假想人类具有某些能够针对对错的直接和直觉的掌握能力——一种能够在通常的伦理道德判断

① Litman Jessica, “Information Privacy/Information Property”, Stanford Law Review, 52(2000), 6-7. Available at SSRN: http://ssrn.com/abstract=218274 or http://dx.doi.org/10.2139/ssrn.218274.

中指导我们的直觉能力……既然侵犯隐私对每个人来说都是很可怕的事情，对隐私的保护便一定是法律的首要责任，就像对财产和合约的保护一样重要。如此，隐私对我们如此重要，那么法律对其保护一定是属于基本人权。”[①] 如怀特曼随后指出的，这种直觉论对于隐私来说是错误的。那么对个人数据信息以财产权保护是一种自然权利的主张又何尝不是一种直觉而已？

其次，对个人数据信息以财产权保护在制度上的低效率。在一般情况下，将个人劳动成果财产权化之所以有效率，是因为一方面财产权化的劳动成果具有排他性，解决公共物品的公地悲剧问题，例如版权制度便是一个典型例子。另一方面，权利人需要通过信息交流而从其他社会成员处获得稀缺资源，那么市场交易是比公权力分配更有效率的信息处理机制，因此社会分工与市场交易构成了财产权制度的本质需要。但是，个人数据信息并不存在这样的公地悲剧问题，因为个人数据信息产生的目的并不是直接获得稀缺资源，这与版权制度的作品产生是不同的，即使没有财产权保护，个人数据信息也不断产生，它只是个人参加社会生活的信息记录而已，不会因为没有财产权保护而出现产出不足的问题。因此，以财产权制度来限制个人数据信息的使用在制度上不具有正当性，在经济学上，产权的概念仅仅是针对稀缺物品而言的，[②] 因为稀缺才有分配的效率问题，从而产生了产权与交易的需要，对于像阳光和空气这样不稀缺和不排他的充裕物品是没有竞争性的，因而也不需要产权制度来规范其使用。

再次，个人数据信息财产权保护的市场失效性。对个人数据信息以财产权保护目的是赋予权利人根据自己的意志判断来决定个人数据信息是否以及如何使用，是个人判断以何种方式和多大程度参与社会合作的过程。这种制度选择的前提条件是针对个人数据信息的交易成本足够低，使得通

① Whitman James Q., “The Two Western Cultures of Privacy: Dignity versus Liberty”, Yale Law Journal，113(2004)，1154. http://digitalcommons.law.yale.edu/fss_papers/649.

② “稀缺性在经济学中扮演着重要的角色：选择之所以关系重大，正是因为资源是稀缺的。”[美]约瑟夫·E. 斯蒂格利兹等：《经济学》（第四版）上册，黄险峰等译，7页，北京，中国人民大学出版社，2012。

过私权交易的方式来获得和使用个人数据信息是最有效率的方式。但是这一前提条件是不成立的，这导致了对个人数据信息的财产权保护的市场失效现象。这一前提条件不成立的原因是前面提到的个人数据信息的五个特征决定的。个人数据信息价值的低密度性使得相关个人无法就单独的个人数据信息进行财产权的交易，因为单独的个人数据信息几乎没有市场价值，因此相关个人对于每次个人数据信息的产生都是明示或者默示同意，也就是个人数据信息产生的意志一致性特征。就如同每次在银行 ATM 机上的交易数据或者每次在电子商务中的交易数据。而当这些个人数据信息量级足够大形成大数据时，其财产价值才有所体现，但是这时的个人数据信息的大数据却是在其他相关方的系统内形成的，例如银行系统中或者电子商务服务商系统中。例如，在美国的 PATRICK E. DWYER v. AMERICAN EXPRESS COMPANY 案中，对于被告将作为客户的原告们的个人姓名等数据库商业出租给第三方是否是对原告姓名的不当使用问题上，法院认为，“不可否认，每个开户人的名字对于被告都是有价值的。名字越多就越有价值。但是对于被告（或者某商人）来说单一的和随机的名字是几乎没有价值的。相反，只有将个人名字与被告的名单结合在一起才有价值。被告通过对这些名字的分类和集合才产生了价值。而且，被告的行为也没有丝毫剥夺原告或者原告对其名字上所拥有的任何价值。”[①]

最后，相关个人对这种数据信息的产生既没有劳动贡献也不存在独占性，那么对其财产权主张就没有了正当性。而如果采取像知识产权制度那样的强制排他权，例如以行政或者司法救济来强制相关方不得使用个人数据信息的大数据，则会产生极高的制度成本，而其所要实现的制度目的是不明确的，因为知识产权的制度目的是鼓励创新，而个人数据信息不需要制度激励便已经产生并且共享。这些都说明，以财产权方式保护个人数据信息并促进其使用是低效率的。

---

① PATRICK E. DWYER v. AMERICAN EXPRESS COMPANY, Ill. App. 3d 742; 652 N.E.2d 1351 (1995).

四 、作为公共物品的个人数据信息的法律规治

（一）将个人数据信息以公共物品保护的合理性

根据以上的分析，我们可以发现不论是以隐私权还是以财产权来对个人数据信息的使用进行规治都使得相关方无法准确计算和有效率地行使该私权，从而使得私权制度失去其功能。大数据技术下的社会形态正在从私权利社会向以共享形式的有机社会转变，尽管这一过程还比较漫长，但是在边际领域已经开始转变。个人数据信息便是处于边际领域的一个明显例证，对个人数据信息的使用应该超越私权观念而作为公共物品加以保护和规治应该更为可取。

首先，将个人数据信息以公共物品来使用和规治在制度上更有效率。个人数据信息中的隐私利益和财产利益的低密度和不可预测性使得个人数据信息所有者通过交易方式来判断其使用是成本很高的过程，市场失效。[①]这种结果导致私权制度失去了功能，个人数据信息具有经济学上公共物品的特征。而对于公共物品使用的价值追求是正当性而不是效率性，那么为了实现对稀缺资源的有效配置而存在的私权与交易的制度特征便不适用于个人数据信息上。因此，对于一个国家来说，其法域内的个人数据信息应该像空气和阳光一样作为不稀缺的公共物品为社会公众所共享，而对这些数据信息的使用要求便是不损害公共利益和个人利益。既然将个人数据信息作为公共物品对待，那么弱化个人对其数据信息的占有，允许相关方对个人数据信息的收集、分析和使用便是一种新型的社会合作关系。因为这种合作关系不再需要以个人对自己数据信息的判断和允许他人使用为前提，放弃了私权利社会中的个人自愿原则。

其次，放弃对个人数据信息的私权利保护并不意味着对已经存在的隐私权制度和财产权制度有根本的改变。对公民法益的私权保护仍然是私权利社会的制度基石，也是民主法治社会的基础，这一总体制度特征并没有改变。

---

① Schwartz Paul M., “Property, Privacy, and Personal Data”, Harvard Law Review, 117(2004), 2059. Available at SSRN: http://ssrn.com/abstract=721642.

因此，社会成员在共享和使用个人数据信息时如果其使用的方式或者结果侵犯了他人的私权利，例如隐私权或者财产权，那么仍然要承担侵权责任。但是对于个人数据信息的收集、使用或者转让本身并不必然直接构成侵犯隐私权或者财产权。例如，电信公司为了公共利益或者用户利益的需求而依据法律程序将电信用户的电话号码甚至是通信内容向有关部门提供，便可以是合法的行为。这些公共利益或者用户的利益可以是公共安全问题，也可以是用户个人或者相关人员的人身安全或者健康问题。但是，如果不是出于这种正当理由而将个人通信内容向他人提供，按照已经存在的有关隐私权保护的法律来判断，这种行为便可以构成侵犯该用户的隐私权的行为，因此不需要重新立法。

再次，在从私权利社会的合作关系向有机社会的合作关系转变过程中，需要公权力组织对转变过程进行控制，以塑造新型的社会竞争秩序和伦理道德。“在大数据时代，隐私不能理解为仅仅是保守秘密，而应该是关于个人信息收集与披露的伦理道德的一套规则体系。”[①] 由于与个人数据信息相关的各方在信息处理能力上有较大差别，这会产生不平衡的竞争优势，而这种不平衡的竞争优势会成为一些主体攫取其他主体的利益的工具。如美国的《大数据报告》中所担心的那样，“在这次调研中揭示了一些有关大数据分析的更为根本性的挑战，大数据分析可能导致非常迥异的不公平的对待，特别是对一些弱势群体，或者产生不透明的决策环境，使得个人的自治丧失在一系列的无法理解和预知的算法之中。”[②] 如有学者所指出的，“由于这种无法预知的后果而产生的潜在损害将很快超过大数据技术可能给我们带来的好处。”[③] 信息能力的不对称状态会使得这些企业或者组织享有信息

① Richards Neil M., King Jonathan H., “Big Data and the Future for Privacy”, in F. Xavier Olleros, Majlinda Zhegu, *Research Handbook on Digital Transformations*. Cheltenham, UK ; Northhampton, MA, USA : Edward Elgar Pub，2016：18. Available at SSRN: http://ssrn.com/abstract=2512069 or http://dx.doi.org/10.2139/ssrn.2512069.

② Executive Office of the President, *BIG DATA: SEIZING OPPORTUNITIES, PRESERVING VALUES*, MAY 2014, p. 10. https://www.whitehouse.gov/sites/default/files/docs/big_data_privacy_report_may_1_2014.pdf.

③ Kord Davis, *Ethics of Big Data: Balancing Risk and Innovation*. California：O’ Reilly Media, 2012.

能力优势从而获得强大的竞争能力，这种竞争能力会形成剥夺个人利益与自由的工具，损害了社会共同利益。因此作为公权力的政府成为保护个人数据信息这一公共物品的承担者，使得个人数据信息为公共福利来使用。

最后，社会主体获得和使用个人数据信息的能力有很大差距，这种差距可能为他们带来不当利益而损害了公共利益。如索罗夫在2001年就指出，"数据库的问题不是我们被监视、被控制以及被限制的问题。也不是我们对个人信息缺少所有权的问题。而是我们与公共和私立机构的关系中的力量和影响问题，我们没有能力对我们的个人信息的收集和使用进行有意义的参与。作为结果，我们必须将注意力集中到现代社会权力的构建上，如何对这些机构进行治理。"[①]因此，为了弥补这种信息能力上的不平衡造成的问题，在制度上便需要对这些企业或者组织课以特殊的义务。例如，要求这些企业或者组织向政府监管部门就个人数据信息的收集和使用的方式、程度以及目的进行备案，对一些特定目的的收集或者使用可能需要事前审批。这种政府的监管是市场中信息严重失衡的需要，因为依赖个人判断来保障个人数据信息为了个人利益和公共利益的使用的做法在从私权利社会向合作共享的有机社会的转变过程中无法实现。因此，在社会转型期间，一般需要一个强大的外力来对监督和平衡这种正在培养的脆弱的新型合作与竞争关系，规范具有大数据技术优势的企业，为了使用者的个人利益和公共利益而利用大数据技术，而不是仅仅为自己获得更多的竞争优势。通过这种制度设计，才能在竞争和合作关系还不稳定时构建起相互信任的有机社会。[②]

（二）作为公共物品的个人数据信息保护的立法要点

当把个人数据信息作为公共物品给予保护时，其在立法上的根本变化便是将对个人数据信息的规治从私法体系转移到了公法体系。对个人数据信

---

① Solove Daniel J., "Privacy and Power: Computer Databases and Metaphors for Information Privacy", Stanford Law Review, 53(2001), 1461. Available at SSRN: http://ssrn.com/abstract=248300 or http://dx.doi.org/10.2139/ssrn.248300.

② 例如在我国和其他国家已经多次发生的包含有用户个人数据信息的大数据被泄露事件，对于这种事件如果依据私权利来进行救济，不论是个人诉讼还是集体诉讼都很难实现事前预防、事后追责的制度目的。而依赖公法的行政责任甚至是刑事责任的追究则要有效得多。《为何中国网民的"内裤"如此易扒？》http://news.sohu.com/s2015/dianji-1723/index.shtml.

息的保护和应用的治理将不是个人和企业之间基于私权保护而产生的义务，而是成为国家为了国家安全和公共利益而需要承担的规范社会成员使用公共物品的行为。

首先，在立法目的上，是为了公共利益而促进个人数据信息的共享和使用而不是直接为了保护个人私权。将个人数据信息作为公共物品对待时，其使用的正当性不再是基于市场经济中的价高者得的效率性而是基于提高社会福利的公共利益性。因此对其规治的主体是公权力组织，规治的措施是公法而不是私法。将个人数据信息视为一种非稀缺的和共享的公共物品，不将其直接归于私权的保护，包括隐私权和财产权的保护或者介于两者之间的保护。这意味着任何人获得、分享和使用个人数据信息，即使没有得到相关主体的事先的明确或者默示同意，当然也不会侵犯其隐私权、财产权或者其他私权。这样，作为大数据的个人数据信息便可以平等地为社会主体所共享，不会因为私权的干预而使得具有更强交易能力的主体独占大数据资源。政府作为公权力组织对于个人数据信息的产生、存储、转移和使用要通过公法来调整和规治，规治是为了国家安全、公共安全和公共福利的目的。那么在判断个人数据信息的产生、收集、使用或者分享中的正当性上都是与其目的联系在一起而判断的，其目的和结果决定了其前期行为的合法性或者正当性。

其次，在立法手段上，作为公权力的政府专门机构对个人数据信息的使用进行监管。由于美国社会的秩序渊源在于企业，企业家具有较好的自律性，对于个人数据信息的治理可以依赖企业自律性，同时美国联邦贸易委员会也对企业违反自己的隐私保护政策的行为进行纠正和处罚。①但是由于历史上的原因，我国还没有充分形成自律性强的企业群体和相应的伦理道德，因此不能像美国那样更多依赖企业的自律性，而应该是政府成为大数据使用的制度、法律和道德的塑造者。政府相关机构应该在有关个人数据信息的

① 美国联邦贸易委员会认为企业违反其隐私保护政策的行为是“影响商业的不公平与欺诈行为”，因而委员会可以提起诉讼并申请禁止令救济，实际上已经有多起案例发生，大多通过和解解决。Solove Daniel J., “The Origins and Growth of Information Privacy Law”, PLI/PAT, 748(2003), 47. Available at SSRN: http://ssrn.com/abstract=445181 or http://dx.doi.org/10.2139/ssrn.445181.

形成、占有、转移和使用等关键环节依法加以干预，通过前期的备案、审批、监督和事后的追责制度来规范个人数据信息的使用过程。尽管个人数据信息的使用中如果侵害具体公民的私权利，侵权者要承担民事责任，但是在有关个人数据信息的公法治理中则主要是行政责任和刑事责任，而不是民事责任，也就是说应该将公共利益的保护和促进作为该法律所保护的主要法益。[①]如同污染空气一样，尽管公民个人权利受到损害是显然的，但是对于保障空气质量的法律措施主要是公法。例如在美国，有关《儿童在线隐私保护法》的实施中，赋予了政府检察官很大的权力来对违反者提起民事诉讼，而不是依赖权利人个体来实施。[②]有学者发现这种做法可以弥补以个人诉讼来保护隐私所造成的困难，即法律上的困难，无效率的救济以及有限的赔偿。[③]

再次，在立法内容上，并不直接影响和改变已经存在的私权利。将个人数据信息作为公共物品来加以治理并不直接改变或者减损公民或者法人已经存在的私权利，包括隐私权和其他财产权例如知识产权等。这意味着，一方面，尽管个人数据信息视为公共物品可以共享，但是却不能为了从其他主体那里获得该数据信息而损害已经存在的私权，例如侵犯他人商业秘密或者侵入其他主体的网络或者计算机系统等。就如同不能为了获得不受私权保护的空气而擅自进入他人的住宅一样。另一方面，尽管对个人数据信息的使用本身不必然侵犯他人私权利，但是其某种具体使用方式或者结果本身可能会侵犯他人私权利的。例如医院可以将患者的治疗信息作为医

---

① 我国《刑法修正案（九）》已经增加了有关泄露用户信息要承担刑事责任的内容。《中华人民共和国刑法修正案（九）》（2015年8月29日第十二届全国人民代表大会常务委员会第十六次会议通过）二十八、在刑法第286条后增加一条，作为第286条之一："网络服务提供者不履行法律、行政法规规定的信息网络安全管理义务，经监管部门责令采取改正措施而拒不改正，有下列情形之一的，处三年以下有期徒刑、拘役或者管制，并处或者单处罚金："（1）致使违法信息大量传播的；（2）致使用户信息泄露，造成严重后果的；（3）致使刑事案件证据灭失，情节严重的；（4）有其他严重情节的。单位犯前款罪的，对单位判处罚金，并对其直接负责的主管人员和其他直接责任人员，依照前款的规定处罚。有前两款行为，同时构成其他犯罪的，依照处罚较重的规定定罪处罚。"

② 15 U.S.C. § 6504 : US Code - Section 6504: Actions by States - See more at: http://codes.lp.findlaw.com/uscode/15/91/6504#sthash.iU5gHOTq.dpuf.

③ Schwartz Paul M., "Internet Privacy and the State (Undated)", Connecticut Law Review, 32(2000), 856. Available at SSRN: http://ssrn.com/abstract=229011 or http://dx.doi.org/10.2139/ssrn.229011.

院的大数据占有、使用或者为了科研和疾病预防等目的而与其他主体分享，但是如果将其中特定患者的信息在网络上公开而没有合法理由，显然是侵犯相关患者的隐私权的。也就是说应该从对个人数据信息的使用结果是否给他人私权造成损害来衡量其法律义务和责任，而不是仅仅从占有或者使用本身来衡量。

例如在“庞理鹏诉中国东方航空股份有限公司、北京趣拿信息技术有限公司隐私权纠纷案”[①]中，二审法院便是以侵犯原告的隐私权这一理由而判决被告对其不当泄露原告个人信息的行为承担侵权责任。

最后，对于涉及国家安全和公共安全的问题，立法上要区别对待。由于国际上国家之间竞争的复杂性，其性质与国家内部社会成员的竞争有很大不同，所以对于个人数据信息的使用涉及国家之间的竞争时，其公共物品的特征和公共福利的目的便不再必然存在了。在这种环境下，国家安全、公共安全和国家在国际竞争中保持信息优势便成为个人数据信息规治的首要目的。因此对于发生在中国境内的个人数据信息在不同国家之间的分享、转移和使用便不再是基于公共物品的自由使用，而是基于国家主权利益的限制和监管。只有在不会对国家利益造成损害的前提下，才能允许个人数据信息的跨国使用。所以，在有关个人数据信息的规治法律中必须对这一特殊情形进行特殊的处理。这种利益关系上的冲突实际上在美国和欧盟有关个人数据信息如何分享和转移的争论和妥协中就已经表现出来。

主要参考文献

[1] 李军编著：《大数据：从海量到精确》，北京，清华大学出版社，2014。

[2] [美] 劳伦斯・莱斯格：《代码 2.0：塑造网络空间的法律》，李旭、沈伟伟译，北京，清华大学出版社，2018。

---

① 北京市第一中级人民法院（2017）京 01 民终 509 号民事判决。